Człowiek, który wspina się na drzewa

JAMES ALDRED

Człowiek, który wspina się na drzewa

WSPOMNIENIA

Przełożył
Norbert Radomski

REBIS
Dom Wydawniczy REBIS

Tytuł oryginału
The Man Who Climbs Trees

Redaktor
Krzysztof Tropiło

Projekt okładki oryginalnej
Two Associates

Adaptacja projektu i opracowanie graficzne okładki polskiej
Izabella Marcinowska

Ilustracja na okładce
© Alamy

Wydanie I
Poznań 2018

ISBN 978-83-8062-350-7

9788380623507

Dom Wydawniczy REBIS Sp. z o.o.
ul. Żmigrodzka 41/49, 60-171 Poznań
tel. 61-867-47-08, 61-867-81-40; fax 61-867-37-74
e-mail: rebis@rebis.com.pl
www.rebis.com.pl
DTP: *Akapit*, Poznań, tel. 61-879-38-88

Dla Ciebie, Yogita
Mera pahla, mera akhri, mera saćća pjar.

Nigdy jeszcze tak jasno nie uświadomił sobie tkanki kory
i tętniącego pod nią życia. Rozkoszował się
tym dotknięciem zupełnie inaczej niż leśnik lub stolarz.
Cieszyła go sama istota żywego drzewa.

J.R.R. Tolkien, *Władca pierścieni*, przeł. Maria Skibniewska

Drzewa są wierszami, które ziemia pisze na niebie.

Khalil Gibran, *Piasek i piana*

Prolog

Początki

1988

Bagno wessało mój lewy but, przez co straciłem równowagę. Momentalnie poczułem, jak błotnista zupa sączy się do środka przez dziurki od sznurowadeł. Wypatrzyłem przed sobą zwartą kępę trawy i rzuciłem się na nią. Sięgając w górę, by uchwycić zwisającą gałąź, uwolniłem nogę, podciągnąłem się i wyczołgałem na stabilny grunt. Byłem w lesie. Zalegające ziemię zeschłe liście lepiły się do czarnej błotnistej mazi na moich nogach.

Zdradliwe mokradła są prawdziwą specjalnością New Forest. Wcześniej tego dnia postawiłem stopę na pozornie solidnym gruncie tylko po to, by poczuć, jak ustępuje pod naciskiem i buja się niczym wątły kadłub gumowego pontonu. Jeśli rozerwie się kożuch mchu i zielska na powierzchni torfowiska, można pogrążyć się po szyję w ciągu paru sekund. Widziałem już mnóstwo pozieleniałych zwierzęcych kości sterczących z tych grzęzawisk – ponure przypomnienie, by omijać je szerokim łukiem. Ale w wieku trzynastu lat wciąż uczyłem się czytać teren, a niecierpliwość niekiedy brała górę. Odetchnąłem głęboko i wytarłem ręce. Następnym razem chętnie poświęcę dodatkowe dziesięć minut na obejście bagna – to było pewne.

Wyciągnąłem mapę: Stinking Edge Wood. Zgadzało się. Kiedy usiadłem, by wyczyścić skarpetą błoto spomiędzy palców stopy, las rozbrzmiał echem odległych ciężkich łomotów i trzasku gałęzi. Tropiłem stadko danieli, ale te odgłosy były zbyt gwałtowne i silne, by mogły pochodzić od nich. Naciągnąwszy but z powrotem, ruszyłem wolno między drzewa. Ziemia zasłana była potężnymi martwymi gałęziami, które spadły ze zwartego piętra koron. Popołudniowe słońce sączyło się na otwartą przestrzeń między drzewami, a w powietrzu unosił się zwiewny woal pyłu.

Łomot przybrał na sile i usłyszałem ciche rżenie. Głuche bębnienie wstrząsnęło ziemią, a zaraz potem długi sznur kuców wypadł spomiędzy drzew w moją stronę. Tuzin klaczy z rozszerzonymi chrapami i rozwianymi długimi grzywami, w które wplątane były liście paproci.

Roztaczały wokół siebie aurę szaleńczego podniecenia, niebezpiecznej energii. Galopowały po zacieśniającej się spirali, a za nimi dostrzegłem dwa białe ogiery zataczające się w kotłowaninie zębów, kopyt i śliny. Wytrzeszczone oczy, szeroko rozdęte różowe chrapy, podwinięte wargi odsłaniające groźne zęby. Wierzgały, kopały i stawały dęba, by zadać sobie nawzajem potężne ciosy kopytami. Klacze nieomal krzyczały z przejęcia, przeciągle rżąc. Ziemia zatrzęsła się znowu i nagle sobie uświadomiłem, że choć jestem tak blisko, zwierzęta dotąd nie zdały sobie sprawy z mojej obecności. Powietrze było gęste od ich ostrej woni i poważnie groziło mi, że dostanę się w środek bójki, zostanę przewrócony i stratowany. Wpadłem w panikę, uświadamiając sobie, że mam tylko parę chwil na znalezienie jakiejś kryjówki.

Klacze znów biegły – okrążając dwa ogiery wariackim wirem i zbliżając się szybko. Nie miałem szans na ucieczkę. Cofając się o krok, poczułem za sobą pień drzewa. Wielki dąb, ale kuców było zbyt wiele, by mógł mi dać jakąkolwiek prawdziwą ochronę. Jego pierwsza gałąź była wysoko poza zasięgiem moich rąk. Zaczęły trząść mi się nogi, a serce waliło mi jak młotem. Desperacko wodząc dłońmi po szorstkiej korze, wymacałem sterczący z pnia stary żelazny kołek. Tkwił tam od tak dawna, że drzewo niemal go pochłonęło, wciąż jednak wystawał na tyle, by dało się go uchwycić. Nad nim znalazłem drugi, potem trzeci, czwarty i piąty – i nim się obejrzałem, leżałem płasko na brzuchu na szerokim konarze, patrząc w dół na muskularne grzbiety ogierów walczących półtora metra niżej. Dąb i ja tkwiliśmy w samym środku kłębiącej się masy rozszalałych kuców.

Pył i hałas wypełniały powietrze, a ja ściskałem z całych sił pobrużdżoną korę, czując zawroty głowy i łomotanie serca, gdy adrenalina krążyła mi w żyłach. Jeden z ogierów oderwał się i stado popędziło za nim między drzewa. Słuchałem cichnącego tętentu kopyt na suchej ziemi i ponownie odetchnąłem głęboko, wdzięczny za ratunek, który otrzymałem w samą porę. Do lasu powróciła cisza i kurz zaczął opadać.

Rozejrzałem się po gałęziach wokół siebie. Siedziałem na starym ogłowionym dębie. Żelazne kołki dowodziły, że ktoś, być może gajowy, strażnik leśny albo nawet kłusownik, używał go regularnie wiele lat temu. Być może służył jako punkt obserwacyjny albo jako kryjówka dużo wcześniej, zanim ja sam szukałem tu schronienia.

Szerokie poziome konary rozchodziły się na wszystkie strony, wyginając się w górę jak gigantyczne palce olbrzymiej, złożonej w miseczkę ręki. Zsunąłem się do środka tej opiekuńczej dłoni i czekałem, aż zwolni mi tętno. Po chwili małe stadko danieli, które śledziłem, wyłoniło się spomiędzy drzew, uważnie posuwając się przez zrytą kopytami ściółkę, by przejść pode mną śladem kuców. Były tam przez cały czas i z miejsca zrozumiałem, że żaden z nich, jak się zdawało, nie widział mnie ani nie wyczuwał mojego zapachu, kiedy kuliłem się w ramionach dębu tuż nad nimi.

Ulga, jaką odczułem, znalazłszy się wśród gałęzi tego drzewa, była natychmiastowa. Od razu wiedziałem, że nie zagraża mi dziki chaos w dole, a widok przechodzących spokojnie danieli wzmocnił jeszcze owo wrażenie azylu i oddalenia. Oprócz tego jednak czułem również pradawną więź z tym, kto wbił te żelazne kołki i siedział na tych samych gałęziach, co ja teraz, jak gdyby dzielący nas czas skurczył się do zera.

Od tamtej pory wiele razy odwiedzałem ów dąb na skraju Stinking Edge Wood. Te żelazne kołki dobitnie przypominają, że drzewa żyją w odmiennej skali czasowej niż my i że życie jednego drzewa może trwać dziesiątki ludzkich pokoleń. Wspinanie się na jego olbrzymie ramiona nieodmiennie przenosi mnie wstecz do tego pełnego wrażeń dnia w 1988 roku, gdy jako trzynastoletni chłopiec po raz pierwszy odkryłem, że drzewa są schronieniami oraz punktami obserwacyjnymi pozwalającymi spojrzeć na nasz świat z nowej perspektywy. Nawet teraz, niemal trzydzieści lat później, wciąż nie mogę się nadziwić, że ten dąb stał tam jakby specjalnie dla mnie. We właściwym miejscu i czasie, akurat kiedy potrzebowałem go najbardziej.

Wprowadzenie

Jak się tu znalazłem

Obudził mnie nagły podmuch powietrza, od którego mój hamak rozkołysał się lekko. Leżąc na boku, patrzyłem w sennym zdumieniu na wielkie ptaszysko o prehistorycznym wyglądzie, które właśnie wylądowało obok mnie. Znajdowaliśmy się sześćdziesiąt metrów ponad ziemią w koronie drzewa na Borneo, a ja nigdy wcześniej nie widziałem dzioborożca żałobnego z tak bliska. Nie zauważył mnie jeszcze i spokojnie przeczesywał sobie długim dziobem pióra na piersi. Potężny barwny hełm na jego głowie zawijał się w górę jak krzykliwy turecki pantofel – ogniste czerwienie i żółcie jarzyły się w bladym świetle świtu. Byłem urzeczony.

Kilka sekund później zamarł, po czym uniósł swój pterodaktyli łeb, świdrując mnie rubinowoczerwonym okiem, nim zerwał się z gałęzi w przestwór. Ogromne czarne skrzydła rozwinęły się, by unieść jego ciężar, i zniknął. W jednej chwili pochłonęła go gęsta poranna mgła.

Przewróciłem się na plecy i leżałem, wpatrując się w potężne konary w górze. To była długa noc. Pot z wczorajszej wspinaczki już dawno zasechł w lepką warstewkę pokrywającą całe moje ciało. Ubranie miałem wilgotne, ubrudzone ziemią i podarte, a po skórze chodziły mi gryzące mrówki. Na klatce piersiowej miałem piekącą wysypkę, licho wie od czego, a gdzieś koło północy zostałem dwukrotnie użądlony w twarz przez nocną osę. Ale było warto – bezwzględnie warto. Takie spotkanie z dzioborożcem wynagradzało wszystko. Znajdowałem się w wymarzonym świecie kłębiących się mgieł i baśniowych stworzeń. Nie chciałbym być nigdzie indziej.

Słońce nie wzeszło jeszcze i było mi zimno po raz pierwszy od czasu przybycia na Borneo – miła odmiana od zwykłej duchoty dżungli. Do świtu nie mogło być już daleko, ale na razie z przyjemnością leżałem na plecach i obserwowałem przepływające obok mnie pojedyncze kropelki wody. Kłębiły się w widocznych prądach powietrza, osiadając lśniącymi paciorkami na metalowych elementach sprzętu wspinaczkowego. Spałem w uprzęży, przypięty do liny – mojego jedynego bezpośredniego połączenia z innym, leżącym daleko w dole światem.

* * *

Wczorajsza wspinaczka była iście bojowym zadaniem. Na Borneo rośnie najwyższy tropikalny las deszczowy świata i wiele drzew mierzy dobrze ponad siedemdziesiąt pięć metrów, często bez żadnych gałęzi przez co najmniej czterdzieści pięć metrów od ziemi. Wysokie, proste kolumny drewna wspierające olbrzymie parasole gałęzi hen w górze. Samo zainstalowanie tam liny nierzadko graniczyło z cudem.

Doświadczenie nauczyło mnie, że moja proca jest w stanie wystrzelić dwustugramową rzutkę na wysokość pięćdziesięciu metrów. Jednak raz za razem rzutka spadała, nie dosięgnąwszy docelowej gałęzi, a cienka linka, którą ciągnęła za sobą, spływała w dół i splątywała się w poszyciu, zwiotczała i bezwładna. Gałąź była najwyraźniej znacznie wyżej, niż mi się wydawało. Zirytowany zamontowałem procę na czubku trzymetrowej tyczki i uwiesiwszy się całym ciężarem, naciągnąłem skrzypiącą gumę do samej ziemi. Mięśnie mi drżały, kiedy przykucnięty celowałem w gałąź wysoko nad sobą. Gdy puściłem, guma procy świsnęła jak bicz i zwinęła się w luźny kłąb. Spełniła swoje zadanie, pozwoliłem jej więc upaść na ziemię. Rzutka śmignęła w górę przez lukę w gęstym podszycie, przelatując nad docelową gałęzią z raptem kilkucentymetrowym zapasem. Potem zaczęła opadać, z linką gwiżdżącą przenikliwie, i z głuchym uderzeniem wylądowała w końcu w ściółce. Znowu zapadła cisza. Spod przymrużonych powiek popatrzyłem przez zaparowaną lornetkę, śledząc cienką linkę na tle jasnego tropikalnego nieba. To był udany strzał, nareszcie.

Za pomocą linki przeciągnąłem linę wspinaczkową nad wysoką gałęzią i z powrotem w dół na dno lasu, gdzie umocowałem ją solidnie do pnia sąsiedniego drzewa.

Początek wspinaczki na takiego olbrzyma jest zawsze powolny i mozolny. Większość energii pochłania elastyczność tak długiej liny. Tu było jej około stu dwudziestu metrów, tak więc huśtałem się chaotycznie w górę i w dół, gdy nylon rozciągał się i kurczył. Nie byłem w stanie uniknąć obijania się o potężne korzenie szkarpowe i dopiero dość sporo nad ziemią udało mi się w końcu zaprzeć obiema nogami o pień i przywrzeć do niego jak należy. Posuwałem się cal po calu w górę, używając dwóch przyrządów zaciskowych, tak zwanych „jumarów", do podciągania się na cienkiej nylonowej linie. Kluczową sprawą we wspinaczce jest rytm i zawsze opłaca się zsynchronizować własne ruchy z naturalną sprężystością liny. Mimo wszystko jednak czekała mnie długa wspinaczka. Ramiona miałem już obolałe od zmagań przy instalowaniu liny, tak więc wypychałem się w górę na nogach, żeby dać odpocząć bicepsom.

Kolejnym wyzwaniem było przedarcie się przez splątany podszyt. Pnącza chwytały mnie niczym macki, a liście szorowały po mojej spoconej twarzy, nanosząc mi do oczu i uszu pył i glony. Ilość organicznych szczątków obecnych w tych dolnych piętrach lasu przechodzi ludzkie pojęcie. Dziesięciolecia nagromadzonego brudu, martwych gałęzi i gnijących roślin zwieszają się tu, zaplątane w sieć listowia, gotowe w każdej chwili obluzować się i spaść. Te pierwsze piętnaście metrów było obrzydliwą walką. Zbutwiałe szczątki sypały się miniaturowymi lawinami, przywierając do moich przepoconych ubrań, a każdy ruch liny obsypywał mnie delikatnym czarnym kompostem z góry. Ale nie było żadnej innej drogi; miałem tylko prostą kreskę liny nade mną. Nim wynurzyłem się na otwartą przestrzeń w górze, byłem cały oblepiony brudem.

Choć było późne popołudnie, uderzyła mnie pełna moc tropikalnego słońca, gdy tylko wystawiłem głowę ponad podszyt lasu. Przez następne 30 metrów nie było nic poza otwartą przestrzenią i monolitycznym pniem drzewa przede mną. Ten wolny od gałęzi region jest osobliwym pośrednim światem, gdzie wspinacz nie może zamknąć oczu na to, że dynda niepewnie na nylonowej nici wysoko nad ziemią. Koncentrując się na brązowej, łuszczącej się korze przed sobą, parłem wolno w stronę schronienia korony.

Dziesięć pięter nad ziemią byłem w połowie drogi, a pień wciąż miał półtora metra średnicy. Te olbrzymy z Borneo nie dają się porównać z żadnymi innymi drzewami na świecie. Okręciłem się, by podziwiać widok. Czekałem z tym, aż znajdę się wysoko ponad podszytem, w miejscu, które odda mu sprawiedliwość. Przez cały czas wspinaczki czułem jednak jego obecność za moimi plecami. Niemal namacalną, posępną czujność, jak gdyby tysiąc par ukrytych oczu świdrowało mnie z otaczającej dżungli.

Gdy się obróciłem, powitał mnie jeden z najbardziej zapierających dech obrazów, jakie kiedykolwiek widziałem. Dookoła rozpościerał się gęsty las deszczowy, opadając kaskadą po stromym stoku, by wtopić się w kuszący pejzaż olbrzymich drzew daleko w dole. Wiele kilometrów dalej, na horyzoncie, ponownie piął się w górę na pasmo wysokich, poszarpanych wzgórz. Bezkresny ocean niezbadanej, dziewiczej dżungli. Jakie nieznane cuda kryły się wśród tych drzew?

Wisiałem teraz w pełnym blasku słońca i czułem, jak pot strużką spływa mi po plecach między łopatkami. Powietrze było ciężkie od wilgoci, a w oddali dał się słyszeć grzmot. Nim uniosłem ręce, by znów podjąć wspinaczkę, moja koszulka była kompletnie mokra i kleiła się do ciała jak folia spożywcza. Parłem dalej, w cętkowany cień korony drzewa. Wkrótce dotarłem do swojej gałęzi sześćdziesiąt metrów nad ziemią i dysząc ciężko, kiedy przewieszałem się przez nią, zdjąłem dla ochłody kask.

Przez następne dwadzieścia minut rozwieszałem hamak między dwiema poziomymi gałęziami. Nim wturlałem się do niego, półżywy ze zmęczenia, w szybkim tempie zaczęło się ściemniać. Grzmoty, z początku odległe, dudniły coraz głośniej i częściej. Wkrótce niebo rozwarło się i słodki, obfity deszcz napełniał moje złożone w kubek dłonie, gdy zmywałem brud z twarzy. Woda miała metaliczny i cierpki posmak. Niemal elektryczny, tak była czysta i świeża. Deszcz trwał tylko jakieś pół godziny, ale zanim ustał, w hamaku razem ze mną chlupotało kilka centymetrów wody. Przeturlałem się więc na bok i przelałem ją lśniącą strugą przez skraj na dno lasu hen w dole. Jeszcze zanim zrobiło się ciemno, zapadłem w głęboki sen bez marzeń.

Jeśli nie liczyć incydentu z osami o północy, spałem dobrze. Mgła rzedła i wysoko w górze mogłem dostrzec pierwszy ślad błękitu. Zapowiadał się pogodny świt. Czułem się dekadencko, kiedy tak leżałem, nie mając nic do roboty poza czekaniem na to, aż niespiesznie nastanie nowy dzień. Ukryty w mglistym świecie przyłapałem się na tym, że zadaję sobie pytanie, dlaczego, spośród wszystkich miejsc, odczułem potrzebę spędzenia nocy właśnie na tym drzewie.

Z pewnością nie chodziło o wygodę. Spałem w uprzęży wspinaczkowej, a cały zapas żywności zjadłem wieki temu, więc teraz umierałem z głodu. Byłem też pokąsany i pożądlony przez tyle owadów, że czułem się jak jeden wielki worek histaminy. A jednak byłem szczęśliwy. W pełni pogodzony ze sobą i ze światem. Ale dlaczego? Co takiego było we wspinaniu się na drzewa, co tak mnie pociągało i wywoływało tak głęboki oddźwięk? I jak, u licha, udało mi się uczynić z tego swój zawód?

* * *

Przybyłem na Borneo, żeby szkolić naukowców we wspinaczce drzewnej, pokazując im techniki i ćwicząc procedury, aż będą mogli wspinać się bezpiecznie we własnym gronie. Mieli tam badać relacje między naszą planetą a jej atmosferą i prowadzić niezwykle cenną pracę przy pozyskiwaniu w lesie danych do walki ze zmianą klimatu. Ich badania były inspirujące i ważne.

Ale chociaż uczyłem ich z przyjemnością, tak naprawdę nie dlatego tam byłem. Nie potrzebowałem powodu, żeby wyprawić się tam i wspinać. Moje zamiłowanie do wspinaczki drzewnej było trudniejsze do zdefiniowania, zrodzone z czegoś, co poczułem po raz pierwszy, kiedy jako chłopiec wspiąłem się w koronę tamtego dębu w New Forest. Jest w drzewach coś, co mnie fascynuje i sprawia, że wciąż pragnę spędzać z nimi czas.

Pod wieloma względami ucieleśniają one dla mnie samą istotę natury. Zapewniając nam żywą więź z naszą planetą, w pewnym sensie przerzucając pomost między naszym własnym ulotnym życiem a światem wokół nas. Wspinając się na nie, czuję, jak gdyby odsłaniał się przede mną przechowany w zakamarkach pamięci świat przodków, i z jakiegoś powodu wprawia mnie to w dobre samopoczucie. Przypomina mi o moim miejscu w układzie rzeczy.

Przede wszystkim jednak moja radość płynie z głęboko zakorzenionego przekonania, że każde drzewo ma jedyną w swoim rodzaju osobowość, która przemawia do wspinacza, jeśli tylko ten ma ochotę słuchać. Czy to miękki, migotliwy blask korony buka wiosną, czy potężna, przepalona słońcem korona tropikalnego giganta, każde drzewo ma własny, niepowtarzalny charakter, i to właśnie owo uczucie uprzywilejowania, jakie daje poznanie ich nieco lepiej – fizyczny kontakt z nimi, choćby tylko przez krótką chwilę – każe mi wciąż wracać między ich gałęzie. Jako żywi ambasadorowie przeszłości zasługują moim zdaniem na nasz głęboki, nieustający szacunek i jestem gotów się założyć, że większość z nas doświadczyła emocjonalnej więzi z nimi w jakimś momencie życia.

* * *

Moje zamiłowanie do wspinaczki drzewnej zrodziło się także z gorącego pragnienia odkrycia cudownych rzeczy, jakie kryją się wśród ich konarów. Nawet najmniejsze drzewa mieszczą w sobie całe światy, a co dopiero takie potężne leśne giganty jak ten na Borneo, na którym obecnie leżałem. Korona drzewa jest domem dla niezliczonych stworzeń, które nigdy nie schodzą na ziemię, spędzając całe życie w górze. Polują, żerują, rozmnażają się, żyją i umierają w niewidocznym królestwie wierzchołków drzew. Włączone w niekończący się cykl tajemnych dramatów rozgrywających się wciąż na nowo od milionów lat.

Spotkanie twarzą w twarz z orangutanem dwadzieścia pięter ponad dnem lasu deszczowego jest przeżyciem, które uczy pokory. Ale gałęzie bardziej swojskich drzew są dla mnie – i zawsze były – równie fascynujące. Wciąż doskonale pamiętam delikatną, prześwitującą zieleń pierwszego pasikonika, którego zobaczyłem w koronach New Forest, zdumiony, że zeskakuje on z liścia i opada w pustkę z niewiarygodnie długimi czułkami rozłożonymi na boki jak ramiona maleńkiego skoczka spadochronowego.

To właśnie pragnienie podzielenia się tymi doświadczeniami z innymi i ukazania im owego nieznanego świata wierzchołków drzew sprawiło, że zająłem się filmem przyrodniczym. Fotografia i wspinaczka drzewna szły ramię w ramię i już jako szesnastolatek zdecydowałem, że chcę filmować dziką przyrodę.

Jednak kiedy ostatecznie skończyłem szkołę średnią i studia, szybko stało się jasne, że dyplom uniwersytecki nie jest w stanie zastąpić praktycznych umiejętności filmowych i muszę się jeszcze wiele nauczyć. Zatrudniałem się więc jako asystent kamerzysty, gdzie tylko się dało, pracując za darmo w zamian za doświadczenie, i harowałem na nocną zmianę w fabrykach, żeby przetrwać. Niewiele jest chyba zajęć tak zniechęcających, jak zbieranie nawianych przez wiatr śmieci z płotów wokół składowisk odpadów, tak więc odczułem wielką ulgę, kiedy w końcu zaoferowano mi pierwszą płatną pracę asystenta przy produkcji w Maroku. Parę lat później oszczędziłem dość pieniędzy, by na próbę przenieść się do Bristolu – siedziby Działu Historii Naturalnej BBC – gdzie zacząłem spotykać się z zapotrzebowaniem na swoje umiejętności wspinaczki drzewnej i obsługi kamery. Ostateczny awans z asystenta na operatora kamery zajął mi sporo czasu – około dziesięciu lat – ale była to niesamowita podróż i cieszyłem się każdym etapem tej drogi.

Tak więc, chociaż niezbyt rozumiem, jak, u licha, skończyłem tu, gdzie jestem, ważne jest to, że jestem głęboko wdzięczny, i po prostu nie mogę wyobrazić sobie, że mógłbym zajmować się czymkolwiek innym. I ilekroć mam ochotę narzekać w duchu, kiedy żądlą mnie i kąsają owady, gdy filmuję coś z kryjówki trzydzieści metrów nad ziemią w dżungli, uważam za obowiązek wymierzyć sobie metaforyczny policzek, na wypadek gdybym popadł w samozadowolenie i traktował pewne sprawy jako oczywiste.

Choć uwielbiam pracę kamerzysty, u podłoża tego wszystkiego wciąż leży moja nieprzemijająca miłość do drzew. W głębi duszy wiem, że bez względu na to, jak postanowiłbym zarabiać na życie, wciąż wspinałbym się na drzewa, by zbliżyć się do nich najbardziej, jak tylko to możliwe.

Wspiąłem się na pierwsze wysokie drzewo z użyciem lin, gdy miałem szesnaście lat. Czas, który dzieli mnie od tamtej chwili, przemknął w plątaninie gałęzi i listowia, a drzewa, na które się wspinałem, utworzyłyby spory las. Ale choć wiele z nich zatarło się w mojej pamięci, inne wznoszą się ponad mgłę zapomnienia. Szczególne drzewa, na których spędzony czas pamiętam tak, jakby to było wczoraj. Dotyk ich kory, zapach drewna i kształt gałęzi, a także wspaniałe zwierzęta i ludzie, których spotkałem w ich koronach.

* * *

W okapie lasu na Borneo powietrze ogrzało się wraz ze wschodem słońca i w ciągu kilku krótkich minut mgła została zepchnięta w dolinę, gdzie utworzyła jeden rozległy ocean bieli. Po mojej prawej stronie słońce wynurzyło się właśnie zza wzgórz, rozpalając dolinę ogniem. Mgła natychmiast zaczęła unosić się pasmami, jarzącymi się różowo, pomarańczowo i złoto przez krótką chwilę, nim wyparowały bez śladu.

Kwadrans później słońce stało wysoko na czystym tropikalnym niebie, a jerzyki polowały na owady ponad koronami drzew. Zaczął się nowy dzień i przygotowałem się do zejścia na ziemię, z powrotem w mrok dna lasu, gdzie wciąż jeszcze trwała noc.

Rozdział 1

Goliat – Anglia

1859

Szary, dżdżysty zimowy dzień w sercu New Forest. Rdzawobrązowe poduchy zwiędłych orlic obrzeżają skraj błotnistej leśnej drogi. Przy drodze stoją dwaj mężczyźni w prostych strojach leśników i ciężkich, nabijanych ćwiekami buciorach. Pierwszy opiera się na łopacie o długim, prostym stylisku tuż obok świeżo wykopanego dołu. Jego towarzysz klęka przy krzaczastej, ponadmetrowej wysokości sadzonce leżącej u jego stóp. Jej bryła korzeniowa jest zawinięta w związany sznurkiem jutowy worek, który zdejmuje, odsłaniając zwartą grudę ciemnej ziemi z miękkimi, delikatnymi korzeniami młodego drzewka. Unosząc sadzonkę za pień, otrzepuje nieco ziemi, by odsłonić końcówki korzeni. Następnie ostrożnie opuszcza ją do oczekującego dołka i utrzymuje w pionie, podczas gdy pierwszy mężczyzna ponownie zasypuje dół, lekko potrząsając łopatą, aby rozbić zwartą glinę i równomiernie wypełnić puste przestrzenie między ściankami wykopu i korzeniami. Delikatnie wyrównuje powierzchnię, ubijając ziemię akurat na tyle, by dawała solidne oparcie sadzonce, a przy tym pozostała wystarczająco luźna, by powietrze i deszcz mogły przenikać w głąb.

Gdy dwaj mężczyźni odchodzą, by powtórzyć tę procedurę z drugą, identyczną sadzonką, spoczywającą na kępie orlicy po drugiej stronie drogi, od strony strumienia zbliża się trzeci, taszcząc dwa wiadra wody. Klęka obok świeżo zasadzonego drzewka, a jego szorstkie dłonie rzeźbią w ziemi wokół jego podstawy rowek, który za chwilę powoli napełnia wodą. Czeka, aż gleba wchłonie ją całą, a rowek się osuszy, po czym napełnia go raz jeszcze, i jeszcze, aż w końcu woda pozostaje na powierzchni ziemi, a on może zobaczyć odbicie swojej twarzy na tle nieba.

Kiedy wraca z ponownie napełnionymi wiadrami, drugie drzewko jest już zasadzone. Ostrożnie je nawadnia, podczas gdy jego towarzysze znoszą ze stojącego nieopodal wozu wiązki półpalików z drewna kasztanowca. W ciągu paru godzin obie sadzonki zostają otoczone wysokimi na półtora metra płotkami chroniącymi glebę u ich stóp i osłaniającymi ich liście przed wygłodniałymi zimą jeleniami. Mężczyźni wiedzą aż nazbyt dobrze, że pierwsze kilka lat będzie dla tych młodych drzewek najważniejsze, i z poczuciem, że zrobili dla nich wszystko, co mogli, zbierają narzędzia i kierują się z powrotem do wozu. Ich głosy oraz skrzypienie i trzeszczenie wozów stopniowo głuchną w oddali i dwa drzewka zostają same w ciszy, strzegąc drogi.

Za nimi rozpościera się ogromna plantacja młodych dębów szypułkowych. Ale w odróżnieniu od anonimowych, bezlistnych pospolitych drzewek, których długie rzędy nikną w mżawce, te dwie sadzonki są ambasadorami Nowego Świata, świeżo przybyłymi z Kalifornii. Pielęgnowane i wyhodowane z nasion zebranych sześć lat wcześniej w górach Sierra Nevada, pochodzą z egzotycznego plemienia olbrzymich drzew, które odmienią oblicze brytyjskiego krajobrazu na setki, jeśli nie tysiące następnych lat.

Mżawka wkrótce zmienia się w deszcz, ale podczas gdy widmowa armia młodych zimowych dębów ciemnieje od wilgoci, soczyście szmaragdowe listowie młodych wiecznie zielonych drzew nabiera połysku.

1991

Magnetofon odtwarzał w kółko AC/DC i Aerosmith, kiedy zdezelowany stary vauxhall Paddy'ego pędził krętą jednopasmówką przez New Forest. Miałem szesnaście lat i czułem się dość kiepsko. Było zbyt wcześnie rano po wczorajszej nocy, a śpiew Steve'a Tylera nie poprawiał sytuacji, podobnie jak jazda Paddy'ego. Pomijając parę kuców stojących na środku drogi, pusty asfalt zdawał się budzić w Paddym potrzebę wyciskania całej mocy z silnika sponiewieranego wozu. Matt kimał za mną na tylnym siedzeniu. Oderwałem wzrok od drogi, otworzyłem okno i wyjrzałem na przemykające obok drzewa. Najbliższe umykały zbyt szybko, by skupić na nich wzrok, ale za nimi, w głębi lasu, mogłem dostrzec potężne, gładkie jak srebro kolumny sędziwych buków.

Paddy był w swoim żywiole na tych drogach, ale kiedy miałem już poprosić go, żeby zwolnił, dla dobra wnętrza jego samochodu, on skręcił kierownicę w prawo, szarpnął hamulec ręczny i wystrzeliliśmy jak z procy nad przykrytym kratownicą rowem. Tylne koła wpadły w poślizg, a potem odzyskały nagle przyczepność na asfalcie małej bocznej drogi. Zmniejszywszy prędkość, Paddy oparł podbródek między kłykciami na kierownicy. Wyłączył już odtwarzacz i patrzył przez przednią szybę w niebo. Matt, obudzony przez rów z kratownicą, wystawił za okno całą głowę. Wszyscy trzej gapiliśmy się w górę z podziwem i podnieceniem. Wreszcie byliśmy na miejscu.

Wychyliłem się przez okno po swojej stronie i wciągnąłem głęboko powietrze. Sunęliśmy w żółwim tempie prostą aleją najwyższych drzew, jakie kiedykolwiek widziałem. Rzędy potężnych, prostych pni ciągnęły się po obu stronach wąskiej drogi; ich ciemna kora była głęboko pobrużdżona i pokarbowana, o chropawej fakturze starego korka, a ich gałęzie podpierały sklepienie katedry cętkowanego igliwia. Światło przebijało się przez nie ukośnymi niebiańskimi włóczniami, niemal równie materialne jak same pnie. Po kilku minutach zjechaliśmy na pobocze i zatrzymaliśmy się.

Powietrze było ciężkie od cierpkiej, cytrusowej woni żywicy. Mimo wczesnej pory na okolicznych wrzosowiskach wznosiły się już prądy termiczne, zasysając chłodniejsze powietrze z pobliskiego wybrzeża i wypełniając nasze nozdrza zapachem morza. Wysoko w górze słyszałem chór mysikrólików, niewidocznych wśród ciemnej zieleni. Żywa kolumnada, wzdłuż której jechaliśmy, była podwójnym rzędem wysokich – bardzo wysokich – daglezji zielonych, sprowadzonych z Oregonu. Sądząc z ich rozmiarów, były to prawdopodobnie jedne z najstarszych w Wielkiej Brytanii. Szlachetne drzewa, prawdziwe arystokratki. Ale najwyraźniej to nie dla nich przyjechaliśmy tutaj. Paddy i Matt mieli inne plany.

Obaj wpatrywali się w gęsty las po drugiej stronie drogi, próbując zobaczyć coś ukrytego wśród drzew. Wytężając wzrok, dostrzegłem dwa olbrzymie cienie majaczące w zielonym półmroku. Zanim zdążyłem lepiej się przyjrzeć, Paddy otworzył z hukiem bagażnik samochodu. Spojrzałem na splątany kłąb starych lin, metalowych sprzączek i skórzanych pasów. Zarówno Paddy, jak i Matt byli wspinaczami. Ale podczas gdy Matt był w swoim żywiole w skałach, Paddy szkolił się na chirurga drzew i pasjonowała go wspinaczka wśród gałęzi. Matt miał własny sprzęt, piękny, wyglądający jak od Gucciego zestaw wspinaczkowy: linę o żywych barwach, śliską i gładką jak natłuszczony wąż, wraz z pękiem lśniących metalowych fidrygałek.

Ale sprzęt, który Paddy zabrał dla nas, nie mógłby być bardziej odmienny: dwa zwoje wiekowej liny wspinaczkowej, dwie postrzępione uprzęże oraz zbieranina pobrzękujących karabinków – niektóre z nich wyraźnie domowej roboty. Na linach widniały ciemnozielone plamy od glonów, soków drzewnych i smaru do pił łańcuchowych, ich skręcone włókna były wygładzone i wyświecone przez tarcie niezliczonych dłoni. Sprzęt z odzysku, zbyt stary i zużyty, by korzystać z niego przy pracy.

Wciąż jeszcze lata dzieliły nas od uchwały rządowej wymuszającej utrzymywanie sprzętu wspinaczkowego w dobrym stanie. Tak więc jeśli w 1991 roku chirurg drzew wysyłał linę na emeryturę, na ogół robił to z bardzo poważnych powodów. Piły łańcuchowe i liny stanowią niezbyt dobraną parę, i przesuwając zwoje w dłoniach, wyczuwałem puszyste kępki uszkodzonych włókien, masę drobnych nacięć, które nadawały jej zmechacony wygląd. Ale jeśli liny przedstawiały się strasznie, z uprzężami było jeszcze gorzej. Każda składała się z dwóch szerokich pasów wystrzępionego płótna i skóry. Jeden miał podczas wspinaczki otaczać tułów, drugi przechodził pod tyłkiem jak krzesełko huśtawki. Żadna z uprzęży nie miała pętli udowych, obie zaś cuchnęły ciężką pracą i strachem, uderzającą do głowy mieszaniną zastałego potu, oleju, benzyny i soków z drzew.

Zarzuciwszy sobie sprzęt na ramiona, przeszliśmy na drugą stronę drogi i wkroczyliśmy do lasu. Przesadziłem susem rów i wziąłem głęboki oddech, napełniając płuca cierpkim aromatem, który unosił się w powietrzu. Moje mięśnie zaczynały odprężać się po męczącej jeździe samochodem. Paddy i Matt szli przed siebie w milczeniu, kierując się prosto ku jakiemuś niewidocznemu celowi. Idąc ich śladem, wynurzyłem się z cienistej kolumnady na otwarty, porośnięty trawą leśny dukt. Gdy gałęzie przestały zasłaniać mi widok, spostrzegłem dwa najbardziej zadziwiająco piękne, potężne drzewa, jakie widziałem w życiu. Nie przypominały żadnych innych drzew w sąsiedztwie i stały niczym wartownicy po obu stronach drogi. Te co najmniej czterdziestopięciometrowej wysokości żywe obeliski górowały o dobre trzydzieści metrów nad ciągnącym się za nimi dębowym lasem. Górna jedna trzecia ich stożkowatych koron skąpana była w porannym świetle słońca, ale ich potężne, rozszerzające się u dołu pnie wciąż spowijał mrok. To po prawej wydawało się nieco niższe, z ostrzejszym, mniej stępionym przez wiatry i burze wierzchołkiem niż jego towarzysz. Ale drugie drzewo było prawdziwym gigantem. Mimo woli zacząłem wyobrażać sobie, jaki widok musi roztaczać się z góry, gdy siedzi się wysoko na jego ramieniu. Wiedziałem, że przyjechaliśmy tu, żeby wejść na jakieś drzewo, ale ponieważ nigdy jeszcze nie wspinałem się na żadne po linach, uznałem to za karkołomne wprowadzenie. Próba wspięcia się na jeden z największych mamutowców olbrzymich w Wielkiej Brytanii na pierwszej wyprawie w życiu była, oględnie mówiąc, puszczaniem się na głębokie wody. Miałem tylko nadzieję, że oni wiedzą, jak się do tego zabrać, bo ja nie miałem zielonego pojęcia.

Paddy i Matt dotarli już niemal do jego podnóża. Ich sylwetki zlewały się z cieniami u stóp olbrzyma. Wydawali się maleńcy – jak astronauci zbliżający się do wieży startowej w programie Apollo. Zanim do nich dołączyłem, Paddy rozwinął już linę, która leżała w luźnych skrętach u jego stóp. Próbował przerzucić jej koniec przez gałąź jakieś dziesięć metrów nad głową. Raz za razem mały zwój liny uderzał o drzewo z głuchym odgłosem, po czym spadał z powrotem na ziemię.

Przeciągnąłem otwartą dłonią lewej ręki po korze. Była miękka i sprężysta. Gruba, włóknista powłoka, która dudniła, kiedy w nią postukałem. Mniej więcej od wysokości głowy w dół pień rozszerzał się gwałtownie, znikając w zbitej gołej ziemi z obwodem co najmniej dwukrotnie większym od tego, jaki miał sześć metrów wyżej. Kilka korzeni przebijało nieruchomą plątaniną powierzchnię ziemi, ale kto wie, jak głęboko sięgała reszta.

Paddy'emu wciąż nie dopisywało szczęście i zaczynało docierać do mnie, że nasza przygoda może się skończyć, zanim jeszcze na dobre się rozpoczęła, kiedy Matt sięgnął do plecaka i wydobył z niego dwa czekany. Pomachał nimi triumfalnie. Najwyraźniej od samego początku miał zamiar ich użyć, ale ja spojrzałem na nie podejrzliwie.

– Chyba żartujesz?

– Masz jakiś lepszy pomysł? – powiedział.

Nie miałem. Ale to wydawało się szaleństwem, które wedle wszelkiego prawdopodobieństwa skończy się na tym, że runie pogruchotany u stóp drzewa. To nie była wspinaczka po lodzie; nie miał górnej liny, która zatrzymałaby upadek, ani żadnej możliwości zakładania po drodze punktów asekuracyjnych. Dopóki nie dotrze do pierwszych gałęzi, będzie zdany wyłącznie na siebie, odsłonięty, na łasce nieznanej wytrzymałości kory drzewa. Fabrycznie wyprodukowane, agresywne metalowe kolce zdawały się ostro kontrastować z naszym miękkim, organicznym otoczeniem. Po prostu wydawało mi się to nie w porządku – nie dlatego, by czekany, przy całej swej brutalności, mogły w jakikolwiek sposób uszkodzić drzewo. Warstwa kory była na to o wiele za gruba. Nie, dla mnie była to raczej kwestia szacunku. To drzewo było żywą istotą, organicznym bytem, nie jakimś nieożywionym tworem geologicznym, który można dziurawić do woli. Abstrakcyjny respekt wobec drzewa łączył się z przesądnym oporem przed kuszeniem losu, do czego dochodziło jeszcze zdenerwowanie moją pierwszą w życiu wspinaczką. Ale oczywiście nie potrafiłem wyrazić jak należy wszystkich tych odczuć. A nawet gdybym potrafił, tamci po prostu nazwaliby mnie głąbem i tak czy owak zrobiliby swoje.

Matt najwyraźniej nie miał takich obaw, gdyż wbił oba czekany na kilkanaście centymetrów w głąb drzewa, po czym pochylił się, by przypiąć parę raków. Uniósł stopę i zagłębił przednie zęby w korę. Ruszył w górę. „Łup", „trach", krok, krok. „Łup", „trach", krok, krok. Przy strzelistym pniu wznoszącym się do pionu jego sytuacja wyglądała coraz groźniej, w miarę jak wspinał się wyżej. Zabije się, pomyślałem. „Jeśli odpadnie..."

Ale nie odpadł. Musiałem to przyznać – uporał się z trudnym zadaniem szybko i stylowo. Nigdy więcej nie widziałem, żeby ktoś wspinał się na drzewa taką techniką. Prawdopodobnie dlatego, że bez lonży opasującej pień i zabezpieczającej przed upadkiem w tył graniczy ona z samobójstwem. Ale wiele durnych rzeczy wydaje się dobrymi pomysłami, kiedy człowiek ma szesnaście lat.

Matt dotarł do gałęzi. Najniższe były wszystkie martwe, tak więc wspinał się dalej aż do żywej korony, zanim przywiązał się liną, ściągnął raki i rzucił czekany na ziemię. Jeden z nich zagrzebał się w ściółce aż po trzonek.

Paddy był następny. Przywiązał koniec swojej liny do liny Matta. Matt wciągnął ją w górę, przełożył nad gałęzią u nasady, po czym spuścił powoli w dół; jej poskręcana końcówka wiła się wzdłuż spękań w korze jak polujący wąż. Paddy znalazł się w górze w mgnieniu oka, zapierając się stopami o pień i podciągając się ręka za ręką jak małpa. Wiedziałem, że nie ma mowy, abym mógł dorównać im dwóm podczas tej pierwszej w życiu prawdziwej wspinaczki na drzewo. Paddy wciągnął teraz na górę moją linę i przerzucił ją przez gałąź trzy metry nad sobą. Jej koniec opadł do mnie i wpiąłem ją w dwa metalowe trójkąty na przodzie uprzęży. Byłem teraz przyczepiony do gałęzi piętnaście metrów nade mną.

– I co dalej? – zawołałem.

– Weź tę małą pętlę z linki i owiń ją dwa razy wokół głównej liny, a potem przewlecz przez nią samą. Tak jak ci pokazywałem – odkrzyknął ze swojej grzędy.

Zakołysał liną i zrobiłem to, co powiedział. Wykonałem w ten sposób przesuwny węzeł zwany prusikiem.

– Przypnij drugi koniec do siebie karabinkiem. Nie, nie tu. Z przodu: tutaj! – powiedział, przekładając kciuk przez kółka własnej uprzęży.

Był to podstawowy, stary jak świat system wspinaczkowy, który Paddy oraz każdy inny chirurg drzew wykorzystywał każdego dnia w pracy. Techniki wspinaczki drzewnej nie zmieniły się ani odrobinę od lat sześćdziesiątych, ale dla mnie wszystko to było zupełną nowością. Byłem wciąż zanadto pochłonięty otrząsaniem się ze skutków ciężkiej nocy, żeby dumać nad następnym krokiem. Mocno chwyciwszy gładką jak polerowany brąz linę, prawą ręką przesunąłem postrzępiony węzeł o mniej więcej trzydzieści centymetrów w górę.

Gdy przeniosłem ciężar ciała z ziemi na linę, jej elastyczność poderwała mnie na czubki palców. Stałem chwiejnie, próbując odzyskać równowagę. Było jasne, że muszę pójść na całość. Podszedłem więc niezgrabnie do podstawy drzewa i przesunąłem węzeł jeszcze wyżej, aż obie stopy solidnie opierały się o pień. Byłem teraz raptem kilkanaście centymetrów nad ziemią, ale trzymała mnie lina. Dopóki nie dotrę do pierwszej gałęzi, ta jedna nadgryziona zębami piły nić będzie musiała utrzymać cały mój ciężar. Zakołysałem biodrami z boku na bok, próbując usadowić się wygodnie w uprzęży. Bez pętli udowych zapobiegających przesuwaniu się pasa biodrowego pod pachy, musiałem całkiem odchylić się w tył, niemal do poziomu, aby utrzymać równowagę. Wziąłem głęboki oddech i wygiąłem plecy w łuk. Nie miałem żadnego innego oparcia dla rąk, więc wisiałem niczym niezdarny pająk na nitce, a lina huśtała mną, jak chciała. Miałem tylko wspiąć się po niej. Proste. Przynajmniej w teorii.

Po powolnym początku wdrożyłem się w rytm zapierania się obiema stopami o pień drzewa przy jednoczesnym przesuwaniu węzła w górę, by zdobyć kilkanaście centymetrów wysokości. Powtarzałem tę procedurę raz za razem, aż cały byłem zlany potem mimo chłodu poranka. Przy każdym obciążeniu lina wspinaczkowa szorowała po gałęzi wysoko w górze, obluzowując drobniutki zielony pył, który spływał w dół w porannym świetle, wypełniając rześkie powietrze łagodnym, ziemistym aromatem.

Wspinając się coraz wyżej, poczułem, że lina robi się lepka od soków. Dało mi to pewniejszy chwyt i zwiększyło tarcie w górnym punkcie asekuracyjnym, faktycznie redukując mój ciężar. Byłem już ponad rozszerzającą się podstawą drzewa i wisiałem idealnie prostopadle do kory. Ponownie zdumiało mnie, jaka jest miękka i sprężysta. Twarda w dotyku, ale gąbczasta przy mocniejszym nacisku. Zapragnąłem nagle zdjąć buty i skarpety, by poczuć pod stopami naskórek drzewa, czuć, jak przepływa przeze mnie jego życie. Moi towarzysze nigdy by mi tego jednak nie darowali, tak więc tylko nachyliłem się do przodu i przytuliłem do niego policzek. Było teraz nagrzane słońcem, a kora zdawała się miękka i miła, jak szczecina wielkiego prehistorycznego zwierzęcia, które pozwoliło mi gramolić się na swój potężny grzbiet. Wkraczałem w inny świat, bezpieczny i zaciszny, i przechodziłem swego rodzaju chrzest – swoje pierwsze zanurzenie w koronie drzewa.

Wspinałem się wolno – niezupełnie z własnego wyboru. Moja technika była kulawa i brakowało mi pewności siebie i rytmu, które przychodzą wraz z doświadczeniem. Dziesięć metrów nad ziemią dotarłem do pierwszych gałęzi, martwego gąszczu jasnobrązowych, suchych jak pieprz kikutów. Wibrowały głuchym odgłosem, kiedy w nie postukałem. Choć wyglądały krucho, były zaskakująco mocne i przekonałem się, że stawiając stopy u ich nasady, mogę wykorzystać je jako drabinę. Ostrożnie zacząłem wspinać się po samym drzewie. Przeniosłem ciężar ciała z uprzęży na gałęzie, ufając, że lina zatrzyma mnie, gdyby któraś z nich trzasnęła.

Paddy i Matt byli teraz zaledwie trzy metry nade mną. Matt balansował niczym akrobata na gałęzi, z klatką piersiową przyciśniętą do drzewa, lustrując wzrokiem pień w górze, by wybrać najlepszą trasę. Zahaczywszy się lewą ręką o gałąź, prawą przerzucił wyżej zwitek liny i wkrótce ruszył dalej wśród brzęku karabinków. Paddy siedział na wielkim konarze na lewo ode mnie, kończąc wymiętolonego skręta. Zamiast zgasić go na drzewie, ścisnął płonący koniec paznokciami i wsunął peta do skarpety. Wdrapałem się obok niego i spojrzałem w górę na oddalającą się postać Matta, który przemykał z gałęzi na gałąź jak wiewiórka.

W końcu zniknął nam z oczu, wchłonięty przez drzewo. Jego jedynym śladem był sporadyczny deszcz drobnego pyłu opadający wolno w rozproszonym świetle słońca, no i nieustanne kołysanie się jego liny zwisającej obok mnie. Po mojej drugiej stronie Paddy był w swoim żywiole. W pracy wspinał się każdego dnia, bez względu na pogodę, i zwykle robił to z piłą łańcuchową przytroczoną do pasa. To była dla niego tak naprawdę dziecinna igraszka. Patrząc, jak się wspina, dotkliwie zdałem sobie sprawę, jak mocno ściskam drzewo i jak napięte są moje mięśnie. Dłonie bolały mnie od kurczowego trzymania liny, a kark i ramiona miałem zupełnie zesztywniałe. Spróbowałem odprężyć się fizycznie i obniżyć środek ciężkości. Poczułem, że rozluźniam się nieco, że osiadam pewniej na gałęzi. Jednak wymagało to nieustannego, świadomego wysiłku i im bardziej się starałem, tym mniej mi się udawało. Od czasu do czasu całe moje ciało wzdrygało się, jak gdybym był o krok od zaśnięcia. Po skurczu mięśni przywierałem do drzewa gwałtownym ruchem, którego nie byłem w stanie powstrzymać. Paddy przerwał milczenie kaszlnięciem.

– No dobra. I co, zadowolony?

Było to bardziej stwierdzenie niż pytanie i odpowiedziałem, że chciałbym przez chwilę posiedzieć tu sam.

– Żaden problem. Dołączysz do nas, kiedy zechcesz, a jeśli nie, widzimy się za jakieś pół godziny, kiedy zejdziemy z powrotem.

Za nic w świecie nie pozwoliłby, żeby jakiś alpinista dotarł przed nim na wierzchołek jednego z największych drzew w Anglii, tak więc ruszył z kopyta pod górę. Gdy patrzyło się na nich dwóch, wszystko to wydawało się takie łatwe i proste.

Byłem w rozterce. W tej chwili, osiemnaście metrów nad ziemią, znajdowałem się na poziomie koron okolicznych dębów i czułem, że zaledwie metr, może dwa wyżej, tam gdzie obwieszone szyszkami gałęzie mamutowca kołysały się leniwie na wietrze, czeka mnie fantastyczny widok. Ale wciąż jeszcze nie czułem się pewnie w nowym otoczeniu i drżałem na samą myśl o wyjściu poza swojskie bezpieczeństwo okolicznych dębów. Tak więc zostałem tu, gdzie byłem. Usadowiony na gałęzi w jednej trzeciej wysokości drzewa, czułem, jak jego potężna masa chwieje się wokół mnie, niemal niedostrzegalnie, na porannym wietrze.

Dookoła mnie dolne konary tego kolosa rozpościerały się na boki i długimi, eleganckimi łukami wyginały w dół. Na samych końcach podwijały się znowu w górę, nieomal do pionu. Gęste skupiska szyszek tuliły się wśród nastroszonych kęp ciemnych, łuskowatych szpilek sześć metrów od pnia. Niektóre były stare, brązowe i spękane w miejscach, skąd wysypały w minionych latach nasiona. Inne były gładkie, lśniące i jasnozielone, brzemienne obietnicą. Postawiłem sobie za cel dotrzeć do jednej z nich. Przesuwając nogę za nogą, ruszyłem wzdłuż swojej grzędy, ale gdy zacząłem zsuwać się po krzywiźnie gałęzi, ta ugięła się i zapadła pod moim ciężarem.

Konary były masywne, ale wydawały się zaskakująco kruche i po krótkim namyśle wycofałem się pomalutku w stronę pnia. Powinienem w jakiś sposób przenieść ciężar z gałęzi na uprząż. Musiałem zaczepić linę wyżej, tak by utrzymywała mnie całkowicie, kiedy stąpając na czubkach palców, będę oddalał się od pnia.

Przyglądałem się wcześniej, jak Paddy i Matt zbierają linę w mały zwój, po czym przerzucają go ze swobodną celnością nad wybraną gałęzią. Ale nawet to było o wiele trudniejsze, niż wyglądało. Kiedy lina zawisła w końcu na upatrzonej gałęzi, jej koniec okazał się zbyt lekki, żeby opaść do mnie. Ściągnąłem ją z powrotem, a ona zsunęła się w skrętach na moją głowę i barki.

Doczepiwszy w charakterze ciężarka zapasowy karabinek z uprzęży, przeciągnąłem przez niego kilka zwojów i spróbowałem ponownie. Tym razem elegancko przeszła górą i wróciła na dół, przy okazji jednak zsunęła się po gałęzi, kończąc prawie dwa metry od pnia. Uwiesiłem się na niej, ale gałąź zaczęła mocno się uginać. Wyczepiłem się i szarpnięciami przesunąłem pętlę do nasady gałęzi tuż przy pniu. Obciążenie liny powinno utrzymać ją w miejscu, nie pozwalając jej zsunąć się po krzywiźnie konaru.

Bardzo powoli podniosłem się na nogi, balansując na gałęzi, na której stałem. Odchyliwszy się do tyłu w uprzęży, postawiłem prawą stopę za lewą i zacząłem posuwać się tyłem w stronę szyszek sterczących na skraju korony. Miałem stopy zwrócone w stronę pnia i wykręcałem tułów jak najdalej w lewo, żeby widzieć, dokąd idę. Prawą dłonią ściskałem mocno węzeł prusika, przesuwając go cal po calu wzdłuż liny. Wyciągnąłem lewą rękę i chwytałem palcami powietrze, próbując dosięgnąć szyszek, od których dzieliło mnie jeszcze półtora metra.

Prawa noga zaczynała mi drżeć. Byłem zaledwie cztery i pół metra od pnia, ale czułem się odsłonięty i bliski utraty równowagi. Zmusiwszy się do puszczenia liny, ugiąłem nogi do przysiadu, by obniżyć środek ciężkości. W tej pozycji drżenie objęło uda, ale miałem poczucie znacznie większej kontroli, większej stabilności. Udało mi się pokonać pozostałe kilkadziesiąt centymetrów i chwycić koniec gałęzi. Niedojrzałe szyszki nie chciały dać się oderwać, zadowoliłem się więc jedną ze starszych, którą odłamałem od szypułki i wpuściłem sobie pod T-shirt. Obróciłem się znów twarzą do drzewa i ruszyłem z powrotem po gałęzi.

W połowie drogi lewa stopa omsknęła mi się na gładkiej, śliskiej od pyłu powierzchni. Wypuściłem linę z rąk i zawisłem na jej końcu, kręcąc się wokół własnej osi, zmierzając jak wychylone wahadło w stronę pnia. Zanim zorientowałem się, co się dzieje, uderzyłem z łomotem w drzewo. Siła zderzenia była wstrząsem, ale miękka kora łaskawie je zamortyzowała. Rozejrzawszy się dookoła, przekonałem się, że spadłem tylko o jeden, może dwa metry. Zamiast podkopać moją pewność siebie, miękkie lądowanie sprawiło, że odprężyłem się, i wydatnie zwiększyło moje zaufanie do sprzętu wspinaczkowego.

Oparłem się nogami o drzewo, wisząc w uprzęży obok gałęzi, z której spadłem. Drzewo chwiało się teraz bardziej wyraźnie na wietrze, jego potężna bryła kołysała się wolno na boki. Dyndając bezwładnie w uprzęży, cieszyłem się każdym ruchem tej gigantycznej żywej istoty.

Niżej, pode mną, drzewo zdawało się zupełnie nieruchome. Dolna jedna trzecia pnia była sztywna i miałem wrażenie, że wiszę w strefie granicznej między ziemią a niebem, jak gdyby podłoże zwalniało łagodnie swój żelazny uścisk, a drzewo wyrywało się na wolność, stając się mieszkańcem przestworzy. Zamknąłem oczy, by zapaść się w jego objęcia. Nie słyszałem nic poza łagodnym westchnieniem wiatru wśród igieł i sporadycznymi skrzypnięciami dobiegającymi z głębi drewna.

Kiedy uniosłem wzrok, wysoko nade mną rozpościerało się błękitne niebo. Dawno już straciłem z oczu Paddy'ego i Matta, ale z góry dobiegały mnie ich głosy, niekiedy sypiące się w dół po gałęziach salwy śmiechu. Musieli być już sporo powyżej koron okolicznych dębów i mogłem tylko wyobrazić sobie widok z tej siedziby bogów. Wiedziałem jednak, że w tej chwili nie jestem gotowy wspiąć się wyżej. Byłem wystarczająco dumny ze swego pierwszego spaceru po gałęzi. Uniosłem przód T-shirtu, by wydobyć szyszkę i przyjrzeć się jej dokładniej.

Była ciemnobrązowa, a w krzyżujących się spękaniach jej powierzchni kryły się setki, jeśli nie tysiące nieskończenie małych nasionek. Wytrząsnąłem kilkanaście z nich na złożoną w miseczkę dłoń. Każde było zaledwie płatkiem cienkiego jak papier drewna, z grafitowoszarą ołówkową kreską przechodzącą przez środek. Wciągnąłem powietrze do płuc i zdmuchnąłem maleńki kopczyk między palcami w korony drzew, gdzie opadły niczym magiczny proszek. Jakim cudem coś tak ogromnego i doskonale uformowanego jak to drzewo mogło wyrosnąć z takiej drobinki uśpionego życia? Z powrotem wpuściłem szyszkę wraz z pozostałymi nasionami pod T-shirt i odprężyłem się, wsłuchany w otaczającą mnie ciszę. Czułem niezwykły spokój, przepełniającą mnie pozytywną energię. Choć spędziłem większą część dzieciństwa z naturą, nigdy nie byłem tak bardzo *wewnątrz* natury, jak w tej chwili. Kołysząc się łagodnie w ramionach drzewa, czułem więź łączącą mnie z samą ziemią.

Spadająca z góry lawina pyłu i płatów kory wyrwała mnie z zadumy. Kilka sekund później usłyszałem głuche uderzenia sprzętu wspinaczkowego o drewno. Matt i Paddy wrócili z iskrami w oczach, podekscytowani i zachwyceni, i patrzyłem na nich z zazdrością. Nie było jednak mowy, żebym dotarł na wierzchołek tego drzewa, dopóki nie nabiorę większego doświadczenia we wspinaczce.

1994

Pochyliłem się naprzód, przestawiłem dłoń za dłonią po pniu drzewa i wstałem, balansując na gałęzi. Poluzowawszy nieco linę, ugiąłem nogi, by podskoczyć i chwycić wielki konar nad sobą. Podciągnąłem się obiema rękami, zarzuciłem na niego lewą nogę i zapierając się przedramionami, wygramoliłem się na górę. Obejmując dla równowagi lewym ramieniem kolejną gałąź, owinąłem wokół niej krótką pętlę taśmy i wpiąłem się do niej. Odwiązałem linę i puściłem ją wolno, by odplątała się z dolnej gałęzi, zanim wciągnąłem ją w górę i przerzuciłem łukiem nad inną gałęzią trzy metry wyżej. Posuwałem się szybko ku środkowi drzewa i uśmiechnąłem do siebie, kiedy w ekspresowym tempie minąłem najwyższy punkt, do którego dotarłem trzy lata wcześniej. Było cudowne jesienne późne popołudnie. Niskie słońce zdawało się przepuszczać promienie przez pryzmat, stawiając las w ogniu. Spojrzałem w górę przez oświetlone od tyłu gałęzie. Nadchodziła noc i musiałem się spieszyć.

Po naszej pierwszej wspólnej wspinaczce Matt, Paddy i ja wróciliśmy do rzeczywistego świata na ziemi. Z Mattem nigdy więcej się nie spotkałem – zmieniłem szkołę i poszliśmy różnymi drogami, ale nawet kiedy chodziłem do szóstej klasy w innym mieście, wracałem do lasu tak często, jak mogłem, żeby wspinać się na drzewa z Paddym. New Forest otwierał przed nami niemal nieograniczone możliwości. Można było wspinać się na pięć różnych drzew dziennie przez całe życie i nie poznać nawet drobnej jego cząstki. Paddy i ja byliśmy partnerami w niekończącym się poszukiwaniu idealnego drzewa do wspinaczki.

Studiowałem teraz fotografię w Londynie i mieszkałem w Tooting. Żeby nie wyjść z wprawy, wdrapywałem się na drzewa w Tooting Bec Common, podczas gdy moi kumple opalali się na kąpielisku. Jednak sercem byłem zawsze w New Forest i kiedy tylko miałem forsę lub czas, wskakiwałem do pociągu na Waterloo i ruszałem na zachód. Southampton było dla mnie progiem: poza nim leżał świat drzew oraz dom. Im bardziej oddalałem się od Londynu, tym bardziej podekscytowany i skupiony się stawałem. Uwielbiałem mieszkać w Londynie, czułem się tam jak we wnętrzu jakiegoś gigantycznego organizmu, który oddycha oraz tętni rytmem i radością życia, jakie trudno było znaleźć gdzie indziej. Zawsze jednak miałem wrażenie, że więcej mi odbiera, niż daje. A od chwili, kiedy wracałem do swego wynajętego pokoju w Tooting, do chwili, kiedy znów mogłem dać dyla do lasu, czułem się, jakbym funkcjonował na rezerwowym akumulatorze, który rozładowuje się zdecydowanie za szybko.

Tego dnia w porze lunchu wysiadłem z pociągu w Brockenhurst i w pojedynkę ruszyłem szybko na przełaj przez las w stronę „Goliata". Nazwaliśmy go tak z Paddym po naszej pierwszej wspinaczce sprzed trzech lat, a to była moja pierwsza od tamtej pory wizyta w tym miejscu. Byłem teraz całkiem niezłym wspinaczem, ale czekałem z powrotem do Goliata, dopóki nie będę w pełni gotowy. Nie chciałem, żeby cokolwiek przeszkodziło mi w eksplorowaniu wedle uznania tych potężnych konarów albo uniemożliwiło mi napawanie się cudownym widokiem z wierzchołka, który wyobrażałem sobie przez minione trzy lata.

Wkrótce osiągnąłem wysokość dwudziestu pięciu metrów i z góry widziałem, jak dno lasu zaczyna pogrążać się w mroku. Jednak wysoko nad sobą wciąż mogłem dostrzec sam czubek drzewa nadal skąpany w jaskrawym blasku jesiennego słońca. Zapowiadała się pogodna noc. Odległy szum samochodów dawno już ucichł i słyszałem jedynie puszczyki; okoliczne jodły odbijały echem ich zawodzące pohukiwania, przypominające dźwięk instrumentów dętych. Wyłapywałem także sporadyczne gardłowe pomruki odbywających gody danieli. Jeśli się nie rozpada, odgłosy te będą prawdopodobnie rozbrzmiewać przez całą noc.

Byłem dokładnie w połowie wysokości drzewa, w samym jego centrum, tam gdzie gałęzie były najgrubsze i gdzie okręcały się jedna wokół drugiej. Zwieszające się z gałęzi gęste kępy łuskowatych szpilek skrywały wszystko poza samym drzewem. Goliat spowijał mnie niczym kokon: było to znakomite miejsce na rozwieszenie hamaka. Odpowiednie punkty mocowania były wszędzie i miałem nawet znakomity widok na wschód ponad wierzchołkami okolicznych drzew, zza których rano miało wyłonić się słońce. Wciągnąłem na górę linę trakcyjną; ciężki worek na jej końcu obijał się o konary pode mną. Przerzuciwszy przez jedną z gałęzi krótką nylonową taśmę, przypiąłem do niej plecak i wydobyłem z niego lekki hamak turystyczny z nylonowej siatki. Naciągnąłem go mocno między dwoma potężnymi konarami, które odchodziły od pnia drzewa, znikając w jego koronie. Wyglądał niezbyt solidnie i ewidentnie zaprojektowany był do użytku bliżej ziemi, ale nie widziałem powodu, dla którego nie miałby utrzymać mojego ciężaru na wysokości dwudziestu pięciu metrów. Mimo wszystko zamierzałem nie ściągać na noc uprzęży i spać z liną przypiętą do punktu asekuracyjnego nade mną – tak na wszelki wypadek.

Byłem wciąż dość rozgrzany wspinaczką, ale słońce już zaszło i pot zaczynał mrozić mi kark. Wiatr ucichł, a wieczorne cienie pełzły w górę wzdłuż pnia, gdy gałęzie nade mną zaczęły zlewać się w gasnącym świetle w nieprzeniknione gąszcz.

Siedząc na gałęzi, zdjąłem buty i związałem razem sznurowadła. Przewiesiłem je przez gałąź obok hamaka i wetknąłem nogawki spodni w skarpety. Pod T-shirtem miałem termoaktywny podkoszulek, a na wierzch wciągnąłem gruby sweter. Mój śpiwór zwisł niczym zwierzęca skóra, kiedy wyszarpnąłem go z plecaka, i cuchnął jak zawsze stęchlizną i wilgocią. Kupiłem go pięć lat wcześniej, używany, w sklepie z artykułami z demobilu – niemiecki model z okresu zimnej wojny, z gumowaną, nieprzemakalną powłoką zewnętrzną i ciepłą wyściółką w środku. Miał nawet rękawy i dwustronny zamek błyskawiczny – znakomity do spania w hamaku, gdy jest się jednocześnie podpiętym do liny wspinaczkowej. Wsunąłem się do niego i naciągnąłem gumowany kaptur, który pasował jak ulał na moją wełnianą czapkę.

Teraz przyszła pora na najtrudniejszą część: ułożenie się w hamaku bez wywrotki. Rozsunąłem naprężone boki z zielonej siatki i wklinowałem między nie zadek. Przenosząc górą nogi, wsunąłem stopy w siatkę, po czym wężowym ruchem umieściłem w środku barki, kładąc się na plecach. Splotłem ręce za głową, by odsunąć łokciami boki hamaka od twarzy, i leżałem tak, kołysząc się łagodnie. Sowy wciąż pohukiwały. Ciemność wypełniła już koronę drzewa, ale pomiędzy czarnymi konturami rozwichrzonych szpilek na ultramarynowym sklepieniu zaczęły pojawiać się gwiazdy. Zimne i odległe, zdawały się wisieć jak lampki choinkowe na czubkach podwijających się ku niebu gałęzi.

Przecisnąłem palce przez oczka siatki, ściągnąłem razem boki hamaka i spiąłem je zapasowym karabinkiem. Byłem teraz szczelnie zamknięty w kokonie, niczym długa, zielona gąsienica zawieszona niemal trzydzieści metrów nad ziemią. Przez chwilę napawałem się tym zdumiewającym faktem, ale wkrótce zmęczenie wzięło górę i zapadłem w głęboki sen.

Około drugiej lub trzeciej nad ranem obudziłem się nagle. W oczach miałem wciąż upiorne wspomnienie puszczyka siedzącego na gałęzi pół metra od mojej głowy. Czy przyśniło mi się to tylko? Sowa odpowiedziała hukaniem sześć metrów nade mną, zanim bezgłośnie wzbiła się w zalaną księżycowym blaskiem pustkę. Księżyc w ostatniej kwadrze wznosił się wysoko na bezchmurnym niebie. Mój świat gałęzi zmienił się w delikatną srebrno-czarną koronkę, a rozciągający się wkoło las wydawał się spowity białą satyną. Słyszałem odległe pomruki jeleni na rykowisku: idealna jesienna noc. To było to - to była ta chwila - cały powód, dla którego nocowałem tu w górze. Chciałem cieszyć się i delektować tym doświadczeniem jak najdłużej, ale nim się obejrzałem, na powrót pogrążyłem się w głębokim śnie.

Kiedy obudziłem się ponownie, był już ranek. Słońce dopiero co wstało i jego żar sączył się przez otaczającą mnie koronę drzewa, polerując na brąz powierzchnię wiszących obok mnie zielonych szyszek. Puszczyki już milczały, ale samce danieli porykiwały z nowym zapałem. Miały pracowitą noc. Odległe nosowe wycie potężnego motocykla rozwiało czar. Słuchając, jak pracuje jego silnik, byłem w stanie odtworzyć jego ruchy na leśnych drogach. Pogmerawszy w wiszącym obok plecaku, wyciągnąłem pękaty termos letniej fasolki w sosie pomidorowym - moje śniadanie.

Wydostałem się z hamaka, ściągnąłem skarpety i poświęciłem chwilę, by raz jeszcze rozejrzeć się dookoła. Nade mną czubek drzewa był już skąpany w świetle, ale gdy spojrzałem na zachód, wierzchołki okolicznych dębów wciąż okrywał cień. Boso zacząłem wspinać się ku szczytowi Goliata i obietnicy fantastycznego widoku. Występy kory i gałęzie prowadziły mnie po naturalnej spirali, gdy posuwałem się coraz wyżej i wyżej - ku samemu wierzchołkowi, gdzie drzewo po prostu się kończyło i zaczynało niebo. W miarę wspinaczki gałęzie stawały się coraz gęstsze. Coraz trudniej było mi przecisnąć się między nimi. I o ile podstawa tego monolitycznego drzewa mierzyła kilka metrów średnicy, tu w górze jego gładki pień był teraz cieńszy niż moja talia. Trzy metry poniżej wierzchołka zatrzymałem się i dla wzmocnienia przeciągnąłem linę wokół głównego pnia. Kruche gałęzie były teraz nie grubsze niż mój nadgarstek, a do ziemi było bardzo daleko. Celowo unikałem rozglądania się i skupiłem się na wspinaczce, aż dotarłem w końcu na sam szczyt.

Otoczywszy drzewo prawym ramieniem, jak gdyby był to czubek masztu okrętowego albo szyja przyjaciela, ściągnąłem mocno linę, odchyliłem się do tyłu w uprzęży i obróciłem się twarzą do wschodzącego słońca.

Będę pamiętał ten widok do końca moich dni. Znajdowałem się czterdzieści dziewięć metrów nad ziemią, na szczycie najwyższego drzewa w całym lesie, ponad kobiercem koron, który rozpościerał się w każdym kierunku aż po horyzont. Na północnym wschodzie widziałem strzelistą wieżę jakiegoś kościoła; na południu świat zdawał się nagle kończyć zdecydowaną linią, która, jak sobie uświadomiłem, musiała być wybrzeżem. Cieśnina Solent rysowała się migotliwym lazurem w dali. Mogłem też dostrzec wysokie białe klify wyspy Wight oraz sterczące z morza kredowe iglice zwane The Needles.

Na zachodzie, trzydzieści metrów pode mną, leżał bezkresny ocean dębów jarzących się złoto i pomarańczowo w porannym słońcu. Daleko za nimi – na samym widnokręgu – ciągnął się wąski pas fioletowej mgiełki, który musiał być otwartym wrzosowiskiem leżącym na zachodnim skraju lasu. Potężny cień Goliata kładł się na okolicznych drzewach jak wielki, miażdżący wszystko pod sobą czarny monolit.

Widok był wspanialszy i bardziej zachwycający niż ten, który malowałem w swojej wyobraźni. Nareszcie dotarłem tu i spoglądając ze swego punktu obserwacyjnego, wysoko na ramieniu Goliata, widziałem, że poza granicami tego lasu jest cały świat koron drzew, który czeka na to, żebym zgłębił jego sekrety.

Rozdział 2

Tumparak – Borneo

1998

Tysiące drobnych żółtych owoców gniły na dnie dżungli wokół mnie. Mdląco słodka woń fermentacji wisiała ciężko w stęchłym powietrzu, a gęste chmary maleńkich muszek owocowych unosiły się nad wszystkim w niskiej mgle, wirując niczym kurz w pierwszych promieniach słońca.

Zapach był niemal odurzający. Przywiódł mi na myśl nieudane piwo własnej roboty, które bulgotało w beczkach pod schodami w moim rodzinnym domu. Pochyliwszy się, by przyjrzeć się dokładniej, uświadomiłem sobie, że to muszą być dzikie figi, których szukałem. Niektóre były twarde, mniej więcej wielkości i kształtu kulki do gry. Inne wyraźnie leżały tam już jakiś czas, były pęknięte i nadpsute. Moim zdaniem wcale nie wyglądały jak figi; to jednak był dziki gatunek z tropikalnego lasu deszczowego, który niezbyt przypominał to, co sprzedaje się w supermarketach w kraju.

Nie wyglądały też szczególnie apetycznie, ale sądząc po ilości, która została strącona przez zwierzęta żerujące w koronie sześćdziesiąt metrów nade mną, byłem w tej opinii odosobniony. Ziemia była nimi dosłownie zasłana. Wyciągnąłem nóż i rozciąłem jedną. Skórka była twarda, ale gąbczasty miąższ w środku ustępował przed ostrzem i składał się z dziesiątków maleńkich, jakby upudrowanych pączków. Pusty środek owocu stanowił dom dla dwóch wijących się larw.

Tak więc znalazłem figi, ale gdzie było drzewo, które je rodziło? Rozglądałem się, próbując przeniknąć wzrokiem otaczającą mnie gęstą roślinność.

* * *

Wszystko w borneańskim lesie deszczowym było dla mnie ekscytujące, obce i niezwykłe. Sama różnorodność tutejszego życia wprawiała w osłupienie. Wszystko, co widziałem, domagało się dokładniejszej inspekcji, a im głębiej zaglądałem, tym bardziej stawało się skomplikowane. Jak spoglądanie po raz pierwszy przez lornetkę na nocne niebo, kiedy w niegdysiejszej pustce za znajomymi konstelacjami dostrzega się wciąż nowe i nowe gwiazdy. Był to żyjący świat o nieskończonej głębi i zdumiewającej urodzie. Wkroczyć do niego oznaczało przenieść się w inne miejsce i czas, wpaść przez króliczą norę do pradawnego świata całkowicie zdominowanego przez drzewa. Spośród wszystkich miejsc, jakie odwiedziłem, to w największym stopniu zasługiwało na miano królestwa drzew. Stanowiły oś całego ekosystemu.

Dżungla zdawała się idealnie zrównoważoną i harmonijną całością, nieskończenie subtelną i złożoną. Jednak było w niej również coś dzikiego i groźnego. Nie miałem wątpliwości, że jej piękno i czar zblakłyby szybko w razie jakiegoś wypadku. Nawet skręcona kostka stałaby się wielkim problemem, a o ukąszeniu przez węża wolałem nawet nie myśleć. Musiałem zachować czujność i nie dać się rozproszyć. Ale było to trudne, gdyż wciąż nie otrząsnąłem się jeszcze z euforii, w jaką wprawiało mnie samo przebywanie tutaj.

Do rezerwatu w dolinie Danum przyjechałem kilka dni wcześniej z kamerzystą Johnem i Genem, asystentem producenta. Nasza mała ekipa miała przez następne sześć tygodni kręcić film dla pewnej wytwórni z Bristolu w tym liczącym czterdzieści trzy tysiące hektarów regionie dziewiczego lasu deszczowego. Moją rolą było asystowanie Johnowi, ale także bezpieczne wprowadzenie go na piętro koron, skąd miał filmować orangutany żerujące na owocującym drzewie. John i Gen udali się właśnie na rekonesans do innej części lasu z Dennisem, naszym miejscowym przewodnikiem z plemienia Dajaków, więc musiałem sam jeden wyszukać w dżungli odpowiednie owocujące drzewo na potrzeby filmu. Byłem wniebowzięty. Nie znaczy to jednak, że nie odczuwałem uciążliwości pracy w lesie deszczowym. Tych kilka dni od przyjazdu było dla mnie twardą szkołą.

Pierwszym wyzwaniem było przywyknięcie do niewiarygodnego upału i wilgotności. Dżungla egzystowała w nieustającym cyklu deszczu, mgły i parnej duchoty. Gdy tylko ustawał nocny deszcz, poziom wilgotności strzelał w górę, a drzewa robiły wydech, wypełniając naszą rzeczną dolinę gęstą mgłą. Poranne słońce wstawało nad pobliskim grzbietem górskim, zalewając scenerię blaskiem, i skłębione mgły unosiły się w niebo, by zniknąć bez śladu. Późnym popołudniem zaczynały się formować chmury – strzeliste kolumny zassanej z lasu wilgoci. Piętrzyły się setki metrów w górę i chwiały złowieszczo, zanim runą ulewą jeszcze tego wieczora.

Wchodząc do dżungli, miałem wrażenie, że znalazłem się w łaźni parowej. W ciągu paru minut mój T-shirt był przesiąknięty potem, który nie miał się gdzie podziać. Powietrze wokół było tak nasycone wilgocią, że pot nie mógł wyparować. Ubrania nie wysychały całymi dniami i pokrywały się pleśnią. Rozumiałem już, dlaczego tubylcze plemiona z dżungli do dziś ubierają się tak skąpo. Europejskie ubrania stają się cuchnącą wylęgarnią bakterii i szybko rozpadają się w strzępy.

Trudno było również przemierzać na piechotę znaczne połaci lasu, nie gubiąc się przy tym. Drzewa posiadały osobliwą umiejętność płatania figli i stawiania pod znakiem zapytania wrodzonego wyczucia kierunku. Maszerowanie po linii prostej było niemal niemożliwe. To nie był linearny świat, a pogmatwana sieć zwierzęcych ścieżek i szlaków zdawała się nieustannie zmieniać. Las deszczowy okazywał się godny swej tajemniczej i zagadkowej reputacji.

Oto był świat, który czekał za horyzontem New Forest. Jak to będzie, wspiąć się na piętro koron? Jak zareagują zwierzęta, które tam spotkam? Jak to będzie, znaleźć się na drzewie tak ogromnym, że jego najniższa gałąź wznosi się nad ziemią na wysokości wierzchołka Goliata i jest wielka jak cały dąb? Nie mogłem się doczekać, kiedy się o tym przekonam.

Wypuściwszy owoc spomiędzy palców, rozejrzałem się dookoła. Wśród gęstego listowia rysowały się potężne pionowe pnie tropikalnych drzew, każdy wielkości filaru katedry. Ich podstawy niknęły kompletnie w bujnej roślinności, tak że zdawały się one unosić bezcieleśnie w przestrzeni pomiędzy poszyciem a piętrem koron. Ale nie były to drzewa, których szukałem tego ranka – żadne z nich nie odpowiadało za obfitość owoców gnijących u moich stóp. Pod wieloma względami drzewo, o które mi chodziło, było zupełnym przeciwieństwem wszystkich innych w tym lesie. Było wyrzutkiem społeczeństwa, pariasem drzewnego świata, o mrocznej i złowrogiej reputacji. Nie mogłem się doczekać spotkania z nim.

Wykręcając szyję, mogłem dostrzec gałęzie, z których spadły owoce, ale nie można było stwierdzić, do którego pnia należą. Ruszyłem więc szlakiem opadłych owoców, który sprowadził mnie ze ścieżki na małą polankę. Tu leżało ich jeszcze więcej, a z cierpkim, octowym zapachem fermentującego cukru mieszała się ziemista woń świń, które buszowały tutaj nocą. Owoce, ziemia i opadłe liście ubite były w jednolitą masę.

Znalazłem go na środku tej niewielkiej polany: figowiec dusiciel. I cóż to było za dziwne, poskręcane stworzenie! Udręczony szkielet drzewa, niepodobny do niczego, co widziałem wcześniej. Zamiast pojedynczego pnia miał on kilka splecionych razem łodyg, które rozplątywały się piętnaście metrów nade mną, by opaść gąszczem szczudeł. Dziesiątki długich, cienkich korzeni zwisały do ziemi jak ścięgna. Kilka większych łodyg przeplatało rozpiętą w pionie kratownicę zdrewniałych pasm. W istocie całe drzewo wydawało się dokumentnie zaplątane w sieć, którą samo stworzyło, próbowało wyzwolić się z ciasnych pęt, które groziły zaduszeniem.

Kiedy wkroczyłem w przestrzeń pomiędzy szczudłami, uniosłem wzrok, by ujrzeć potężny fragment martwego pnia wiszący w plątaninie korzeni trzy metry nade mną. Była to butwiejąca pozostałość ofiary dusiciela – jego drzewa gospodarza. Ciemnobrązowa powierzchnia była przeżarta zgnilizną i obrośnięta grzybami. Wielkie jamy rozwierały się niczym upiorna maska. Tkwił tam od dawna i korzenie figowca poprzebijały go gęsto. Niegdyś był pełen życia. Olbrzymie, kilkusetletnie tropikalne drzewo strzelające na osiemdziesiąt metrów w górę.

Wykiełkowawszy z nasionka upuszczonego przez jakieś zwierzę w koronie giganta, figowiec spuścił w dół korzenie, oplatając olbrzymi pień swego gospodarza. Zacieśniająca się sieć korzeni stała się żywą klatką, która powoli pochłonęła uwięzione drzewo. Dziesiątki lat później, gdy dusiciel rozrósł się już na tyle, by stać o własnych siłach, ostatnie resztki życia zostały wyciśnięte z kolosa zamkniętego teraz w jego wnętrzu.

Zawieszony tak kadłub gospodarza miał w sobie coś niewypowiedzianie smutnego. Omotany i wyssany do cna z soków jak posiłek olbrzymiego pająka. Wkrótce rozpadnie się w proch i nie zostanie po nim nic poza makabrycznym sklepieniem korzeni.

Drzewa z Borneo należą do najwyższych, jakie rosną na Ziemi, co oznacza, że tutejsze figowce dusiciele są również jednymi z najwyższych tego rodzaju. Olbrzymi zabójca, którego miałem przed sobą, miał swoją mroczną stronę, a jednak życie, które tak brutalnie skradł, wracało z powrotem do lasu za pośrednictwem owoców dusiciela. Tak to właśnie jest w dżungli: energia wydaje się krążyć w przyrodzie szybciej niż gdziekolwiek indziej.

Figi były niemal dojrzałe, a strącone owoce leżące dookoła mnie na ziemi świadczyły o tym, że dla niektórych zwierząt uczta już się rozpoczęła. Jak gdyby na potwierdzenie tego faktu z wysoka dobiegł mnie szelest liści, a zaraz potem miękkie plaśnięcia spadających fig. Coś tam się poruszało i żerowało. Spojrzałem w górę przez gęsty podszyt. Zdawało mi się, że widzę ruch gałęzi, ale trudno było mieć pewność.

Zsunąłem plecak z ramion i wypakowałem sprzęt wspinaczkowy. Postanowiłem wspiąć się na figowiec i wykorzystać go jako punkt obserwacyjny, z którego wybiorę odpowiednie pobliskie drzewo na czatownię. John będzie mógł następnie wykorzystać tę bazę, by filmować z dyskretnego dystansu to, co będzie się działo w koronie figowca. Bez przesady można powiedzieć, że wszystkie owocożerne zwierzęta dżungli szaleją za figami. Natomiast te, które nie jadają owoców, przychodzą polować na te, które jedzą. Tak więc szanse na to, że John zdobędzie parę znakomitych ujęć, były spore – pod warunkiem że pospieszę się z robotą.

Zamierzałem wspiąć się po jednej z przypominających szczudła kolumn, wykorzystując zdrewniałą kratownicę jako naturalną drabinę. Drzewo przede mną było jedyną w swoim rodzaju drabinką wspinaczkową i choć ciągnąłem przypiętą z tyłu uprzęży linę, by móc użyć jej w razie potrzeby, wydawało się bardziej stosowne i zabawne zrobić to w staroświeckim stylu - wspiąć się „na żywca" tak wysoko, jak tylko się da.

Poza tym było to pierwsze tropikalne drzewo, na jakie wspinałem się w życiu, i czułem potrzebę zdobycia doświadczenia w możliwie najbardziej bezpośredni sposób.

Zanim udałem się tego dnia do lasu, Dennis powiedział mi, że figowce - zwłaszcza dusiciele - są bardzo szczególnymi drzewami w kulturze jego plemienia, Dajaków. To siedziby potężnych leśnych duchów, zarówno życzliwych, jak i wrogich, które trzeba ugłaskać i sobie zjednać, prosząc je o pozwolenie na wejście na drzewo, zanim naruszy się ich spokój. Spojrzał mi w oczy z tak poważną miną, że nie dręczyłem go pytaniami i obiecałem zrobić tak, jak radził.

– I jeszcze jedno – powiedział, kiedy odwracałem się, żeby odejść. – Nie siusiaj w pobliżu figowca. Rozdrażnisz duchy i sprowadzisz pecha. To jest ich las, pamiętaj. Zawsze okazuj szacunek im i drzewu.

Rozmaite plemiona Dajaków mieszkały w tych lasach przez tysiące lat i musiałem przyjąć, że wiedzą co nieco o tym, jak się zachować. Z pewnością wiedzieli więcej niż Anglik, więc kim byłem, by kwestionować ich zwyczaje? Ani mi w głowie było lekceważyć obawy Dennisa, kiedy miałem po raz pierwszy wspiąć się dwadzieścia pięter nad ziemię w koronę tropikalnego drzewa.

Tak więc posłusznie pochyliłem się i oparłem czoło o pień dusiciela. Kto wie? Może coś wewnątrz figowca udobruchało się i uspokoiło tą oznaką szacunku. Poza tym słowa Dennisa wzbudziły we mnie głęboki oddźwięk i zdawało mi się to najbardziej naturalną rzeczą pod słońcem.

Zacząłem wolno się wspinać po jednej z kolumn, wyszukując

dłońmi i stopami punkty oparcia wśród poskręcanych korzeni. Kora wydawała się gładka, ale szorstka niczym drobnoziarnisty papier ścierny, i zaskoczyło mnie, jak mocne były nawet najcieńsze pasma. Było jeszcze wcześnie i chłodno, ale już po kilku minutach wspinaczki ociekałem potem. Dotarłszy na szczyt kolumny, zacząłem się wspinać, dłoń za dłonią, po strukturze ponad nią. Byłem teraz około piętnastu metrów nad ziemią, na poziomie podszytu otaczającego lasu. Upadek z tej wysokości byłby fatalny, więc użyłem liny jako zabezpieczenia, by zatrzymała mnie w razie jakiegoś wypadku. Miło było jednak nie być zależnym tylko od niej – wciąż miałem do wyboru mnóstwo uchwytów dla rąk i szybko posuwałem się w górę.

Pień był podziurawiony gęsto otworami, niekiedy na tyle głębokimi, że znikało w nich całe moje ramię. Kto wie, co żyło w tych zatęchłych ciemnych jamach? Pająki, pareczniki, skorpiony, może nawet węże. Wspinaczka była dobrą zabawą, ale upomniałem sam siebie, by nie popadać w niefrasobliwość.

Gdy znalazłem się na wysokości czterdziestu pięciu metrów, byłem już brudny i potrzebowałem odpoczynku. Przypiąłem się do drzewa i usiadłem w uprzęży, by rozejrzeć się dookoła.

Obwieszoną owocami koronę w górze skrywały gęste zasłony lian, ale następne sześć metrów pnia widziałem całkiem dobrze i nie wyglądał on zachęcająco. Był zupełnie gładki i pozbawiony jakichkolwiek punktów oparcia dla rąk. Pierwsze konary wyrastały bezpośrednio nad tą stromizną. Gdyby udało mi się przewiesić przez któryś z nich linę, poradziłbym sobie, ale oznaczało to daleki rzut pod niewygodnym kątem.

Zwinąłem w pętle krótki odcinek liny i rzuciłem ją wysokim łukiem, wkładając w to całą swoją siłę. Pięć razy chybiła celu, spadając i lądując splątaną masą na mojej głowie i barkach. Miałem wrażenie, że wyrwałem sobie prawą rękę ze stawu. Była pełna kwasu mlekowego i ciężka. Jednak wytrwale ponawiałem próby, aż przerzuciłem zwoje ponad gałęzią, po czym delikatnie zakołysałem liną, by sprowadzić końcówkę na dół. Gałąź była znacznie bardziej oddalona od pnia, niż mi się wydawało, i lina dyndała w powietrzu daleko poza zasięgiem. Z pomocą lonży przyciągnąłem ją do siebie, przypiąłem się do niej, powoli wypuściłem powietrze z płuc, po czym oderwałem się od drzewa i poleciałem jak wahadło w przestrzeń.

Powierzanie życia i zdrowia cienkiej nylonowej nitce to coś, do czego nigdy się nie przyzwyczaiłem. Jedną rzeczą jest wchodzić po linie, czuć, jak jej naprężenie stabilizuje twoją pozycję i utrzymuje twój ciężar podczas wspinaczki. Zupełnie czym innym jednak jest zrezygnować z całkiem dobrego uchwytu i liczyć na to, że lina wyhamuje twój lot czterdzieści pięć metrów nad ziemią. Z początku spada się jak kamień, kiedy nylon się rozciąga, a potem pojawia się pęd powietrza i uczucie ściskania w dołku, gdy człowiek z coraz większą prędkością leci w pustkę. Później następuje ułamek sekundy nieważkości w najwyższym punkcie łuku, kiedy wpływ grawitacji cię zawraca i kieruje z powrotem w stronę drzewa.

Lina zwalniała stopniowo i w końcu już tylko obracałem się łagodnie wokół własnej osi. Po początkowym pędzie napięte mięśnie zaczęły się rozluźniać, a stężenie adrenaliny spadło, pozostawiając mnie z uczuciem spokoju. Prześledziłem cienką linę aż do gałęzi w górze, gdzie stadko maleńkich jaskrawozielonych ptaszków śmigało pomiędzy liśćmi. Kierując wzrok w dół, patrzyłem z zachwytem, jak latająca jaszczurka z rodzaju *Draco* szybuje pode mną z rozłożonymi płasko skrzydłami i ciągnącym się za nią cieniutkim ogonem. Czterdzieści pięć metrów wydawało mi się dość dużą wysokością, ale jak musi to wyglądać z perspektywy takiego maleńkiego, pokrytego łuską spadochroniarza? Ten las był pełen niespodzianek.

Nabrałem ochoty, żeby powisieć tam trochę. Odchyliłem się do tyłu w uprzęży i zamknąłem oczy, by cieszyć się doznaniami, jakich dostarczało huśtanie się na linie. Nierozpraszany bodźcami wzrokowymi skupiłem się na tym, co docierało do moich uszu.

Pieśń lasu deszczowego była cudowna. Miliony zwierząt i owadów; bezlik niewidzialnych głosów zlewających się w jedną falę dźwięku. Odległe wołanie gibona, urywany szum powietrza poruszanego skrzydłami dzioborożca. Nieprzerwany gwar śpiewających owadów i piskliwe kumkanie nadrzewnych żab. Zewsząd otaczała mnie symfonia przyrody – sama złożoność tutejszego życia mogła przyprawić o zawrót głowy. Gdy otworzyłem oczy, miałem wrażenie, że widzę las deszczowy po raz pierwszy w życiu. Napierał na mnie ze wszystkich stron, jak gdyby uniosła się jakaś zasłona. Dżungla była czymś więcej niż tylko sumą swych części, a ja byłem zaledwie atomem dryfującym w tym potężnym oceanie energii. Było to doświadczenie uczące prawdziwej pokory, a wraz z nim przyszło poczucie akceptacji i przynależności – nie tylko do lasu, ale do całej przyrody – i ogarnięty wzruszeniem zalałem się łzami radości.

* * *

Praktycznie nie da się docenić całej złożoności drzewa z poziomu ziemi. Trzeba się na nie wspiąć. Na wysokości czterdziestu pięciu metrów widziałem coś, co można określić jedynie jako „talię" dusiciela, miejsce, gdzie długie sznury korzeni łączyły się w krótki tors zwartego pnia, nim ponownie rozpostarły się jako gałęzie. Jeszcze kilka metrów i znalazłbym się w jego koronie, a otaczający las zniknąłby z pola widzenia. Tak więc obróciłem się dookoła, by rozejrzeć się za miejscem do filmowania.

Tym, czego potrzebowałem, było stojące w pobliżu wysokie

drzewo, na którym mógłbym umieścić czatownię Johna. Możliwości było mnóstwo. Potężne drzewa rosły wszędzie dookoła. Niektóre były obwieszone gęstymi pnączami. Inne, o gałęziach wolnych od lian, stały nagie i piękne. Ale wszystkie były zdecydowanie najwyższymi, najbardziej imponującymi drzewami, jakie kiedykolwiek widziałem. Kilka wyraźnie górowało nad dusicielem, co oznaczało, że sięgały osiemdziesięciu metrów wysokości.

Wiele z nich należało do rodziny dwuskrzydlcowatych, *Dipterocarpaceae*, wielkiej grupy tropikalnych drzew o twardym drewnie, spotykanych w całej południowo-wschodniej Azji. Ale tym, co robiło na mnie największe wrażenie, były nie tyle same ich rozmiary, co kształt. Miały pełną wdzięku symetrię, która zadawała kłam ich masywności: strzeliste, pionowe pnie trzymetrowej średnicy, które pięły się na niemal pięćdziesiąt metrów w powietrze, nim rozpostarły na wszystkie strony konary jak olbrzymią trójwymiarową drabinę. Wiele gałęzi wyrastało poziomo – cecha, która już na pierwszy rzut oka informowała o silnym drewnie. Obciążenie pnia u nasady tych potężnych konarów musiało być obłędne i zwróciłem uwagę, jak drzewa ze swobodną gracją rozkładają i równoważą te siły w rusztowaniu koron. Każde drzewo było majstersztykiem inżynierii budowlanej, a ich olbrzymie korony gęstego listowia zdawały się unosić ponad lasem jak wyspy. Niezbadane światy pełne kuszących tajemnic.

Dokładnie naprzeciw dusiciela rósł dipterokarpus, który wydawał się idealny na naszą czatownię. Był wystarczająco blisko, by John mógł filmować zwierzęta przychodzące do fig, ale na tyle daleko, by ich nie niepokoić. Miejsce, które sobie upatrzyłem, znajdowało się piętnaście metrów nad najniższą gałęzią dipterokarpusa. Około sześćdziesięciu metrów od ziemi, jak oceniłem. Chociaż stąd potężne drzewo było widoczne jak na dłoni, wiedziałem, że niełatwo będzie mi je odszukać, kiedy znajdę się znowu na dnie dżungli. Tak więc za pomocą kompasu ustaliłem szybko jego położenie, zanim znów skupiłem się na dusicielu.

Kontynuując wspinaczkę po linie, zostałem wkrótce pochłonięty przez gęste, ciemne listowie. Liście były długie i błyszczące, z bladozielonym nerwem biegnącym przez środek. Koniec każdej gałązki wieńczyła tiara jaskrawożółtych owoców. Na tym ciemnym tle jarzyły się figi, przyciągając wzrok wszystkich mijających je zwierząt i ptaków. Dookoła mnie wisiały setki kilogramów jedzenia do wzięcia. Przy braku innych figowców w najbliższej okolicy wszystkie oczy będą utkwione w tym jednym, dopóki reszta jego owoców będzie powoli dojrzewać przez następny tydzień. Zapowiadała się prawdziwa uczta, tak więc musiałem zmontować czatownię najszybciej, jak to możliwe.

* * *

Gdy obudziłem się następnego ranka, przez szpary w ścianach mojej chatki sączył się blady półmrok świtu. Było wpół do szóstej i leżąc, słuchałem odległych okrzyków gibonów ze szczytu ich drzewa gdzieś w głębi dżungli. Myśl o tym, jak huśtają się wśród tych wysokich gałęzi, dodała mi energii. Nie mogąc doczekać się wspinaczki, w pośpiechu pochłonąłem śniadanie, chwyciłem sprzęt i ruszyłem w spowity mgłą las.

Upiorne cienie potężnych drzew majaczyły we mgle, gdy żwawym krokiem szedłem wzdłuż grzbietu wzgórza. Olbrzymie kolumny drewna stały jak milczący wartownicy obserwujący mój marsz. Niektóre były jedynie przemieszczającymi się smugami i plamami cienia, a inne, bliżej ścieżki, zdawały się występować naprzód, by ujawnić swoją obecność, nim na powrót cofały się w mrok i znikały zupełnie, kiedy je mijałem.

Wkrótce pierwsze promienie słońca przeszyły mgłę ukośnymi snopami złotego światła, niczym projektor kinowy, a liście rozszczepiały każdą strugę na pęk mniejszych, które łagodnie łączyły się i rozdzielały, w miarę jak słońce wznosiło się coraz wyżej. Pod wpływem słonecznego żaru las zaczął pozbywać się wilgoci i z powierzchni liści unosiły się zawijasy pary. Zawieszone w powietrzu kropelki wody dryfowały wolno w strumieniach światła.

Choć spieszyło mi się do dipterokarpusa, nie mogłem nie zatrzymać się, by chłonąć otaczające mnie ulotne piękno. Zrzuciłem plecak i usiadłem na ściółce, przyglądając się w milczeniu. Na kilka cudownych chwil powietrze wypełniło się feerią barw i wokół mnie na szybujących drobinkach wilgoci rozpięła się migotliwa tęcza.

W ciągu kilku minut ostatnie resztki mgły uniosły się ponad piętro koron drzew, odsłaniając cienki woal błękitnego nieba w górze. Poranny chłód nie miał utrzymać się długo; zapowiadał się bardzo upalny dzień. Zerknąłem więc na kompas i ruszyłem dalej w górę zbocza, by znaleźć drzewo, na którym miałem zamontować platformę.

Wkrótce stałem już u jego podnóża. Potężne rozszerzające się u dołu przypory otaczały je dookoła, a długie wężowate korzenie odtwarzały nierówności gruntu, nim zagłębiały się pod ściółkę w poszukiwaniu wszelkiego oparcia, jakie mogła zapewnić im cienka leśna gleba. Sam pień miał trzy metry średnicy i wznosił się na przeszło szesnaście pięter. Wielkością i kształtem przypominał kolumnę Nelsona. Korona, którą wspierał, była olbrzymią żyjącą kopułą wspinającą się w niebo, żywym sklepieniem liści rozpiętym na potężnych belkach konarów. Ostatnie pasma porannej mgły snuły się wśród tego odległego listowia, pogłębiając wrażenie oddalenia i niedostępności. Było to naprawdę duże drzewo i patrząc w górę na ledwo widoczne zarysy jego gałęzi, poczułem pierwsze ukłucie niepokoju.

Opuściwszy wzrok, przeciągnąłem dłonią po jego pobrużdżonej korze. Wyczuwałem olbrzymią siłę drewna, niewzruszoną moc zdrowego tropikalnego drzewa w kwiecie wieku. Długie pionowe linie biegły wzdłuż pnia, zbiegając się na skraju pola widzenia. Naskórek drzewa był cętkowaną mozaiką srebra i ciemnych taninowych brązów, piękną kolumną żywego drewna, po której przyjemnie będzie się wspinać.

Pierwszym problemem było samo zainstalowanie tam liny. Od tego zależało wszystko. Przyszedłem wyposażony w procę, żyłkę wędkarską i ołowiane ciężarki, ale nigdy nie testowałem swojego domowej roboty systemu na aż tak wysokim drzewie. Wystrzeliwanie linek w korony angielskich drzew to jedno, ale tu chodziło o zupełnie inną skalę. Nie miałem nawet pojęcia, czy moja mała proca ma wystarczającą moc, by sięgnąć na taką wysokość.

Co zrobię, jeśli plan A zawiedzie? Nie wyglądało na to, żebym mógł wspiąć się na to monstrum z poziomu ziemi „na żywca", tak jak zrobiłem to z dusicielem. Przez pierwsze pięćdziesiąt metrów nie było zupełnie żadnych uchwytów dla dłoni, a sam pień był o wiele za gruby na to, by objąć go rękoma albo opasać lonżą.

Potwornie wiele zależało od mocy dwóch cienkich pasków gumy, które przywiozłem ze sobą z Anglii.

Rozpakowałem plecak, wybrałem mały ciężarek wędkarski wielkości i kształtu migdała, po czym przywiązałem go do cienkiego sznurka. Umieściwszy go jak należy w kieszonce procy, uniosłem ramię, by wymierzyć w cel, i naciągnąłem gumę aż do ucha. Żółta taśma zrobiła się biała z naprężenia. Celując kilka metrów powyżej najniższej gałęzi, puściłem gumę i momentalnie straciłem z oczu maleńki ciężarek, gdy śmignął w koronę drzewa. Pętle linki rozwijały się bezgłośnie i mrówka wędrująca po jednym ze zwojów została zabrana na przejażdżkę życia. W ciągu paru sekund poszło ponad sto metrów linki, a ponieważ nie opadła z powrotem w luźnych skrętach, założyłem, że zaczepiła się o coś w górze. Czy tym czymś była wybrana przeze mnie gałąź, trudno było stwierdzić.

Delikatnie szarpiąc linkę lewą ręką, a w prawej trzymając lornetkę, zlokalizowałem ciężarek na podstawie poruszeń liści wysoko w górze. Gdy ustawiałem ostrość na maleńki dyndający kształt, z korony drzewa wypadł mały ptaszek, dźgnął go dziobem, po czym odfrunął z powrotem na koniec gałązki i usiadł tam, świergocząc gniewnie.

Linka nie była tam, gdzie sobie życzyłem, ale przynajmniej proca miała wystarczającą moc, by ją tam dostarczyć. Delikatnie ściągnąłem ją z powrotem w dół i przygotowałem się do kolejnej próby. Potrzeba było czterech, ale w końcu udało mi się umieścić ją dokładnie tam, gdzie chciałem: u samej nasady najniższego z potężnych konarów.

Moja lina miała równo sto metrów długości i kiedy zawisła na gałęzi, sięgając wolnym końcem ziemi, nie został już żaden zapas. Dobrze oceniłem: konar znajdował się pięćdziesiąt metrów nad ziemią. Dokładnie na wysokości czubka Goliata, niemal co do cala. Ale o ile Goliat miał gęstą drabinę gałęzi wyrastających na całej długości pnia, monstrum, przed którym stałem, nie miało zupełnie żadnych poniżej głównej korony.

Umocowałem liny wspinaczkowe wokół podstawy sąsiedniego drzewa i byłem gotowy do drogi. Wydłużenie, które musiałem wybrać z liny, było zniechęcające, ale kilka minut później wisiałem w uprzęży trzy metry nad ziemią, przeprowadzając ostatnią inspekcję. Alpinistyczna technika wspinaczkowa, której używałem, wciąż była dla mnie nowością. Uczyłem się jej zaledwie parę dni przed wyjazdem z kraju, tak więc regularny rytm przesuwania przyrządów zaciskowych po linie wciąż wymagał sporego skupienia.

Koncentrując się na konarze wysoko nade mną, zacząłem wspinać się ku niemu. Dusiciel powoli ujawniał każdy pokonany odcinek, natomiast to drzewo było zupełnie otwarte i odsłonięte. Mogłem zaprzeć się stopami o pień, ale przy braku jakichkolwiek występów stanowiło to niewielkie zabezpieczenie. Zwalniając tempo, spróbowałem skanalizować swoją energię i się odprężyć. Szykował się naprawdę bardzo upalny dzień i już teraz byłem zlany potem.

Wspinając się, złapałem w końcu rytm i zgrałem ruchy ze sprężystością liny. Bruzdy kory zaczęły się wygładzać i na wysokości osiemnastu metrów wynurzyłem się z krainy cieni w zalaną światłem przestrzeń między podszytem a górnym piętrem koron.

Słoneczny blask był jaskrawy i oślepiający. Instalacja lin zajęła mi więcej czasu, niż się spodziewałem, i był już późny poranek. Słońce prażyło niemiłosiernie. Nie miałem kasku, tak więc czułem, jak przypieka mi głowę. Pot strużkami spływał mi do zmrużonych oczu; wytarłem sobie twarz mokrym T-shirtem. Odwodniony i spragniony uświadomiłem sobie, że zostawiłem butelkę z wodą na ziemi. Postanowiłem nie tracić czasu na wracanie po nią i wspinałem się dalej, ale już po kilku minutach zdałem sobie sprawę, że był to wielki błąd. Woda i sole mineralne wypływały ze mnie każdym porem i nawet obfite pocenie nie zapewniało ochłody. Ciepłota mojego ciała zaczęła rosnąć w niekontrolowany sposób.

W połowie drogi odwróciłem się, by poszukać wzrokiem dusiciela. Powietrze jarzyło się ultrafioletem i musiałem osłonić ręką oczy, ale zobaczyłem go niespełna sześćdziesiąt metrów ode mnie, z obwisłą koroną wznoszącą się ponad lasem niby złowieszczy cień. Nie licząc jednej długiej, smukłej gałęzi, która zwisała w dół, dotykając podszytu, jego wierzchołek był kompletnie odizolowany. Jednak nawet stąd mogłem dostrzec jasne plamki owoców rozsiane wśród ciemnych liści, a także niski pas turkusowych wzgórz ciągnących się wzdłuż horyzontu w oddali. Szeroka dolina skręcała łukiem na wschód, ale żeby zyskać na nią dobry widok, musiałem wspiąć się nieco wyżej.

Dwadzieścia minut później dotarłem do pierwszej gałęzi, umorusany, ociekający potem i dyszący jak pies. Żyły na czole nabrzmiały mi, jakby miały pęknąć, a oczy szczypały mnie od potu, który strumieniami spływał mi po twarzy. Trudno było zebrać myśli, a na froncie mojego T-shirta pojawiły się białe pierścienie wyschniętej soli. Powietrze zdawało się gęste i klaustrofobiczne, a odległy pomruk gromu kazał mi spojrzeć w niebo. Po drugiej stronie doliny formowały się już ciężkie szare chmury. Cień korony chłodził mnie lekko, gdy szukałem sposobu na to, żeby wspiąć się wyżej.

Byłem w najwyższym punkcie liny. Cienka biała nitka przechodziła nad gałęzią przede mną, a potem opadała w dół do punktu asekuracyjnego szesnaście pięter niżej. Miejsce, gdzie chciałem zamontować platformę, znajdowało się jeszcze piętnaście metrów wyżej i żeby do niego dotrzeć, musiałbym zainstalować kolejną linę. Coś, co z początku wyglądało na wygodną drabinę gałęzi, okazało się o wiele za duże do swobodnej wspinaczki. Trudno byłoby mi nawet objąć te konary ramieniem. Przyniosłem ze sobą lonżę, tak więc zebrałem kilka pętli i przerzuciłem je ponad najwyższą gałęzią, do której mogłem dosięgnąć.

Wszelki widok na otaczający las został znów przesłonięty przez gęstą koronę, ale im byłem wyżej, tym gałęzie stopniowo stawały się mniejsze. Wciąż były grube, ale przynajmniej mogłem już bez problemu zahaczyć o nie ramię i tempo mojej wspinaczki wzrosło. Byłem teraz sześćdziesiąt metrów nad ziemią i posuwałem się w górę dość szybko, ale rozpaczliwie potrzebowałem wody. Język wysechł mi jak rzemień i łupało mnie w głowie. Już wcześniej musiałem zatrzymać się, by rozmasować kurcz w lewym przedramieniu, a teraz we znaki zaczynały dawać mi się mięśnie łydek. Nie było to dokuczliwe mrowienie od siedzenia w niewygodnej pozycji, ale głęboki, przeszywający ból, który rozprzestrzeniał się w moich tkankach jak ogień. Ignorując te sygnały ostrzegawcze, kontynuowałem wspinaczkę.

Gdy dotarłem do miejsca, gdzie zamierzałem przymocować do pnia platformę czatowni, przyjrzałem mu się dokładnie, by się upewnić, że to zda egzamin. Pień miał tu tylko kilkadziesiąt centymetrów średnicy, a dodając do siebie długości lin, obliczyłem, że jestem teraz sześćdziesiąt cztery metry nad ziemią. Widok na dusiciela w dole był fantastyczny. Każde zwierzę żerujące na owocach wśród jego gałęzi byłoby stąd widoczne jak na dłoni – idealne stanowisko dla kamery.

Panorama stanowiąca tło dla fig była wprost oszałamiająca. Niekończący się kobierzec koron sięgał aż po odległe wzgórza na końcu doliny, jakieś trzydzieści kilometrów dalej. To falujące morze zieleni przerywały tysiące potężnych drzew o wierzchołkach wznoszących się dumnie ponad okolicą. Mogłem dostrzec charakterystyczne kędzierzawe sylwetki olbrzymich paproci rosnących w rozwidleniach między gałęziami wysoko w ich koronach. Niektóre z nich nosiły ślady uszkodzeń przez czynniki pogodowe: kikuty i jamy w miejscach, gdzie potężne konary zostały odłamane przez silny wiatr. Wystawianie głowy ponad schronienie tłumu było najwyraźniej ryzykowną sprawą dla tutejszych drzew i wyglądało na to, że wiele z nich albo zrzuciło gałęzie, by zmniejszyć obciążenie, albo straciło je podczas gwałtownych burz.

Jak gdyby w odpowiedzi na moje myśli kolejny grzmot przetoczył się ponad doliną w moją stronę. Crescendo kotłów kulminujące donośnym głuchym hukiem, który poczułem w piersiach. Kilka kilometrów dalej nad drzewami zawisła ciemna plama deszczu. Długie czarne akwarelowe smugi przesłoniły horyzont. Nadciągała nawałnica, ale bezpośrednio nade mną niebo było wciąż czyste. Zostało mi do pokonania już tylko piętnaście metrów pnia, więc nie mogłem oprzeć się zrobieniu szybkiego wypadu na sam czubek przed nadejściem burzy. Poza tym odrobina deszczu jeszcze nikomu nie zaszkodziła, a znaleźć się po raz pierwszy w życiu na szczycie siedemdziesięciopięciometrowego drzewa byłoby dla mnie ważnym osiągnięciem.

Tak więc chwyciłem następną gałąź, zaparłem się stopą o pień i dźwignąłem w górę, wkładając w to cały zapas sił. Podciągając się, żeby przerzucić nogę nad gałęzią, utrzymałem rozpęd i poprułem pełną parą w stronę wierzchołka. Wkrótce wydostałem się całkowicie ponad okap lasu. Widok już teraz był nieziemski, a mógł zrobić się tylko jeszcze wspanialszy.

Cieńsze gałęzie miały teraz średnicę idealną do tego, by chwycić je ręką, a moje buty bez trudu znajdowały oparcie na korze. Przyjemnie było wspinać się po samym drzewie, nie po linie, i uśmiech nie schodził mi z ust. Byłem wyczerpany, ale szczęśliwy. Na tego rodzaju doświadczenia trzeba zapracować, żeby docenić je w pełni. Moje mięśnie wciąż groziły lada chwila kurczem, ale czułem głębszą siłę w kościach i wiedziałem, że stać mnie na dużo więcej. Wspiąłem się już ponad czubek głównego pnia drzewa i byłem teraz na niemal pionowej gałęzi, która prowadziła prosto na szczyt korony. Ten ostatni odcinek drzewa wznosił się wysoko ponad wszystkie inne na wzgórzu. Dusiciel dawno już wtopił się w zielone tło dżungli hen w dole i zdałem sobie sprawę, że zupełnie przypadkowo trafiłem na jedno z największych drzew w lesie, rosnące w jednym z najwyżej położonych miejsc. Las, gdzie tylko spojrzeć, ciągnął się aż po horyzont i nie mogłem się doczekać, kiedy dotrę na sam wierzchołek i będę napawał się tym bajecznym widokiem. Rzuciłem się na pozostałe dziesięć metrów z całą energią, jaką byłem w stanie z siebie wykrzesać.

Kilka chwil później zastopowała mnie potężna kanonada grzmotu. Gruchnęła ni stąd, ni zowąd, rozdzierając niebo tuż nade mną. Kompletnie zaskoczony, instynktownie objąłem ramionami drzewo i przywarłem do kory; na wpół ogłuchłem, dzwoniło mi w uszach i czułem zawroty głowy. W tym samym momencie moje lewe przedramię znów chwycił kurcz, ale tym razem towarzyszył mu ostry przeszywający ból, przez który skrzywiłem się i jęknąłem głośno. Za sprawą minerałów, które wypociłem, nerwy w moich mięśniach przestały funkcjonować, a bez nowych dostaw płynów i elektrolitów sytuacja powoli się pogarszała. Zupełnie nie doceniłem skutków chronicznego odwodnienia i kilka sekund później to samo stało się z moją prawą ręką. Czując narastającą panikę, przyglądałem się ze zgrozą, jak napięte do granic możliwości ścięgna wykręcają moje dłonie w bezużyteczne szpony. Nakazując sobie spokój, próbowałem siłą rozewrzeć dłonie przez przyciskanie ich do drzewa, ale moje palce usztywnił bolesny skurcz. Przeklinając sam siebie za zignorowanie sygnałów ostrzegawczych, uświadomiłem sobie, że jest już za późno, zło już się stało. Nie było mowy, żebym mógł kontynuować wspinaczkę, a gdy dotarła do mnie cała groza mojego położenia, burza uderzyła z brutalną wściekłością.

Najpierw przyszedł wiatr, rozpędzona ściana litego powietrza gnana przed deszczem i waląca się na otaczający mnie las. Górna część mojego drzewa kołysała się w rytm podmuchów, a odłamane gałązki z liśćmi, koziołkując, odlatywały w dal. Owijając bezużyteczne ramiona wokół gałęzi, skuliłem się, żeby to przeczekać, ale siła wiatru wzmagała się i wkrótce cała korona skręcała się gwałtownie wokół głównego pnia drzewa. Potężne konary w dole ciągnęły drzewo to w jedną, to w drugą stronę przyprawiającymi o mdłości szarpnięciami. Przytulając się ciaśniej, przycisnąłem mocno twarz do kory i zacisnąłem zęby.

Niebo pociemniało, a drzewo huśtało się na wszystkie strony niczym statek stojący na kotwicy podczas sztormu. Wiatr wył w jego gałęziach jak potępieniec, a z głębi drewna dobiegały złowieszcze dudnienia i trzaski. Potężne gałęzie obijały się o siebie z łomotem i spodziewałem się, że lada chwila usłyszę straszliwy odgłos rozdzieranego drewna. Raz po raz w powracające do pionu drzewo uderzał nowy podmuch wiatru i cała korona nieruchomiała z dygotem, gdy setki ton drewna były hamowane w pół ruchu i pchane w przeciwnym kierunku.

Byłem wciąż przypięty do liny, ale nie byłoby to zbytnim pocieszeniem, gdyby odłamał się cały wierzchołek drzewa. Sama myśl o byciu przywiązanym do pięciotonowej kłody lecącej z wysokości siedemdziesięciu pięciu metrów na dno lasu sprawiała, że zaciskałem powieki i zgrzytałem zębami, kiedy burza tarmosiła drzewo, jak gdyby było szczurem w szczękach teriera.

Akurat kiedy pomyślałem sobie, że gorzej już być nie może, zobaczyłem blask pioruna mknącego w moją stronę pod czarnymi kłębami chmur. Oślepiający błysk i poszarpana żyła wyładowania elektrycznego uderzyły w las kilometr dalej z hukiem, od którego zadzwoniło mi w uszach. Wierzchołek wyniosłego drzewa stojącego na wzgórzu nie był miejscem, gdzie mądrze było utknąć podczas burzy z piorunami, i zdawało mi się, że gruczoły produkujące adrenalinę popękają mi, gdy rozwidlone błyskawice jedna po drugiej zbliżały się na długich nogach w moją stronę.

Pozostać tam, gdzie byłem, byłoby niemal samobójstwem, ale pozbawiony władzy w rękach nie miałem właściwie wyboru. Mój odwodniony mózg miotał się w niezdecydowaniu, a pioruny trzaskały coraz bliżej. Pogodzony z losem wziąłem głęboki oddech, przestałem ściskać kurczowo korę i usiadłem w uprzęży ze stopami opartymi o pień, by przeczekać żywioł. Grzmoty były teraz ciągłą dudniącą salwą, od której kręciło mi się w głowie. Czułem się tak bezradny, jak jeszcze nigdy w życiu, ale nie miałem gdzie się schronić. Czy naprawdę przyjechałem na drugi koniec świata tylko po to, żeby zginąć od pioruna na wierzchołku drzewa? Ale kiedy miałem już spróbować zejść jak najniżej, rozległa się ostatnia eksplozja i front burzowy przetoczył się przez grzbiet wzgórza, by zwalić się jak tsunami w następną dolinę.

Podmuchy wiatru ustały równie nagle, jak się rozpoczęły. Ciśnienie powietrza spadło na łeb na szyję, a od wschodu chlusnęła stalowoszara ściana deszczu. Woda spływała dookoła mnie bruzdami kory. Chłeptałem ją prosto z drzewa, chcąc jak najszybciej dostarczyć płyn do swoich zdjętych kurczem mięśni. Kapka wody wkrótce zebrała się w lejkowatych liściach małej roślinki rosnącej na gałęzi obok mnie, tak więc szponiastymi dłońmi nachyliłem ją sobie do ust. Woda, mrówki i brud – przełknąłem wszystko razem. Gdy tylko wypełniała się ponownie, opróżniałem ją, aż w końcu poczułem, że bolesne napięcie w moich ramionach zaczyna ustępować.

Po paru minutach mogłem już rozprostować palce i rozewrzeć dłonie. Niedużo później potworne palenie w mięśniach zaczęło słabnąć. Otworzyłem usta ku niebu, by napić się więcej. Była to najświeższa, najbardziej orzeźwiająca woda, jakiej kiedykolwiek kosztowałem, i mój mózg z wolna się odblokowywał, odkąd krew znów płynęła swobodnie przez jego naczynia włosowate.

Pomimo deszczu las już parował. Wyładowania elektryczne błyskały wciąż nad sąsiednią doliną, ale las wokół mnie po burzy pogrążył się w niesamowitej ciszy.

Bardzo pragnąłem wynieść się już z tego drzewa, tak więc spuściwszy linę między gałęziami, wpiąłem się do niej i zacząłem zjeżdżać. Moja lina nie dosięgłaby stąd ziemi, ale musiałem jedynie dostać się z powrotem do pierwszej liny, po której wszedłem na najniższą gałąź. Kilka minut później wisiałem obok niej i przepiąłem się, gotów do ostatniego etapu zejścia na czekającą czterdzieści osiem metrów niżej ziemię. Zerkając na linę, którą właśnie opuściłem, zobaczyłem jej koniec dyndający w powietrzu nie więcej niż trzydzieści centymetrów poniżej miejsca, gdzie zakończyłem zjazd. Nie było na niej węzła. Wpatrywałem się w nią z niedowierzaniem. Kompletnie nic nie zabezpieczało mnie przed zsunięciem się z jej końca. Przez ślepy fart zatrzymałem się marne trzydzieści centymetrów przed upadkiem z wysokości szesnastu pięter. Świeża fala adrenaliny napłynęła mi do żył, a moje ręce zaczęły się trząść. Niezawiązanie węzła na końcu liny było drugim poważnym błędem tego dnia, który niemal kosztował mnie życie.

Miałem dość mocnych wrażeń jak na jeden dzień i z uczuciem najwyższej ulgi wróciłem czym prędzej na ziemię.

* * *

Dennis wszedł do obozu. Było późne popołudnie, zmierzchało już, a on właśnie wrócił z inspekcji dusiciela.

– Na ziemi jest mnóstwo dojrzałych fig, a stado makaków żerowało tam cały dzień.

To był bardzo dobry znak. Uczta się rozpoczęła.

– Ale to nie wszystko. Wielki samiec orangutana zbudował w pobliżu gniazdo. Wygląda na to, że wybiera się na figi, i może tam będzie jutro z samego rana.

Minął już tydzień, odkąd zostałem zaskoczony przez burzę. Kiedy opowiedziałem o swojej przygodzie Dennisowi, uśmiechnął się i nazwał to drzewo „Tumparak". Piorun. Było to trafne imię i przyjęło się.

Wróciłem, by bez żadnych problemów zamontować czatownię w koronie Tumparaka. Od tamtej pory sprawdzaliśmy figi każdego dnia, czekając, aż w pełni dojrzeją. Nowiny Dennisa były bardzo zachęcające. Mogliśmy się spodziewać, że uczta potrwa mniej więcej tydzień. Jeżeli orangutana sprowadziło w tę okolicę nasze drzewo, owoców było aż nadto, by skłonić go do pozostania przez kilka dni. Tak więc następnego ranka wstałem o wpół do trzeciej i ruszyłem w ciemność, by wspiąć się na Tumparaka przed pierwszym brzaskiem. Jeśli orangutan się pojawi, John przyjdzie ze mną następnego dnia, by zacząć filmować.

Marsz przez las przypominał wędrówkę przez krainę cieni. Nigdy jeszcze nie widziałem tak gęstej mgły. Widoczność wynosiła zaledwie trzy metry w każdą stronę. Pień Tumparaka wyłaniał się z ciemności większy niż kiedykolwiek, a całe drzewo na wysokości sześciu metrów niknęło we mgle. Wpiąwszy się do liny, wyłączyłem czołówkę, by dać oczom przystosować się przed wspinaczką. Pot na moim ciele chłódł w lepkim powietrzu, gdy cal po calu posuwałem się w mroku ku koronie drzewa. Nie widziałem własnej dłoni przed twarzą, ale uznałem, że muszę po prostu się wspinać, aż dotrę do końca liny. Następnie włączę czołówkę, by pomóc sobie w przejściu na drugą (tym razem bezpiecznie zawiązaną) linę, która ostatecznie zaprowadzi mnie na platformę.

O wpół do piątej rano siedziałem sześćdziesiąt metrów nad ziemią, oparty plecami o pień. Świetliki krążyły wśród gałęzi w mglistych bańkach neonowej zieleni, a powietrze było gęste od nawoływań rzekotek i owadów. Od szarości świtu dzieliła mnie jeszcze godzina, tak więc zamknąłem oczy i zapadłem w przerywaną, kojącą drzemkę. O piątej usłyszałem pierwszy okrzyk gibona. Opadające arpeggio powtarzało się raz po raz, zakończone powolnym crescendo, które wieńczyła seria dyszkantowych treli. Każda kadencja stawała się coraz szybsza, aż w końcu pieśń przerodziła się w radosne tremolo, gdy samiec huśtał się w koronach drzew. Wkrótce dołączyła do niego w duecie samica, a ciemnopomarańczowe niebo wypełniło się ich cieszącym serce śpiewem. Oranż zmienił się w złoto i usłyszałem charakterystyczny szelest wielkiego zwierzęcia przemieszczającego się w podszycie hen w dole. Był to niewątpliwie ssak naczelny, ale odgłos nie był hałasem ogoniastych małp skaczących wśród listowia. Był to nieprzerwany szmer gałęzi metodycznie uginanych jedna w zasięgu drugiej.

Ciemnoruda sierść orangutana zaskakująco dobrze wtapiała się w zieleń liści, ale co jakiś czas migała mi w przelocie wielka inteligentna twarz spoglądająca w górę na dusiciela, gdy konsekwentnie posuwał się w jego stronę.

O ile mogłem to stwierdzić, dla zwierzęcia takich rozmiarów pień dusiciela był jedyną możliwą trasą w górę. Przypuszczałem, że tak jak ja skorzysta właśnie z niej, by dostać się w koronę. On jednak skierował się ze stanowczą gracją ku temu jednemu smukłemu konarowi, który zwieszał się spomiędzy pozostałych gałęzi figowca, dotykając podszytu w dole. Gdy znalazł się pod nim, uniósł długie ramię, by chwycić zwisający koniec długiej, cienkiej gałęzi. Jego silne palce ujęły ją mocno i pociągnęły lekko. Wysoko w górze listowie korony powoli zapadło się pod jego ciężarem. Gałąź miała u nasady nie więcej niż dziesięć centymetrów grubości i byłem prawie pewien, że się odłamie. Wytrzymała jednak. Sprawdziwszy jej siłę, orangutan chwycił ją stopą powyżej dłoni, po czym uniósł drugie ramię, by dźwignąć się ponad podszyt. Jego długa ruda sierść zwisała w zmierzwionych strąkach, gdy siedział nieruchomo przez kilka minut, pogrążony w myślach na końcu rozkołysanej gałęzi.

Potem bardzo wolno rozłożył długie ramiona i rozpoczął wspinaczkę. Najpierw stopa, potem dłoń, potem znów stopa. Wspinał się zwinnie, uważając, by nie przeciążyć gwałtownym ruchem cienkiej gałęzi. Z pełną wdzięku celowością wydźwignął się dwadzieścia pięć metrów w górę jednym ciągłym, płynnym ruchem.

Oto był mistrz przy pracy. Po tym wspaniałym pokazie wspinaczki, kiedy już miał całe drzewo dla siebie, usadowił się wygodnie na obsypanym owocami konarze i z niezmierną pieczołowitością zaczął wybierać do zjedzenia najbardziej dojrzałe figi.

Do tego czasu słońce wzeszło już, zalewając dolinę światłem. Złocista mgła uniosła się ponad drzewa, a powietrze ożyło śpiewem ptaków. Burza była zaledwie odległym wspomnieniem i pociągnąwszy łyk wody z butelki, rozsiadłem się wygodnie, by obserwować orangutana demonstrującego mi prawdziwą wspinaczkę.

* * *

Reszta naszego pobytu w dolinie Danum przebiegła dobrze. John nakręcił potrzebne mu ujęcia orangutanów, a na dokładkę znakomity materiał o gibonach wyczyniających swoje sztuczki wysoko w gałęziach najwyższych drzew. Praktykowały radosny, dynamiczny styl wspinaczki, którego elementem były długie skoki i akrobatyczne ewolucje. Byłem w koronie drzewa, kiedy zobaczyłem je po raz pierwszy – złożoną z trzech osobników rodzinę przemieszczającą się wśród gałęzi w zawrotnym tempie sięgającym sześćdziesięciu czterech kilometrów na godzinę. Ich pewność siebie, szybkość i nieprzewidywalność ruchów sprawiły, że opadła mi szczęka, i było oczywiste, że cała trójka ściga się nawzajem. Bawiły się, gdyż były w stanie zrobić niemal wszystko, co chciały, w dowolnym kierunku i z dowolną prędkością. Obserwować gibona lądującego na gałęzi, przebiegającego cztery kroki, wybijającego się z impetem w powietrze, spadającego dwadzieścia metrów w dół, nim chwyci w locie pnącze, by z zamachem przerzucić się na następne drzewo – a potem zawracającego i robiącego to wszystko jeszcze raz dla czystej zabawy – to zostać nagrodzonym jednym z najbardziej zapierających dech w piersiach spektakli całego świata przyrody.

Z pewnością z punktu widzenia arborysty nie miało to większego znaczenia. Dla mnie jednak było podsumowaniem całej mojej borneańskiej przygody. Nie mógłbym wyobrazić sobie lepszego. Ale w końcu była to moja pierwsza wizyta w dżungli i w owym czasie nie miałem pojęcia, jakie inne cuda kryją się tuż za rogiem w innych lasach deszczowych świata.

Rozdział 3

Apollo – Kongo

1999

Stery samolotu zdawały się poruszać chaotycznie, żyjąc własnym życiem, gdy podskakując, przedzieraliśmy się przez obszar turbulencji. Hałas pojedynczego śmigła maleńkiej awionetki utrudniał rozmowę, tak więc by nie rozpraszać siedzącego obok mnie pilota, wyglądałem przez okno na piętrzące się ponad nami chmury. Wystartowaliśmy z Libreville w Gabonie i skierowaliśmy się na wschód, by godzinę później przekroczyć granicę Republiki Konga. Linia skalistych wzniesień wyznaczała skraj Kotliny Konga, a z wysokości trzech tysięcy metrów las rozciągał się nieprzerwanie we wszystkich kierunkach aż po płaski horyzont. Korony drzew hen w dole były subtelną mozaiką tysiąca rozmaitych zieleni. Niezliczone rzeki przecinały las niczym nerwy w liściu i z wyjątkiem sporadycznych wiosek przycupniętych na ich brzegach nie widziałem żadnych innych śladów ludzkiej bytności. Przekraczając granicę, znaleźliśmy się w miejscu nienależącym do współczesnego świata. Tam w dole leżały, zdawało się, niezliczone sekrety i tajemnice, które czekały na to, by ktoś je odkrył.

Tydzień później byłem w głębi lasu, w regionie dziewiczej dżungli zwanym Trójkątem Goualougo, który niedawno stał się obiektem zainteresowania uczonych ze względu na wielką populację szympansów. Stwierdzono, że żyją ich tu setki, odizolowane i chronione przed światem zewnętrznym przez otaczającą je rozległą dzicz. Ale szympansy z Goualougo były wyjątkowe, gdyż w odróżnieniu od wszystkich innych populacji nie miały wcześniej żadnego kontaktu z ludźmi, tak więc nie okazywały strachu. Wydawały się raczej zainteresowane nami, tak jak my nimi – ich wrodzona ciekawość przyciągała je do nas i skłaniała do bliższej obserwacji. Takie spotkania mogły trwać kilka godzin i pozwalały Dave'owi, miejscowemu prymatologowi, dokumentować nowe naturalne zachowania. Otoczony przez gromadę szympansów, które siedziały zaledwie parę metrów od nas i uważnie nam się przypatrywały, często zastanawiałem się, kto kogo właściwie bada.

* * *

Miesięcznik „National Geographic" publikował cykl artykułów na temat tego regionu, a ich etatowy fotograf Nick miał wielką ochotę wspiąć się na piętro koron, żeby uwieczniać szympansy w ich własnym świecie. Poznałem Nicka wcześniej tego roku, gdy pracowałem przy innym projekcie. Pewnego popołudnia wszedł niezapowiedziany do obozu, przedstawiając się z miękkim akcentem z Alabamy. Rozmawialiśmy przez jakąś godzinę o pracy w koronach drzew, zanim zaproponował mi pracę w charakterze swojego asystenta, mówiąc, żebym uzgodnił szczegóły z centralą „NG" w Waszyngtonie. Potem odszedł wolnym krokiem między drzewa, a ja jeszcze długo się zastanawiałem, czy ta rozmowa wydarzyła się naprawdę. Było to osobliwe, ale szczęśliwe spotkanie, i byłem podekscytowany perspektywą pracy z tak renomowanym fotografem.

Nick wysłał mnie przodem do Goualougo z poleceniem zamontowania platformy wśród gałęzi naprzeciwko odpowiedniego owocującego drzewa. Wyszukanie takiego zajęło Dave'owi i mnie większą część tygodnia, ale kiedy tylko zobaczyliśmy ogromny owocujący figowiec, wiedzieliśmy, że jest wyjątkowy. Jego potężne gałęzie przebijały się przez otaczający go baldachim koron jak macki. W odróżnieniu od stojących samotnie gigantów z Borneo tu piętro koron stanowiło jedną ciągłą autostradę splątanych gałęzi i często nie można było stwierdzić, gdzie kończy się jedno drzewo i zaczyna drugie. Gałęzie sąsiednich drzew przeplatały się, tworząc jedną rozległą sieć. Ten afrykański figowiec zdawał się rozpełzać po otaczającym okapie na dziesiątki metrów w każdą stronę, potężne konary torowały sobie drogę wśród gałęzi sąsiadów, aż wszystkie połączyły się w jedno.

Przy czterdziestu pięciu metrach wysokości nie mógł równać się z wyniosłymi figowcami dusicielami z Borneo, ale niedostatek wzrostu nadrabiał z nawiązką charakterem i samą prezencją. Jego poskręcana sylwetka zdawała się uosabiać tajemniczą, posępną naturę tego mrocznego lasu.

Dźwigał tyle owoców, ile nie widziałem jeszcze nigdy na żadnym drzewie, a wszystkie figi były ogromne, wielkości mandarynek. Każda zwisała z osobnej krótkiej szypułki wyrastającej bezpośrednio z kory. Sądziłem dotąd, że owoce zawsze rosną subtelnie na czubkach gałązek, ale potężny pień i gałęzie tego drzewa dokumentnie pokrywał owocowy miszmasz.

Przypuszczalnie drzewo wydawało taki plon co roku, co samo w sobie zdawało się niewiarygodne, jeśli wziąć pod uwagę, jak wielkiej wymagało energii. Jakim cudem taka ilość owoców mogła zostać zjedzona, zanim zepsują się i spadną na dno lasu? Każde zwierzę buszujące wśród gałęzi musiało nieuchronnie strącić i zmarnować tyle samo, ile zjadło. Ale o to właśnie, rzecz jasna, chodziło. Drzewo miało do wykarmienia sporo żarłocznych gąb, zarówno w koronie, jak i na ziemi. Klan trzydziestu szympansów przeszedłby przez te gałęzie jak burza, podobnie jak rodzina goryli. Do tego dochodziły wszelkiego rodzaju mniejsze małpy, nie mówiąc już o nietoperzach owocożernych i ptakach. Hen w dole ekipa naziemna sprzątnie resztki. Słonie, świnie, bawoły, antylopy... tę listę można by ciągnąć w nieskończoność. Będą przybywały tu, pokonując kilometry drogi. Długowieczne, inteligentne zwierzęta o doskonałej pamięci nauczyły się od swoich rodziców, gdzie stoi to drzewo i o jakiej porze roku owocuje. Stanowiło ważny punkt orientacyjny, a plątanina prastarych zwierzęcych ścieżek u jego podnóża była tego dowodem.

Nie tracąc czasu, zamontowałem czym prędzej platformę w koronie. Znalazłem dobry widok na obwieszone owocami gałęzie z pobliskiego mniejszego drzewa, dwadzieścia pięć metrów nad ziemią, a kiedy platforma była już na miejscu, zainstalowałem płócienną kryjówkę. Nick mógł do nas dołączyć dopiero za jakiś tydzień, więc postanowiłem posiedzieć tam trochę przed jego przyjazdem. Przez pierwsze dwa dni zupełnie nic się nie działo. Około południa trzeciego dnia zaczynałem upadać na duchu, gdy nagle spostrzegłem, że wysokie smukłe drzewo obok mnie zaczyna się trząść i kołysać.

Coś dużego wspinało się z ziemi dwadzieścia pięć metrów niżej. Cokolwiek to było, pięło się do góry szybko i z wielką siłą, przystając od czasu do czasu, przypuszczalnie aby spojrzeć w górę przez liście. Musiało zauważyć z ziemi moją platformę i szło, żeby przyjrzeć się z bliska.

Wąskie okienko mojej kryjówki nie pozwalało mi zobaczyć nic poza tym, co znajdowało się bezpośrednio przed nim. Tak więc siedziałem cierpliwie, czekając, aż mój gość sam się pokaże. Pszczoły bzyczały mi głośno wprost do uszu. Dziesiątkami obsiadły moją przepoconą koszulkę, żeby lizać sól. Miałem na głowie siatkę, która osłaniała mi twarz, ale od czasu do czasu któraś z nich przeciskała się przez maleńką szparę przy kołnierzu, by użądlić mnie w policzek lub ucho. Odchylić siatkę i wypuścić ją oznaczało zaprosić do środka setkę innych. Tak więc znosiłem to z całym stoicyzmem, na jaki było mnie stać, czekając na to, co przyniosą następne minuty.

Smukłe drzewo przestało się chwiać na tak długo, że pomyślałem, iż tajemniczy wspinacz zszedł z powrotem na dół. Jednak kilka minut później rozległ się przeraźliwy wrzask, który przedarł się przez bzyczenie pszczół, i zrozumiałem, że zostałem zdemaskowany. Ciekawość zwabiła szymansa w koronę i nie spodobało mu się to, co zobaczył. Żałowałem, że nie zamaskowałem swojej kryjówki nieco lepiej. Ale z drugiej strony jak można ukryć się skutecznie przed małpą, która dorastała w tym lesie i zna każde drzewo z osobna? Byłem wyraźnie intruzem, którego nie zamierzała tolerować, i obawiałem się, że gra jest skończona.

Jednak przez następne pięć minut nie dobiegł mnie żaden inny dźwięk i uświadomiłem sobie, że szympans wciąż musi być na drzewie i patrzy na mnie. Przycupnięty w swojej dusznej klitce, próbując nie ruszać się ani nie wzdrygać przy kolejnym użądleniu, wstrzymałem oddech, podczas gdy szympans zastanawiał się, co robić dalej. W końcu cienkie drzewo znów zaczęło się kołysać i sześć metrów ode mnie pokazała się dorosła samica. Muskularna, z szeroką, ciemną twarzą i posiwiałą sierścią, mogła teraz widzieć mnie dokładnie przez odchyloną płócienną klapę kryjówki. Nie odrywając swoich oczu od moich, wspięła się na gałąź i usiadła, żeby uważnie wpatrywać się we mnie przez dzielącą nas przestrzeń.

Serce waliło mi jak młotem i zastygłem w bezruchu, odwzajemniając spojrzenie. Nie wydawała się przestraszona; prawdę mówiąc, z łokciem spoczywającym na kolanie, wyglądała na zaskakująco odprężoną, gdy wolno pocierała podbródek grzbietem dłoni. W tych pięknych orzechowych oczach odbijała się wielka inteligencja. Całkiem możliwe, że po raz pierwszy w życiu widziała istotę ludzką, a niemal na pewno byłem pierwszym człowiekiem, jakiego kiedykolwiek spotkała w koronach drzew.

Mniej więcej minutę później dołączył do niej drugi, znacznie mniejszy szympans – jej syn, trzylatek o jasnej twarzyczce i wielgachnych uszach. Roztaczał wokół siebie cudowną aurę łobuzerstwa. Cały złożony z łokci i kolan, wdrapał się na mamę i wlepił we mnie wzrok, huśtając się na jednej ręce. Wymieniwszy z nim kilka cichych, kojących pohukiwań, samica łagodnie oparła się o drzewo i zamknęła oczy. Otworzyła je znowu parę sekund później, jak gdyby dla sprawdzenia, czy wciąż tu jestem, a potem ponownie zamknęła je i zapadła w sen. Jej syn szybko stracił zainteresowanie mną i przez jakiś czas się bawił, wspinając się i skacząc po gałęziach jak wariat. Nie mogłem powstrzymać się od śmiechu, kiedy skakał i bujał się w koronie drzewa ze swobodą, o jakiej ja sam mogłem tylko pomarzyć. W końcu mama, obudziwszy się, wyciągnęła rękę i stanowczo chwyciła go za kostkę, ale wyrwał się jej, tak więc dała za wygraną i zasnęła z powrotem. Godzinę później, zmęczony wygłupami, wgramolił się mamie na brzuch i usnął w jej ramionach.

Odgoniwszy pszczoły z lornetki, nastawiłem ostrość przez siatkę ochronną, by przyjrzeć się dokładniej śpiącej parze. Twarz młodego była ukryta, ale twarz jego matki widziałem doskonale: jej miękką, czarną skórę pokrywała sieć drobniutkich zmarszczek i bruzd. Na podbródku wyrastały kępki białych włosów, a pod nosem widać było małą bliznę. Wydatne brwi osłaniały jej oczy i mogłem dostrzec jasne placki skóry na jej powiekach. Ale najbardziej zdumiał mnie sposób, w jaki te powieki drgały. Jej gałki oczne przesuwały się pod nimi to w jedną, to w drugą stronę, i nagle uświadomiłem sobie, że ona musi śnić. Patrzyłem na nią w zdumieniu, mimo woli zastanawiając się, dokąd udała się we śnie. Jakie obrazy migały w tej właśnie chwili przed oczyma jej wyobraźni? Czy kołysała się w znajomych koronach drzew swego leśnego świata, czy też wymknęła się z jego granic, odwiedzając krainy, których nie byłem sobie w stanie nawet wyobrazić?

Popołudnie mijało wolno, gdy przyglądałem im się, jak śpią. Od czasu do czasu któreś z nich poruszało się i otwierało oczy, żeby spojrzeć na mnie, ale poza tym ignorowały moją obecność. O piątej cienie zaczęły wspinać się w górę i stało się oczywiste, że szympansy zamierzają przespać tu całą noc. Nie chcąc im przeszkadzać, jak najciszej wyszedłem od tyłu z kryjówki i zawisłem na linie, gotowy do zjazdu. Szympansy nie obudziły się i przyjemnie było być razem z nimi wśród koron drzew. Pszczoły zniknęły, wracając na noc do gniazda. Rano znów tutaj będą, na razie jednak ściągnąłem z głowy duszącą siatkę i wciągnąłem głęboko do płuc chłodne, wonne powietrze. Cudownie było nie czuć już mdlącej woni pszczelego jadu i nie słyszeć nieustannego bzyczenia. Miło było też po raz pierwszy od dwunastu godzin zobaczyć las wyraźnie, a nie przez ciemną mgłę nylonowej siatki.

Wisiałem tam jeszcze kilka minut, przyglądając się matce i dziecku śpiącym w gałęziach sześć metrów ode mnie. Ziemię w dole spowił już mrok, ale korony drzew były wciąż skąpane w łagodnej morelowej poświacie zachodzącego afrykańskiego słońca. Samica najwyraźniej wyczuła mój wzrok i poruszyła się. Siadając, spojrzała na mnie, nim przyciągnęła kilka gałęzi w stronę pnia, by zrobić sobie gniazdo na noc. Potem położyła się na boku, twarzą do mnie. Jej syn też się obudził i leżał na plecach obok niej, bawiąc się własnymi stopami, od czasu do czasu zerkając na mnie niewinnymi oczami, które iskrzyły się w świetle wieczoru. Dlaczego spośród wszystkich drzew tych dwoje postanowiło spędzić noc na tym tak blisko mnie? Nigdy się tego nie dowiem, ale była to scena o niewysłowionym pięknie. Ulotny przebłysk tego, jak sprawy musiały wyglądać miliony lat temu, zanim zwierzęta nauczyły się nas bać. Echo Edenu.

Mógłbym przez całe godziny po prostu się im przyglądać. Chciałem doświadczyć lasu nocą tak samo jak one – kołysany łagodnie do snu na wierzchołku ich drzewa. Ale nie mogłem. Robiło się ciemno i pora była się zbierać. Odchyliwszy się do tyłu w uprzęży, zsuwałem się powoli w dół pnia, aż znalazłem się poniżej podszytu, po czym zjechałem ostatnie piętnaście metrów po linie na dno lasu. Schowałem uprząż u stóp drzewa i stałem przez chwilę w mroku, by dać oczom przywyknąć. Kongijskie lasy nie są dobrym miejscem na nocne spacery. Wielkie stworzenia wędrują wśród cieni, a natknięcie się w ciemności na słonia mogłoby się okazać fatalne w skutkach.

Do obozu było czterdzieści minut drogi i włączywszy latarkę, ruszyłem powoli i ostrożnie ścieżką. Tutejsze lasy przecinają rozległe, zawiłe sieci słoniowych szlaków. Te niekończące się korytarze stanowią wygodne arterie komunikacyjne dla wszelkiego rodzaju zwierząt. Konieczna jest jednak najwyższa ostrożność. Jak na tak ogromne stworzenia, słonie potrafią być zaskakująco ciche, zwłaszcza kiedy przemieszczają się po tych miękkich, piaszczystych ścieżkach. Spotkanie z jednym z nich może być przerażającym doświadczeniem, zwłaszcza jeśli postanowi zaszarżować. Gdy figi dojrzeją, cała ta okolica stanie się bardziej ruchliwa i wkrótce nie będzie już dla mnie bezpieczne spacerować samotnie tak jak teraz.

Tak więc następnego ranka Dave poprosił Djokina, jednego z pigmejskich tropicieli z ludu Bayaka, którzy z nim pracowali, by dla pewności towarzyszył mi w drodze do drzewa. Nabrałem wielkiego szacunku dla Djokina – małomównego, nieśmiałego mężczyzny o smutnych, mądrych oczach i niemal nadprzyrodzonej znajomości lasu. Nigdy nie spotkałem nikogo innego tak dostrojonego do swego środowiska. Jego intuicyjne zrozumienie dżungli było niesamowite, a jego umiejętność wykrywania zwierząt z wielkiej odległości, zanim jeszcze było je widać lub słychać, pomogła nam w przeszłości uniknąć wielu groźnych konfrontacji. Ludzie z jego wioski mówili mi o rzekomej zdolności Djokina do zmieniania postaci; do wędrowania po lesie w przebraniu zwierzęcia i zdobywania wiedzy dla plemienia. Kongo potrafi być tajemniczym miejscem, więc kto wie? Lubiłem myśleć, że to prawda.

Weszliśmy z Djokinem na ścieżkę akurat wtedy, gdy zaczynało się rozwidniać. Zamierzałem wspiąć się z powrotem na platformę najwcześniej, jak tylko się da. Byłem ciekaw, czy szympansica z młodym połakomią się na owoce, mimo że wciąż jeszcze wyglądały na zielone i niesmaczne. Nick miał przyjechać za trzy dni i chciałem móc poinformować go, jak długo będzie musiał czekać, by zdobyć ujęcia żerujących zwierząt. Szliśmy w milczeniu przez zielony półmrok; Djokin niósł maczetę w zgięciu łokcia, ja zaś trzymałem się kilka kroków za nim.

Chwilę później stanął jak wryty, zatrzymując mnie płazem maczety. Stał kompletnie nieruchomo, wpatrując się szeroko otwartymi oczami w głąb ścieżki. „*Nzoku*" – szepnął, po czym z wysuniętą naprzód szczęką i zasznurowanymi wargami wskazał w stronę, skąd nadchodził słoń. Próbowałem przeniknąć wzrokiem mrok, ale nie dostrzegłem tam nic.

Przez kilka minut panowały całkowita cisza i bezruch. Potem, kiedy zacząłem już podejrzewać, że się pomylił, usłyszałem ledwo uchwytny szum suchych liści na szorstkiej skórze i potężny samiec słonia wyszedł z gęstego podszytu na ścieżkę niespełna piętnaście metrów od nas. Djokin ściskał mnie z całej siły za ramię, jak gdyby mówiąc: „Nawet nie oddychaj". Słoń był olbrzymi, ważył około pięciu ton i miał przeszło dwa metry siedemdziesiąt wysokości. Cienka czarna strużka hormonu spływała mu z gruczołu za okiem, co wskazywało, że przechodzi właśnie musth, okres podwyższonego poziomu testosteronu, w którym samce stają się szczególnie agresywne i nieobliczalne. Trzymał potężny łeb wysoko, a jego długie, proste kły niemal dotykały ziemi, zabarwione na kolor ciemnej ochry przez leśne taniny. Obwódka pomarańczowego błota zdradzała, że taplał się w jakimś bajorze, a kępka włosów na końcu ogona była pozlepiana gliną.

Był niewiarygodnie wielkim i budzącym respekt zwierzęciem. Jednak najbardziej uderzył mnie swobodny, niemal subtelny wdzięk jego ruchów. Dwoma krokami przeciął ścieżkę i zanurzył się w gęste listowie po drugiej stronie. Kilka sekund później zniknął zupełnie – wchłonięty całkowicie przez las, zostawiając jedynie ledwo uchwytną piżmową woń w powietrzu i kilka śladów wielkości kierownicy samochodu na wyschniętej ziemi.

Twarz Djokina odprężyła się w lekki uśmiech i wiedziałem, że niebezpieczeństwo minęło. Zdałem sobie sprawę, że wstrzymuję oddech, i krew znów zaczęła krążyć mi w żyłach, gdy z ulgą wypuściłem powietrze. Jak, u licha, Djokin zorientował się, że on tam jest, na tak długo, zanim się pokazał? Zapytałem go: wzruszył tylko ramionami i odwrócił wzrok. Odczekaliśmy jeszcze kilka minut, aż słoń oddali się od nas na większą odległość, nim znów ruszyliśmy ścieżką, wynosząc się z tego miejsca najszybciej i najciszej, jak byliśmy w stanie.

Przeżyłem już wcześniej szarżę leśnego słonia i nigdy nie zapomnę obezwładniającego przerażenia, jakie wtedy czułem. Bezradnej paniki wywołanej świadomością, że nie mam dokąd uciec, że zaplątałem się w gmatwaninie pnączy, oraz rozdzierających uszy ryków rozjuszonego zwierzęcia, które parło za mną przez las niczym czołg. Tamtego dnia miałem szczęście. Słoń minął mnie w zamieszaniu i udało mi się zawrócić i uciec. Ale nauczyło mnie to ważnej rzeczy. Te wspaniałe zwierzęta są architektami lasu, kształtującymi i chroniącymi przed zarośnięciem jego efemeryczne ścieżki i polany, i zawsze należy omijać je wielkim łukiem.

Kiedy dotarliśmy do podnóża figowca, słońce wzeszło już i śpiące szympansy zniknęły. Minąwszy w czasie wspinaczki ich puste gniazdo, otworzyłem tylną klapę czatowni, sprawdziłem, czy nie ma w niej węży, po czym wcisnąłem się do środka, by rozpocząć dwunastogodzinne czuwanie. Nim minęła godzina, pszczoły wróciły, tym razem w towarzystwie chmar mniejszej, pozbawionej żądeł odmiany znanej jako pszczoły potowe. Te maleńkie czarne owady zmieniają dokuczliwość w formę sztuki i wkrótce stają się nie do zniesienia, gdy wpełzają do oczu, uszu i nosa w poszukiwaniu soli. Środki odstraszające owady nie zdają egzaminu, tak więc z powrotem nałożyłem na głowę siatkę.

Następne dwa dni minęły w mazi nieprzytomnego gorąca i klaustrofobii. Nic nie weszło na drzewo, by żerować na jego owocach, tak więc gotowałem się i pociłem bezczynnie w swej samotnej celi. Las przypominał szybkowar, a upływ czasu odmierzało jedynie działające na nerwy bzyczenie pszczół i letargiczne, monotonne granie cykad. Kiedy upał stawał się zbyt nieznośny, a powietrze zbyt duszne, dostawałem zawrotów głowy i odpływałem w krótki, niespokojny sen, z którego budziłem się gwałtownie po kilku minutach, wyrzucając przed siebie ręce, by chwycić linę asekuracyjną w panicznym poczuciu, że spadam.

A potem, w przeddzień przyjazdu Nicka, szympansy wróciły. Najpierw usłyszałem ciche pomiaukiwanie dobiegające z gałęzi dokładnie za moją kryjówką. Wyglądając przez małe rozdarcie w płótnie, zobaczyłem w odległości dziesięciu metrów matkę z dzieckiem, którzy spoglądali na mnie spomiędzy liści sąsiedniego drzewa. Wiedziały, że jestem w środku, i wróciły, by przyjrzeć mi się jeszcze raz. Niemal spodziewając się, że znów się usadowią i zrobią sobie gniazdo, z zaskoczeniem usłyszałem nagle głośny wrzask trzeciego szympansa ukrytego w koronach drzew gdzieś nade mną. Samica zerknęła z niepokojem w górę, po czym złapała malca i szybko się oddaliła, niosąc go na grzbiecie.

Chwilę później moje drzewo zatrzęsło się, kiedy niewidoczny szympans przeniósł się na nie. Na dach mojej kryjówki posypały się liście i poczułem charakterystyczne wibracje i dygoty spowodowane przez zwierzę przemieszczające się wśród gałęzi nade mną. Usłyszałem gwałtowny wdech i powietrze wypełniło się hałasem, gdy szympans wrzasnął ile sił w płucach, nim rozhuśtał całe drzewo, szarpiąc jego konary. Była to demonstracja siły, tak więc to musiał być samiec – prawdopodobnie wysokiej rangi dorosły z klanu samicy. Musiała znać go dobrze i najwyraźniej odczytała jego mowę ciała, zanim się ulotniła. Teraz szedł na całość i moje drzewo chwiało się na wszystkie strony, gdy skakał z gałęzi na gałąź. Wciąż go nie widziałem, ale dzwoniło mi w uszach i byłem niemal pewny, że lada chwila rzuci się na dach czatowni. Potem, po ostatnim crescendo, usłyszałem głuchy stuk zderzających się gałęzi, gdy przeskoczył na koronę figowca, zostawiając mnie w spokoju.

Pochylając się do przodu, wyjrzałem z kryjówki i przyglądałem się, jak schodzi po jednym z olbrzymich, obsypanych owocami konarów. Wielki dorosły samiec u szczytu formy, nieco posiwiały, ale bardzo silny i potężny. Z sierścią wciąż zjeżoną po popisie przystanął i pochylił się, żeby powąchać jedną z fig. Potem ku mojemu zdumieniu delikatnie ścisnął owoc w dłoni, nie zrywając go. Sprawdzał jego dojrzałość i wydawał się wiedzieć, że zerwanie go przedwcześnie z drzewa oznacza zmarnowanie przyszłego posiłku. Posuwając się na czworakach wzdłuż gałęzi, od czasu do czasu przystając, by powąchać i pomacać inne figi, koniec końców pogodził się z faktem, że nic jeszcze nie jest dojrzałe. Potem, gdy zaczął kropić lekki deszcz, usiadł w rozwidleniu gałęzi i wyciągając nogę, zaczął pielęgnować sierść.

Oto był niezbity dowód na to, że drzewo nie było jeszcze w pełni gotowe na przyjęcie gości. Poprzez perłowe strugi deszczu patrzyłem na małpę siedzącą ze zwieszonymi ramionami i wyrazem żałosnej rezygnacji na pobrużdżonej twarzy. Kropelki wody skrzyły się jak klejnoty na jego szpakowatej sierści, gdy siedział tam bez ruchu, maleńki na tle tych potężnych gałęzi. Deszcz spłukał barwy z tej sceny i jego ciemna, muskularna sylwetka wtopiła się w tło zgaszonych zieleni i szarości. Obraz ten zdawał się bardziej niż jakikolwiek inny zawierać w sobie istotę Konga.

* * *

Minęły trzy miesiące i byłem teraz w innym regionie Konga – w parku narodowym Odzala, obejmującym ponad trzynaście tysięcy kilometrów kwadratowych dziewiczej dżungli, niezbadanych rzek i nieprzebytych bagien. Poza sporadycznym kłusownikiem lub uczonym niemal nikt się tu nie zapuszczał i tereny te na ogół pozostawiano samym sobie; tutejsze gęste, splątane lasy są domem dla jednych z największych skupisk słoni i goryli w całej Afryce Środkowej. Znów pracowałem z Nickiem dla miesięcznika „National Geographic".

Moim pierwszym zadaniem było znalezienie dla niego przyzwoitego drzewa z widokiem na jedną z występujących w tym lesie bagnistych polan. Planowaliśmy zainstalować w jego koronie platformę, z której mógłby fotografować zwierzęta wychodzące z lasu, by żerować na otwartej przestrzeni w dole. W całym lesie rozsianych było wiele takich polan, zwanych „bai", a niektóre przyciągały więcej zwierząt niż inne. Tak więc przez ostatnich kilka dni rozglądałem się za dostępnymi opcjami.

Wszystko układało się dobrze, ale tego dnia sprawy przybrały zły obrót i od przeszło siedmiu godzin błąkaliśmy się w dżungli.

Jacques, nasz miejscowy przewodnik, przykucnął u stóp drzewa, wypatrując słoni, podczas gdy ja próbowałem wymyślić jakiś plan znalezienia drogi powrotnej do obozu. Bardzo lubiłem Jacques'a, ale nie mieściło mi się w głowie, jak mogliśmy wpaść w takie tarapaty. Opuściliśmy obóz o szóstej rano, by odwiedzić bai znane jako chętnie uczęszczane przez goryle. Jacques prowadził, ale późnym rankiem wciąż byliśmy w drodze i stało się oczywiste, że coś jest nie tak. Jego niepokój był widoczny jak na dłoni, gdy ukradkiem rozglądał się na wszystkie strony. Na pytanie, czy wciąż idziemy we właściwym kierunku, ukrył twarz w dłoniach i wymamrotał: „Nie wiem". Patrzyłem na niego z niedowierzaniem, kiedy dotarło do mnie, że on wie tyle samo, co ja, i kompletnie zabłądziliśmy. Szliśmy od paru godzin i szanse na to, że zawróciwszy, odnajdziemy właściwą ścieżkę, dawno już przepadły. Pójście dalej na oślep przez dżunglę byłoby proszeniem się o nieszczęście. Park był wielkości Irlandii Północnej, a stanowił jedynie maleńki zakątek potężnego lasu ciągnącego się niemal nieprzerwanie przez cały kontynent afrykański. Prawdopodobieństwo, że zdołamy przeżyć więcej niż kilka nocy bez maczety, żywności, apteczki czy latarki, było znikome. Nie mieliśmy ze sobą nawet kompasu. Zgubić się w mieście to chwilowa niedogodność. Zgubić się w drugim co do wielkości lesie deszczowym świata to powód do poważnego zmartwienia. Sytuacja wyglądała groźnie; próbowałem zachować spokój i znaleźć jakieś rozwiązanie, ale widoki na to były marne i coraz trudniej było mi opanować panikę. Zostać zaskoczonym tu przez noc było przygodą, którą obaj chętnie byśmy sobie darowali. Las roił się od słoni i bawołów. Większość drzew wokół nas była wykorzystywana jako czochradła i wysmarowana ciemnoszarym błotem. Było oczywiste, że jest to obszar nadzwyczaj intensywnej zwierzęcej aktywności.

Przyglądając się okolicznym drzewom, szukałem nadaremno wskazówek, które pomogłyby nam zorientować się, gdzie jesteśmy, ale dżungla była po prostu zbyt gęsta. Byliśmy zagubieni w labiryncie. Tak więc z czystej desperacji postanowiłem wspiąć się „na żywca" w piętro koron, bez liny i uprzęży, by spróbować ustalić nasze położenie. Szanse na to, że wypatrzę sam nasz obóz, były zerowe, ale przy odrobinie szczęścia mógłbym może dostrzec odległą smugę dymu wznoszącą się spomiędzy drzew albo nawet rzekę. Jakikolwiek punkt orientacyjny, choćby najbardziej niepewny, byłby w naszej obecnej sytuacji olbrzymią pomocą. Musiałem wejść wysoko i musiałem zrobić to szybko.

Moabi, które miałem przed sobą, było największym drzewem w okolicy, monolitem wyrastającym z ziemi pionową, trzymetrowej grubości kolumną ciemnobrązowego drewna. Jego idealnie prosty pień rozpościerał się w szeroką koronę czterdzieści pięć metrów nad nami. Mrużąc oczy w świetle, mogłem dostrzec, że wznosi się ona sporo ponad otaczający las. Widok byłby niezrównany, gdyby tylko udało mi się tam dostać, ale bez lin i uprzęży nie było to łatwe. Pierwsza gałąź była wysoko w górze, a masywny pień był żywą ścianą drewna bez żadnych uchwytów i stopni.

Spomiędzy gałęzi zwisało jednak aż do ziemi grube zdrewniałe pnącze, liana. Nie stanowiła części samego drzewa, ale mogła zapewnić drogę w górę. Przyjrzałem się dokładniej. Była zakorzeniona w ziemi i początkowo leżała płasko na ściółce jak obżarty pyton, zanim wspięła się w koronę moabi, gdzie ostatecznie owijała się olbrzymią pętlą wokół gałęzi wysoko nad nami. Była mocna – gruba jak moje udo – ale niestabilna; zakołysała się niczym potężna macka, kiedy ją poruszyłem. To miała być trudna wspinaczka, bez cienia wątpliwości, ale mogła się udać.

Ściągnąłem ciężkie, przemoczone buty i oparłem bosą stopę na lianie. Jej powierzchnia była skręcona w spiralę jak monstrualna lina okrętowa, a między zdrewniałymi pasmami rósł mech. Palce u nóg bez trudu znajdowały oparcie wśród jej szorstkich fałd, ale moja skóra była delikatna od zbyt wielu lat ukrywania się w butach i zapowiadała się mozolna droga. Spojrzałem w górę i poczułem, jak kwas wzbiera mi w żołądku. Czy oszalałem, żeby w ogóle próbować czegoś takiego? Prawdopodobnie, ale byłem pewny, że to się da zrobić, jeśli tylko będę działać bez pośpiechu i przemyślę każdy ruch. Spoglądając na ziemię, zobaczyłem, że Jacques siedzi oparty plecami o pobliskie drzewo, wciąż pełniąc straż.

Pierwsze piętnaście metrów było naprawdę ciężkie. Liana dyndała w powietrzu daleko od pnia, jak lina w szkolnej sali gimnastycznej. Żaden problem, kiedy ma się dwanaście lat, ale mój stosunek siły do wagi nie był już taki jak kiedyś, a poza tym zanadto przywykłem do wspinaczki z pomocą lin i przyrządów zaciskowych, by koncertowo wspinać się po swobodnie wiszącym pnączu. Szympans wbiegłby po nim na górę w mgnieniu oka, ale ja zaczynałem już odczuwać zmęczenie, a głos w mojej głowie ostrzegał mnie, żebym nie popadał w samozadowolenie. Nie było tu żadnej liny asekuracyjnej, a wciąż miałem długą drogę do przejścia, zanim będę mógł liczyć na jakikolwiek widok ponad okolicznym lasem.

Jednak mimo ryzyka cieszyła mnie wolność, jaką daje wspinanie się bez sprzętu. Wspaniale było sprowadzić wszystko do podstaw, wkładać całą energię mięśni w każdy ruch i pogrążyć się bez reszty w chwili obecnej. Obejmując nogami lianę, byłem w stanie chwycić ją stopami, kiedy przesuwałem dłonie w górę, by zyskać wysokość. Następnie mogłem podciągnąć się na rękach i znów ścisnąć lianę między nogami. Nie było to zbyt zgrabne, ale jakoś szło. Pnącze ruszało się jak żywe stworzenie, kołysząc się i falując w odpowiedzi na mój przemieszczający się ciężar. Potrzebowałem całej siły i koncentracji, aby uchronić się przed upadkiem. Ale szorstka faktura liany zapewniała solidny chwyt, a wielka siła, jaką czułem w jej skręconych włóknach, dawała mi odwagę do szybkiej wspinaczki.

Piętnaście metrów nad ziemią pnącze spotykało moabi i rozdzielało się na dwoje. Jeden pęd ryzykownie odginał się w przestrzeń, drugi zaś dalej piął się pionowo wzdłuż gładkiego pnia. Parłem po tej drugiej odnodze, zapierając się stopami o drzewo i podciągając w górę. Liana chybotała się i tłukła o pień, obsypując mnie nieustannie ziemią i paprochami. Po ciele biegały mi mrówki, ale nie mogłem ryzykować zwolnienia uchwytu, żeby je postrącać. Jedna z nich ugryzła mnie w lewą dolną powiekę i przylgnęła tam, wymachując maleńkimi odnóżami przed moją gałką oczną, aż ją strąciłem bicepsem. Jej korpus się oderwał, ale głowa została i czułem jej ostre żuwaczki przy każdym mrugnięciu.

W końcu, brudny i drżący z wysiłku, dotarłem do potężnego konaru, z którego zwisała liana. Teraz czekała mnie najtrudniejsza część; przełożenie nogi nad gałęzią wymagało mnóstwa siły i równowagi. Wspiąłem się bez asekuracji na mniej więcej trzydzieści pięć metrów i dotarłem tak wysoko, jak się dało. Liana przewieszała się tu przez gałąź, opadając ogromną pętlą po drugiej stronie. Następna gałąź była daleko poza zasięgiem w koronie drzewa. To był koniec wspinaczki, ale czy byłem wystarczająco wysoko, by dojrzeć cokolwiek? Z wielkim rozczarowaniem uświadomiłem sobie, że nie. Po całym tym wysiłku i ryzyku tkwiłem wciąż w gęstym okapie lasu. Świat zewnętrzny sprowadzał się do małych skrawków prześwitujących przez splątaną zasłonę pnączy wiszącą dziesięć metrów ode mnie.

Adrenalina opuszczała moje ciało i poczułem się zmęczony. Wspaniale było być tutaj, ponad duszną klaustrofobią dna dżungli, ale nie miało sensu pozostawać tu dłużej. Musieliśmy w jakiś sposób znaleźć drogę do obozu. Tak więc, dopóki miałem jeszcze siłę, przeniosłem nogę ponad gałęzią przed sobą i okręciłem się, żeby zsunąć się po lianie.

Dokładnie w tej samej chwili usłyszałem odległy trzepot skrzydeł, jak gdyby stado ptaków brodzących zerwało się gwałtownie do lotu wzdłuż brzegu morza. Wykręciłem szyję i w jednym z wąskich prześwitów w okapie mignęło mi coś szkarłatnego. Wielkie stado papug szarych krążyło ponad drzewami półtora kilometra dalej. Do tej pory widywałem je tylko w parach, świergoczące i pogwizdujące do siebie w drodze na wieczorny spoczynek. Tak więc tysiąc tych ptaków krążących razem uradował moje serce. Uznałem ten widok za znak, że wszystko będzie dobrze, a kiedy stado opadło z powrotem między drzewa, uświadomiłem sobie z nagłym przebłyskiem nadziei, że pod nimi jest prawdopodobnie otwarty teren. Widziałem takie ich skupiska tylko na bai, gdzie siadały na ziemi, by zlizywać minerały z gliny. To było to: wskazówka, jakiej szukałem. Papugi pokazały mi, dokąd powinniśmy pójść.

Zawołałem Jacques'a i wskazałem ręką kierunek, żeby mógł zapamiętać, w którą stronę mamy ruszyć. Obejmując nogami szorstkie pnącze, zsunąłem się najszybciej jak mogłem do rozwidlenia i dalej na ziemię. Byłem wykończony. Mięśnie drżały mi jak galareta i byłem pokryty brudem, ale sprawy zaczynały wyglądać lepiej. Nawet jeśli nie było to bai, na którego poszukiwanie wyruszyliśmy rano, istniała szansa, że Jacques je rozpozna albo że znajdziemy tam kolejną wskazówkę. Warto było spróbować.

Odłamując gałązki cienkich siewek, aby zaznaczyć przebytą drogę, ruszyliśmy szybko przez las. Uświadomiłem sobie, że pokonanie półtora kilometra zajmie godzinę, mnóstwo czasu, żeby znowu zabłądzić. Tak więc przystawaliśmy regularnie, by obejrzeć się w tył na nasz szlak połamanego listowia i upewnić się, że idziemy po linii prostej.

Wkrótce staliśmy pod cienistym okapem drzew, spoglądając

na spaloną słońcem przestrzeń przed nami. Powietrze migotało, a chmary żółtych motyli tańczyły w popołudniowym skwarze. Nie było śladu papug, ale po przeciwnej stronie polany pasło się nieduże stado słoni. Młodziutkie słoniątko ssało wymię matki, wtulone w odstęp między jej przednimi nogami. Kiedy nie piło mleka, kręciło malutką trąbą jak śmigłem. Nie więcej niż kilkumiesięczne, zdawało się zafascynowane tą dziwną rzeczą dyndającą mu u pyszczka.

Jednak naprawdę zainteresowała nas wielka grupa goryli na środku polany. Szesnaście osobników posuwało się wolno wśród traw w naszą stronę. Były rozproszone na dużym obszarze, pochłonięte jedzeniem korzonków, które wyrywały z ziemi. Kilka z nich siedziało po pierś w bagnie i przyglądałem się młodemu, które wgramoliło się na kępę trawy i kręciło w kółko dla zabawy, aż zakręciło mu się w głowie i upadło. Dwie dorosłe samice były w ciąży, a na uboczu zauważyłem zwalistą sylwetkę srebrnogrzbietego samca. Była to idylliczna scena, ale musieliśmy ruszać dalej, jeśli mieliśmy odnaleźć obóz przed zmrokiem.

Na drugim końcu bai woda spływała do szeregu błotnistych sadzawek i potoków, tak więc szliśmy skrajem polany przez las, aż znaleźliśmy strumień, do którego wpadały. Stamtąd poszliśmy dalej z jego biegiem w nadziei, że dotrzemy do rzeki Mambili, głównego szlaku wodnego, którym przypłynęliśmy do parku. Nawet gdybyśmy wyszli na jej brzeg kilometry od obozu, prędzej czy później doprowadziłaby nas ona do domu. Szczęśliwym trafem, akurat kiedy zaczynało się ściemniać, natrafiliśmy na ścieżkę. Mógł to być jeden z tysięcy wijących się przez las anonimowych zwierzęcych szlaków, ale na pnączu wisiał świeżo złowiony sum elektryczny. Jego blade ciało było zawieszone na wysokości głowy i wszedłbym prosto w niego, gdyby nie drgnął ze słyszalnym wyładowaniem elektrycznym, kiedy się zbliżyliśmy. Ktoś z naszego zespołu musiał złowić go w pobliskiej rzece i zostawił tam, żeby zabrać go później. Szczęśliwie dla nas zapomniał o nim. Zyskawszy pewność, że jesteśmy wreszcie na właściwej drodze, odwiązaliśmy rybę i zanieśliśmy ją do obozu na kolację.

* * *

Kongo jest piękne i zachwycające, ale potrafi także porządnie dać w kość. To miejsce najwyższych wzlotów i straszliwych upadków, a teraz – kilka tygodni później – dręczyła mnie złowieszcza wysypka, która niedawno pojawiła się na całym moim ciele.

Nick popłynął w górę Mambili, by rozejrzeć się za nowym miejscem do fotografowania, a ja zostałem sam, próbując doprowadzić się do porządku. Od dwóch dni padał deszcz i uwięziony w namiocie dostawałem pomału bzika, gdy wysypka zmieniła się w krosty, a te przerodziły się w zaognione czerwone bąble. Naliczyłem ich w sumie dziewięćdziesiąt: pokrywały całe moje nogi, krocze i tors. Kilka miałem także na głowie. Wszystkie były niezwykle wrażliwe na dotyk i powiększały się z godziny na godzinę.

Moja wilgotna uprząż wspinaczkowa wisiała na drążku nade mną, pleśniejąc w stęchłej wilgoci namiotu. Zamierzałem zmontować jeszcze jedną nadrzewną platformę dla Nicka, zanim wyjadę w następnym tygodniu, ale teraz ledwo mogłem chodzić, a co dopiero wspinać się na drzewo. Wkrótce nawet noszenie ubrań stało się zbyt bolesne, tak więc spędzałem cały dzień w slipkach, wypełzając, by leżeć na plecach w deszczu, ilekroć w ciasnym namiocie robiło się zbyt duszno i klaustrofobicznie. Znalazłem się na opadającej spirali i wiedziałem, że muszę udać się w dół rzeki w poszukiwaniu pomocy lekarskiej. Ale bez łódki czy choćby wiosła tkwiłem, że tak powiem, po szyję w gównie. Jednak leżenie i użalanie się nad sobą nie było żadnym rozwiązaniem, tak więc trzeciego dnia postanowiłem wydłubać to, co kryło się w tych tajemniczych bąblach.

Wybrawszy szczególnie okazały wrzód na udzie, sięgnąłem po sterylną strzykawkę i wolno wbiłem jej długą igłę w ciało. Ból był potworny, ale chciałem za wszelką cenę się dowiedzieć, co dzieje się w środku tego zaognionego bąbla. Pchałem głębiej. Spodziewałem się, że bąbel pęknie po przebiciu i że jest to jakiegoś rodzaju infekcja, którą można będzie oczyścić i potraktować środkiem odkażającym. Ale wydawało się, że w środku nic nie ma. Nadal nie miałem pojęcia, co się ze mną dzieje, a teraz – kilka godzin później – całą okolicę objęło rozlewające się zaczerwienienie. Pogorszyłem sprawę. Tak więc zaaplikowawszy sobie silny antybiotyk, postanowiłem poczekać, aż wrzody staną się wystarczająco dojrzałe, żeby wycisnąć je jak należy. Coś w końcu musiało z nich wyjść, nawet jeśli miała to być tylko ropa.

Deszcz padał dalej i leżałem w zapadającym zmierzchu, słuchając, jak bębni o tropik namiotu. Kilka godzin później obudziło mnie coś poruszającego się pod skórą na głowie. Początkowo sądziłem, że to był tylko sen. Ale chwilę później poczułem to znowu: lekkie zgrzytanie o kość mojej czaszki. Coś wiło się tam. O świcie czułem już dziesiątki następnych – czymkolwiek były – wiercących się w pozostałych bąblach, a ból stawał się nie do zniesienia. Musiałem znaleźć jakieś wyjście z tej obłędnej sytuacji, ale w tej chwili miałem na głowie pilniejszy problem. Właśnie wycisnąłem ze swego lewego jądra dwie wielkie, pokryte kolcami larwy. A więc to było to: gzy. Jednak te dwie larwy stanowiły zaledwie wierzchołek góry lodowej. Miałem w sobie jeszcze co najmniej dziewięćdziesiąt tych małych sukinsynów rosnących z godziny na godzinę. Nie wyglądało to optymistycznie.

Kiedy wróciłem myślami do kilku poprzednich dni, zacząłem rozumieć, co musiało się wydarzyć.

Nick i ja w poprzednim tygodniu fotografowaliśmy goryle na leśnej polanie. Rozbiliśmy namioty w pobliżu, co oznaczało, że nie mogliśmy rozpalać ognia z obawy, że przepłoszymy zwierzęta. Poszycie lasu było mroczne i wilgotne, i bez ogniska, przy którym moglibyśmy wysuszyć rzeczy, to, co zmokło, zostawało mokre. Raz podczas wspinaczki zaskoczyła mnie burza i przez następne trzy dni chodziłem przemoczony i pokryty błotem. Chmara wielkich czarnych much z wyłupiastymi czerwonymi oczami dopadła mnie w koronach drzew i bzyczała agresywnie, kiedy siedziałem na platformie, próbując się od nich opędzić. Teraz zdałem sobie sprawę, że one wcale nie chciały mnie kąsić. Składały jaja, z których na moich ciepłych, wilgotnych ubraniach wykluły się maleńkie larwy, które niepostrzeżenie zagrzebały się w mojej skórze. Robale rozwijały się teraz we mnie, tucząc się moim ciałem. Życie to sposób, w jaki natura zachowuje mięso w świeżości, i jak każde inne zwierzę byłem po prostu poręcznym workiem protein, gotowym do wykorzystania przez każde stworzenie zdolne przebić moją skórę.

Tak więc po kolejnej dawce antybiotyku pociągnąłem łyk whisky i otworzyłem apteczkę. Miałem dość nieustannego bólu, gdy larwy wgryzały się we mnie, a teraz, kiedy wiedziałem już, czym są, nie zamierzałem pozwalać im dalej tuczyć się moim kosztem. Zdecydowany położyć temu kres, przygotowałem się do wydłubania ich jednej po drugiej.

Kilka godzin później miałem koło siebie czterdzieści sztuk zamarynowanych w whisky. Zamieniłem igłę na kleszcze, które wysterylizowałem w płomieniu świeczki. Niektóre larwy wyskoczyły od razu; inne musiałem wyciągać sobie z ciała po kawałku, krzywiąc się z bólu i zaciskając zęby. Były jeszcze dziesiątki na plecach i pośladkach, do których nie mogłem się dostać. Ponieważ byłem sam, musiałem czekać, aż wygryzą sobie drogę na zewnątrz. Ból, jaki mi sprawiały, kiedy się wierciły, był teraz tak silny, że nie mogłem spać. Zużyłem już całą whisky – prawdopodobnie w najlepszy możliwy sposób – i mogłem jedynie siedzieć po turecku w deszczu, patrząc na rzekę w nadziei, że ktoś przepłynie tędy w najbliższej przyszłości.

Po południu usłyszałem łódź z silnikiem płynącą w górę rzeki. Zza zakrętu wyłoniła się piroga wiozącа czterech mężczyzn z kałasznikowami i przycupnąłem w trawie, aż nabrałem pewności, że są to parkowi strażnicy, a nie kłusownicy pozyskujący kość słoniową. Gdy mnie mijali, odbyłem z nimi krzyczaną rozmowę z brzegu rzeki. Nie zatrzymali się i któż mógłby ich winić? To musiał być przerażający widok: nagi, pokryty ranami białas, który stał na deszczu i wrzeszczał do nich koszmarną francuszczyzną. Wyglądali, co zrozumiałe, na zaniepokojonych, ale ulżyło mi, kiedy jeden z nich zawołał, że przyślą pomoc.

Gdy następnego ranka siedziałem nad rzeką, czując się fatalnie po kolejnej bezzsennej nocy, z lasu wyszedł Pigmej Bayaka i ruszył w moją stronę. Miał na sobie żółte kąpielówki i zielone plastikowe klapki. W pierwszej chwili myślałem, że mam halucynacje i już całkiem pokręciło mi się w głowie. On jednak bez słowa uśmiechnął się i dał mi znak, żebym wstał, jednocześnie zdejmując nakrętkę z małej plastikowej tubki oleju palmowego. Następnie nałożył pomarańczowy płyn na każdy z pozostawionych przeze mnie bąbli. W kilku z nich pojawiły się do tej pory maleńkie dziurki napowietrzające i uświadomiłem sobie, że on je zalepia, żeby udusić larwy w ich wnętrzu. Kiedy skończył, gestem kazał mi odczekać chwilę. Siedzieliśmy obok siebie po turecku, patrząc w milczeniu na rzekę, przez całe wieki, zanim zabrał się do wyciskania bąbli na moich plecach. Słyszałem miłe dla ucha odgłosy pękania, gdy wydobywał jedną larwę po drugiej, byłem jednak zbyt obolały, żeby się z tego cieszyć. Gwiazdy tańczyły mi przed oczami, kiedy wzdrygałem się raz za razem. Mniej więcej godzinę później skończył i jeśli nie liczyć kilku pozostawionych na tyłku, byłem teraz w zasadzie wolny od larw.

Ulga była niewyobrażalna. Wciąż byłem bardzo uwrażliwiony i każdy ruch sprawiał mi ból, ale najgorsze minęło i domyślając się, że przysłali go parkowi strażnicy, dziękowałem mu wylewnie. Uśmiechnął się szeroko, po czym podał mi tubkę oleju i odszedł. Pięć sekund później zniknął zupełnie, bez jednego słowa, i wtopił się w dżunglę. Nigdy więcej go nie widziałem, ale będę mu dozgonnie wdzięczny za pomoc.

Dziesięć dni później byłem z powrotem w Anglii i leżałem w szpitalu królewskim w Bristolu z powodu malarii mózgowej. Wyglądało na to, że Kongo zachowało najlepsze na sam koniec. Mój mózg gotował się w czterdziestodwustopniowej gorączce, gdy majaczyłem w wykrochmalonej białej pościeli. Jeśli o mnie chodziło, to była ostatnia kropla: nic na świecie nie byłoby w stanie zaciągnąć mnie znów do Afryki Środkowej. A przynajmniej tak mi się wydawało.

* * *

Był teraz październik. Minęło sześć miesięcy, odkąd wyzdrowiałem po malarii i poprzysiągłem sobie, że nigdy nie wrócę do Konga. Ale powab dżungli jest silny i nie było mowy, żebym mógł odrzucić sposobność filmowania goryli w koronach drzew. Zaproszono mnie, żebym dołączył do małej ekipy Scorera, bristolskiej wytwórni, która kręciła dokumentalny film dla BBC. Obok mnie w skład zespołu wchodzili producent Brian, główny operator Gavin oraz jeszcze jeden asystent, Ralph. Wspaniała ekipa. Byłem znów w lesie deszczowym i cieszyłem się każdą chwilą.

Jarząca się tarcza zegarka mówiła mi, że jest nieco po trzeciej nad ranem. Usiłowałem wmusić w siebie miskę musli. Mleko w proszku skończyło nam się w poprzednim tygodniu, tak więc zalałem płatki wodą, wymieszałem je i zacząłem wsuwać. Było o wiele za wcześnie, mój żołądek nie był na to gotowy, ale potrzebowałem tych kalorii, jeśli miałem przed świtem wspiąć się wysoko w piętro koron. Do drzewa była godzina drogi przez gęsty las, a moja czatownia znajdowała się wśród jego gałęzi dwadzieścia metrów nad ziemią. Zamontowałem ją naprzeciwko potężnego owocującego drzewa, które, jak mieliśmy nadzieję, mogło przywabić filmowane przez nas stado goryli. Poprzedniego wieczoru dziewiętnaście osobników zbudowało sobie pod nim legowiska, tak więc była spora szansa na przyłapanie ich tego ranka. Musiałem być z kamerą w koronie przed piątą, zanim się rozwidni.

Moja latarka rzucała krąg nikłego światła na stół z surowych desek. Cień mojej ręki unosił się i opadał mechanicznie, kiedy w pośpiechu ładowałem w siebie pozbawione smaku płatki. Wyłączywszy latarkę, by oszczędzić baterie podczas jedzenia, wyjrzałem na zewnątrz w noc. Obóz leżał skąpany w łagodnym blasku księżyca. Drzewa rzucały długie, ostre cienie na srebrzystą ziemię, a dżunglę ożywiało delikatne szemranie owadów. Ktoś chrapał cicho w chacie obok i świat zdawał się pogrążony w spokoju. Godziny przed świtem zawsze były moją ulubioną porą i siedziałem nieruchomo przez kilka chwil, napawając się ciszą.

Zarzuciwszy sobie plecak na plecy, wyszedłem na zalaną księżycowym blaskiem polanę i ruszyłem na przełaj w stronę lasu, kiedy zatrzymał mnie w pół kroku głęboki, chrapliwy ryk lamparta. Obracając się wkoło, żeby umiejscowić ten dźwięk, uświadomiłem sobie, że zwierzę jest ukryte wśród drzew po drugiej stronie obozu, nie więcej niż sześćdziesiąt metrów ode mnie. Niski pomruk niósł się echem po lesie jak szybkie pociągnięcia wgryzającej się w drewno piły. Byłem odsłonięty i bezbronny w świetle księżyca, więc instynktownie usunąłem się w mrok pod najbliższym drzewem. Lampart musiał wiedzieć, że tu jestem, musiał słyszeć, jak kręcę się po obozie, i widzieć błysk mojej latarki, gdy szedłem przez oświetloną polanę w stronę ciemnej ściany drzew. Byłem dość pewny, że nie ma się czego bać, ale zawsze miałem bujną wyobraźnię. Naczytałem się dość historii o wielkich kotach ludojadach, by dobrze wiedzieć, do czego są zdolne lamparty. Regularnie polowały na w pełni wyrośnięte szympansy, a nie tak dawno temu jeden z nich zabił tu i pożarł stusześćdziesięciokilogramowego dorosłego samca goryla. Tropiciele znaleźli jego wypatroszony zewłok na środku zbryzganego krwią placka zgniecionej roślinności.

Ostatni ryk przetoczył się echem przez polanę i ponownie zapadła cisza, zakłócana jedynie delikatnym cykaniem owadów. Stałem bez ruchu, próbując wziąć w karby wyobraźnię, a jednocześnie zastanawiałem się, co robić. Czy było szaleństwem wchodzić do lasu, kiedy lampart kręcił się w pobliżu, czy po prostu wpadałem w paranoję?

To właśnie z powodu lampartów najrozsądniejsze naczelne sypiają wysoko na drzewach. Wszystko w lampartach jest zaprojektowane do polowań pod aksamitną osłoną nocy. Jako ssak naczelny mam tak samo jak szympans czy goryl zakodowany w mózgu lęk przed ciemnością i bardzo chciałem jak najszybciej wspiąć się na zapewniające bezpieczeństwo drzewo.

Nigdy wcześniej nie słyszałem lamparta, a tym bardziej go nie widziałem. Nie oznacza to jednak, że nie krążyły przez cały czas w pobliżu, przemieszczając się wśród drzew niczym duchy. W tych lasach żyje jedno z największych skupisk lampartów w całej Afryce i w przeszłości nieraz mijałem się z nimi o włos. Widziałem ich odchody i czułem ostrą woń ich moczu. Znajdowałem ślinę pieniącą się na nadtrawionej trawie, którą wypluły na ścieżkę parę sekund przed moim nadejściem. Ale do wszystkich tych incydentów doszło za dnia, nigdy nocą. Nic dziwnego, że matka szympansica, którą obserwowałem tyle miesięcy temu w Goualougo, wybrała wysokie, smukłe drzewo na miejsce noclegu dla siebie i swojego synka. Lampart odezwał się znowu, tym razem z większej odległości, po stronie przeciwnej niż ta, w którą zmierzałem. Oddalał się, ale wiedziałem, że poczuję się znacznie spokojniejszy, kiedy znajdę się w koronie drzewa.

Pod drzewami było ciemno choć oko wykol. Gęsta roślinność napierała ze wszystkich stron, zamykając się w górze, i po blasku księżyca nie został nawet ślad. Włączyłem czołówkę i szedłem za jej bańką światła w głąb czarnego tunelu przed sobą. Tutejszy las miał najgęstsze, najbardziej nieprzeniknione poszycie, z jakim się kiedykolwiek spotkałem. W górze królowały potężne drzewa, ale dół zajmowała zwarta monokultura wielkolistnych marant. Goryle uwielbiają je (jedzą ich pędy), ale koszmarem było przedzierać się przez nie, a przy widoczności nie większej niż trzy metry w każdą stronę z łatwością mogłem wpaść prosto na rodzinną grupę. Takie bezpośrednie spotkania potrafią mieć nadzwyczaj burzliwy przebieg, zwłaszcza jeśli sprowokują szarżę dominującego samca. Jednak tej nocy żaden z goryli nie spał tak blisko obozu, wiedziałem więc, że mogę bez obaw pędzić naprzód – musiałem wspiąć się na to drzewo przed świtem.

Splątane listowie zdawało się wić w cieniach wokół mnie, gdy szedłem tunelem za swoją bańką światła. Nie mogłem się doczekać, kiedy znajdę się bezpiecznie na drzewie, i chciałem zakończyć wędrówkę możliwie jak najszybciej. Na szczęście była to dobrze utrzymana ścieżka i ryzyko, że zabłądzę, było niewielkie, ale pilnowałem, żeby zatrzymywać się na każdym rozwidleniu i trzy razy sprawdzać, czy wciąż idę dobrą drogą.

To właśnie na jednym z takich rozgałęzień ścieżki ponownie usłyszałem lamparta. Tym razem niespełna piętnaście metrów przed sobą. Zamarłem, przykuty do miejsca, wytężając wzrok, żeby przeniknąć atramentową czerń poza kręgiem światła latarki.

Szedłem przez pół godziny i byłem przeszło półtora kilometra od obozu w przeciwnym kierunku niż ten, z którego ostatnio słyszałem zwierzę. Czy to był ten sam lampart? Nie mogłem tego stwierdzić, ale tak czy inaczej gdzieś blisko, na ścieżce przede mną, znajdował się wielki kot i wiedziałem, że może widzieć mnie w plamie światła. Włosy na karku stanęły mi dęba, a serce waliło mi głośno w ciszy kolejnych sekund.

Spojrzałem na zegarek: czwarta rano. Miałem jeszcze godzinę do świtu na to, żeby wejść na drzewo i przygotować się do filmowania. Instynkt podpowiadał mi, żeby zgasić latarkę, wycofać się chyłkiem i ukryć w cieniach. Ale co by to dało? Lamparty widzą w najgłębszych ciemnościach nocy. W rozpaczliwym geście obrony otworzyłem scycoryk, ale jawny frontalny atak nie jest w stylu lamparta. Nie byłoby żadnego ostrzeżenia. Pomyślałem o szympansicy śpiącej bezpiecznie nad ziemią ze swoim młodym.

Po kilku pełnych napięcia minutach usłyszałem ponownie jego głos z większej odległości, tym razem poprzez gęste listowie po mojej prawej stronie. Obchodził mnie łukiem – o ile nie wlazłem między dwa różne osobniki, rzecz jasna. Tak czy inaczej, najwyższym wysiłkiem woli uspokoiłem nerwy i zacząłem znów wolno posuwać się naprzód.

Minął kolejny kwadrans i drzewo z platformą było już w zasięgu wzroku. Zdjąłem czołówkę i przesłoniłem snop światła palcami. Dziewiętnaście goryli spało w swoich gniazdach gdzieś w pobliżu i nie chciałem ich budzić. Ale nie chciałem też wpaść po ciemku na Apolla, stuosiemdziesięciokilogramowego srebrnogrzbietego samca. Tak więc pozwalając na to, by nikłe światło latarki sączyło mi się przez palce, ostrożnie pokonałem ostatnie trzydzieści metrów ścieżki. Powietrze było gęste od słodkiego, piżmowego zapachu goryli – były bardzo blisko i starałem się nie nastąpić na żadną gałązkę, kiedy skradałem się obok nich.

Dotarłszy do drzewa, sięgnąłem po zwisającą przede mną białą linę. Nagle wszystkie włosy na karku zjeżyły mi się, a po skórze przeszły ciarki. Odwracając się gwałtownie, dostrzegłem niski, czarny cień przemykający na skraju mojego pola widzenia. Moje ciało stężało i wytężyłem wzrok, by zobaczyć, co to takiego. Zniknął jednak – rozpłynął się jak olej w ciemnościach. Serce tłukło mi się w gardle, a nerwy miałem napięte do granic wytrzymałości. Czy naprawdę widziałem go przed chwilą? Czy lampart naprawdę śledził mnie aż tutaj?

Konieczność uważania na kota wzięła górę nad chęcią ukrywania się przed gorylami, tak więc odsłoniłem latarkę i zwrócony plecami do drzewa skierowałem snop światła w głąb ścieżki, jednocześnie w pośpiechu nakładając uprząż. Ze strachu zrobiłem się niezdarny i stopa zaplątała mi się w pętle udowe, tak że omal nie upadłem. Karabinki brzęczały głośno, gdy szamotałem się z uprzężą, podciągając ją do pasa. Serce waliło mi jak młotem, a wyobraźnia szalała. Niechętnie odwróciłem się twarzą do drzewa, po czym podpiąłem się do lin i zacząłem wspinać się najszybciej, jak mogłem.

Miałem za plecami ciemność i czułem się beznadziejnie bezbronny, ale kiedy tylko znalazłem się na drzewie, odniosłem wrażenie, że jestem bezpieczny. Gdy znalazłem się powyżej sześciu metrów, zacząłem się odprężać i koić rozstrojone nerwy. Wyłączyłem czołówkę, usiadłem w uprzęży i wziąłem głęboki oddech.

Tu, z góry, las wyglądał zdumiewająco pięknie – widmowa kraina mglistych błękitów i bladych zieleni. Niepełna tarcza księżyca wisiała nisko na zachodzie, a jej blask sączył się ukośnie przez korony drzew, pokrywając całą scenę srebrnymi cętkami. Opuściłem wzrok w ciemność, tam gdzie pień znikał w mroku zwartego poszycia. Ulgą było uciec od jego rozpełzłej klaustrofobii, znaleźć się poza wszelkim zagrożeniem. Byłem prawie pewny, że lampart śledził mnie tylko z czystej ciekawości. Założyłbym się, że nigdy wcześniej nie widział człowieka wędrującego nocą po lesie, i nie wydaje mi się, by w ogóle zamierzał atakować. Ale miliony lat instynktu trudno jest stłumić. Wszyscy, którzy dziś żyjemy, jesteśmy tu tylko dlatego, że jeden z naszych przodków w kluczowym momencie posłuchał głosu instynktu. Ewolucja wbiła nam do głowy ten nieuchwytny szósty zmysł z bardzo ważnego powodu.

Mogłem dostrzec kwadratowy zarys platformy wysoko nade mną. Dochodziła piąta i księżyc już zachodził. Dotarłszy do platformy, wcisnąłem się do swej kryjówki i wciągnąłem na górę plecak z kamerą.

Kwadrans po piątej byłem już gotowy i wyglądałem przez front płóciennego namiotu w stronę owocującego drzewa. Jego potężny pień krył się w głębokim cieniu pod szeroko rozpostartą koroną. Kilka minut później usłyszałem delikatny trzask gałązek i zobaczyłem, jak gęsty podszyt pode mną kołysze się pod wpływem ruchów stworzeń ukrytych przed wzrokiem. Cichy pisk młodego, a zaraz po nim niskie chrząknięcie dorosłego powiedziały mi, że przybyły goryle. Dziewiętnaście osobników było w drodze, przechodząc dokładnie pod moją platformą. Jednak mogłem dostrzec tylko przemieszczające się falowanie listowia, gdy kierowały się w stronę owocującego drzewa.

Mgła zaczęła się unosić między koronami drzew, a wczesne promienie słońca nadały barw scenerii. Pierwszym gorylem, jaki wynurzył się z podszytu, była samica. Wspięła się po pnączu, by wejść na drzewo owocowe w miejscu, gdzie jego pień rozwidlał się na troje. Ruszyła wyżej w koronę, a tuż za nią wspinały się dwie następne, obierając dokładnie tę samą trasę. Po nich pokazała się kolejna samica z maleńkim noworodkiem na brzuchu. Potem wyszedł srebrnogrzbiety Apollo.

Był co najmniej dwa razy większy od samic, a jego szeroki grzbiet lśnił w porannym słońcu. Chwytając pnącze wielkimi dłońmi i stopami, wspinał się powoli i dostojnie. Mięśnie jego grzbietu prężyły się niczym blacha falista, gdy jego potężne czarne ramiona windowały go w górę z naturalną swobodą. Ważył przeszło dwa razy więcej niż dorosły samiec orangutana i widok zwierzęcia takich rozmiarów i masy wspinającego się z taką zręcznością był niewiarygodny.

Do tej pory samice zdążyły już rozsiąść się wysoko w spowitej mgłą koronie, wygrzewając kości w poziomych promieniach słońca, gdy wyszukiwały owoce. Za Apollem szła dwójka podrostków, bardziej zainteresowanych zabawą na lianach niż jedzeniem. Na drzewie była teraz mniej więcej połowa grupy i uświadomiłem sobie, że podczas wspinaczki odnoszą się do siebie nawzajem z dużym szacunkiem. Każdemu osobnikowi robiono miejsce, by mógł dostać się tam, gdzie chciał, a samice przesuwały się nieustannie, żeby dać innym bezpiecznie przejść. W porównaniu z masową histerią przejawianą przez szympansy goryle wydawały się niesamowicie uprzejme i zorganizowane podczas żerowania.

Apollo był zbyt duży i ciężki, by zapuszczać się na obrzeża korony, tak więc pozostał w jej środkowej partii, gdzie odłamywał gałęzie, by zyskać łatwy dostęp do owoców. Oparł gałąź na wielkim brzuchu i siedział tam, wybierając jedynie najbardziej dojrzałe kąski, nim rzucał gałąź w dół i sięgał po kolejną. Drzewo było pełne goryli spokojnie jedzących śniadanie. Jedynym dźwiękiem, jaki słyszałem, był krótki wrzask jednej z samic, po którym Apollo podniósł się na cztery nogi i stał chwilę z napiętą, rozdrażnioną miną. Jednak kilka sekund później usiadł z powrotem do śniadania i znowu zapadła cisza, zakłócana jedynie cichym chórem zadowolonych beknięć i nieustannym cmokaniem.

Mniej więcej pół godziny później Apollo zaczął schodzić. Ponownie zdumiało mnie, jak kulturalnie wszystkie goryle odnosiły się do siebie, kiedy reszta grupy spokojnie, w uporządkowany sposób ruszyła w ślad za nim z wyższych gałęzi. Trybiki terkotały mi cicho w prawym uchu, gdy film sunął gładko przez migawkę kamery. Taśma skończyła się akurat w momencie, kiedy dwa podrostki zeskoczyły z powrotem w gęsty podszyt. Na gałęziach drzewa zostało jeszcze mnóstwo owoców, ale na razie goryle odeszły w poszukiwaniu innego jedzenia. Najwyraźniej stosowały bardzo urozmaiconą dietę. Pozostałem na platformie cały dzień, ale nie zobaczyłem ich już więcej.

* * *

Grupa Apolla oswoiła się z obecnością ludzi dzięki Magdalenie Bermejo, hiszpańskiej prymatolożce i światowemu autorytetowi w dziedzinie zachodnich goryli nizinnych. Nikomu wcześniej nie udało się obłaskawić goryli nizinnych. Dwa lata później epidemia eboli spustoszyła serce tego obszaru, w ciągu zaledwie czterech miesięcy zabijając sto trzydzieści ze stu czterdziestu trzech znanych goryli. Apollo i cała jego rodzina – włącznie z nowo narodzonym młodym imieniem James – padli jej ofiarą i z wielką czułością wspominam te wyjątkowe chwile spędzone obok nich w koronach drzew. Poznanie goryli kosztowało Magdalenę i jej męża siedem lat nieustającej ciężkiej pracy i determinacji i mogę jedynie wyobrazić sobie, przez co musieli przejść podczas tych straszliwych czterech miesięcy.

Z nadejściem wirusa świat stracił na zawsze coś niezwykłego. Nie mam pojęcia, do jakiego gatunku należało olbrzymie, piękne drzewo, na którym obserwowałem je podczas żerowania. Ale wydaje się stosowne, by zostało tu uwiecznione jako Apollo.

Rozdział 4

Drzewo Życia – Kostaryka

2001

Piętro koron wokół mnie było jedną wielką potarganą masą paproci, bromelii i storczyków rosnących jedne na drugich niczym nadrzewna rafa koralowa. Gałęzie drzewa dosłownie kipiały życiem – jeden wielki wiszący ogród wznoszący się warstwowo jak żywy blok mieszkalny. Każdy wolny skrawek przestrzeni miał lokatora: owady, pająki, jaszczurki, węże oraz milion innych stworzeń wiodących życie piętnaście pięter nad ziemią. I mimo nieustannego deszczu uwielbiałem każdą spędzoną tu chwilę.

Przemoczenie, uwalanie błotem, pogryzienie przez mrówki, pokąsanie przez osy oraz cała reszta to cena jak najbardziej warta zapłacenia za to, by móc wisieć na linie czterdzieści pięć metrów nad ziemią, otoczony przez dziesiątki mieniących się barwami kolibrów, które spijają nektar z kwiatów i unoszą się tuż przy twojej twarzy, spoglądając ci w oczy. Widzieć cały okap lasu odbity w ciemnym, lśniącym oku opalizującego ptaszka nie większego od kciuka było najlepszym prezentem na dwudzieste szóste urodziny, o jakim mógłbym marzyć.

* * *

Była połowa kwietnia w karaibskim nizinnym lesie deszczowym na Kostaryce i przez miniony tydzień lało jak z cebra – istny potop, który każdego dnia około północy ustawał na kilka godzin po to tylko, by zacząć ponownie o świcie. Dżungla była przesycona wilgocią, ziemia oddawała wodę jak gąbka, jak gdyby pod grubą warstwą ściółki wzbierały ukryte źródła. Nieprzerwane strugi srebrzystych paciorków uderzały w liście z taką siłą, że rozbijały się na drobniutkie kropelki, wypełniając okap lasu nieznikającą szarą mgłą.

Była to moja pierwsza wizyta w środkowoamerykańskiej dżungli i korony drzew wokół mnie były zdecydowanie najbujniejszymi i najbardziej zielonymi, jakie widziałem gdziekolwiek. Po raz pierwszy też miałem okazję pracować z sir Davidem Attenborough – przy jego serialu *Życie ssaków* dla BBC – i byłem dość zdenerwowany perspektywą wywindowania go bezpiecznie w piętro koron.

Nasza trójka przybyła do stacji biologicznej La Selva, by spędzić dziesięć dni na przygotowywaniu drzew przed przyjazdem głównej ekipy. Phil olinowywał inne drzewo ponad pół kilometra dalej, a Sean, asystent producenta, pomagał mu wciągać na górę kable i platformy.

Phil odegrał kluczową rolę we wprowadzeniu mnie do branży. Po roku w Londynie przeniosłem się na studia do Derby i znowu wdrapywałem się dla rozrywki na miejskie drzewa. Poznawałem strukturę i siłę wielu różnych gatunków: nieocenione doświadczenie wspinaczkowe, które nauczyło mnie odczytywać mowę ciała drzewa od jednego spojrzenia. Ale byłem już zmęczony oglądаniem z najwyższych gałęzi jedynie wiktoriańskich tarasów i wysłuchiwaniem pretensji miejskich funkcjonariuszy w kamizelkach odblaskowych. Miałem dość lin ubabranych psimi kupami i miałem dość omijania foliowych woreczków z klejem, zostawianych przez wąchaczy pod drzewami w naszym lokalnym parku. Oczywiście było parę pięknych chwil, ale należały one do rzadkości. Tęskniłem za dzikimi drzewami New Forest. Najbardziej mi brakowało jedynego w swoim rodzaju doznania, jakie daje wspinanie się na drzewo w lesie, kiedy nie czuje się żadnych zapachów oprócz woni ziemi i nie słyszy nic oprócz ptaków, cichego skrzypienia drewna i wiatru wśród liści. Kiedy nie widzi się dookoła nic oprócz innych drzew i ma się poczucie kompletnego zanurzenia w ich świecie.

Rok przed tym, jak opuściłem Derby na zawsze, wybrałem się do Działu Historii Naturalnej BBC w Bristolu na prelekcję poświęconą realizacji *Prywatnego życia roślin* Davida Attenborough. Omawiano tam między innymi ujęcie z Borneo, w którym Attenborough, w przesiąkniętej potem błękitnej koszuli, dynda na linie sześćdziesiąt metrów ponad dnem dżungli. Zostałem przedstawiony Philowi, arboryście i producentowi BBC, który zainstalował liny do tej sceny.

Phil zaprosił mnie na lunch do stołówki BBC. Niesamowite było być tam, siedzieć w samym sercu telewizji przyrodniczej i rozmawiać z nim o jego przygodach w dżungli. Tacy ludzie jak Phil są doprawdy rzadkością. Jego wiedza na temat tropikalnej przyrody oraz lasów deszczowych nie ma sobie równych. Kierowała nim głęboka, szczera pasja i pracował z Davidem przy wielu okazjach. Byłem pod ogromnym wrażeniem, a kiedy sądziłem już, że ten dzień nie mógłby być wspanialszy, usłyszałem znajomy głos wołający Phila po imieniu i zanim się zorientowałem, Attenborough we własnej osobie dosiadł się do naszego stolika. Zaimponowało mi, że pije piwo w biegu, i wkrótce on i Phil, pomiędzy kęsami kanapki z serem i piklami, zaczęli z zapałem dyskutować o cechach behawioralnych wron brodatych z Nowej Kaledonii. Kręciło mi się w głowie i siedziałem tam, przysłuchując się w milczącym zachwycie.

Phil i ja pozostaliśmy w kontakcie i dwa lata później zadzwonił do mnie ni stąd, ni zowąd.

– Miałbyś ochotę pojechać na sześć tygodni na Borneo, żeby wywindować ekipę filmową w korony drzew? – zapytał.

Kiedy tylko odzyskałem mowę, zacząłem wylewnie mu dziękować.

– W porządku, chłopie. Będziesz moim dłużnikiem do końca życia – odparł ze śmiechem.

I była to najszczersza prawda. Ten telefon zmienił dla mnie wszystko; odtąd wszystko stało się możliwe.

Spotkaliśmy się w mieszkaniu Phila w Bristolu, żeby pogadać o tej pracy. Nad kominkiem wisiały łuki i strzały z Nowej Gwinei, a ściany pokrywały piękne zdjęcia tropikalnych ptaków.

– Przy wspinaczce na te giganty z dżungli nie można używać normalnych technik linowych – oznajmił. – Większość drzew, które zobaczysz, będzie miała siedemdziesiąt pięć metrów wysokości, a u wielu pierwsze gałęzie będą dopiero czterdzieści pięć metrów nad ziemią albo wyżej. Nie możesz po prostu przerzucić liny i windować się w koronę ręka za ręką, jak robiłeś do tej pory, bo byś się zabił. Przejdź przed wyjazdem porządne szkolenie, bo będziesz musiał używać takich rzeczy – powiedział, wręczając mi potężną kuszę.

Wyciągnął spod schodów czerwony plecak i obrócił go do góry nogami, wysypując plątaninę przyrządów zaciskowych i karabinków. Wszystko wyglądało inaczej niż to, do czego byłem przyzwyczajony, i podejrzanie przypominało sprzęt alpinistyczny. Nawet uprząż była dziwna, i po raz pierwszy w życiu zobaczyłem kask wspinaczkowy. Zrozumiałem, że czeka mnie wiele nauki – miałem właśnie zrobić wielki skok w nieznane. Ale Phil zamierzał służyć mi pomocą i okazał się dobrym przyjacielem i mentorem.

Później przez trzy lata wspinałem się w lasach deszczowych, ale i tak musiałem się jeszcze wiele nauczyć i wspaniale było pracować teraz razem z Philem w Kostaryce. Pocieszająca była też świadomość, że odpowiedzialność za bezpieczeństwo Davida nie będzie spoczywać wyłącznie na moich barkach.

Ale jak na razie sprawy nie układały się zbyt dobrze. To było ósme drzewo, na jakie wspiąłem się w strugach deszczu w ciągu ostatnich siedmiu dni, i zaczynałem wątpić, czy kiedykolwiek znajdę odpowiednie drzewo do filmowania Davida. Zaraz po przyjeździe Phil i ja kłopotaliśmy się nadmiarem możliwości. Z poziomu ziemi każde wielkie drzewo wydawało się idealne i sądziliśmy, że poszczęściło się nam i instalacja lin pójdzie jak z płatka. Ale kiedy zaczęło lać, a my chodziliśmy po drzewach w górę i w dół jak łokieć skrzypka, stwierdziliśmy, że nasze opcje topnieją jedna po drugiej. Po prostu nie mogliśmy znaleźć odpowiedniego drzewa, a ściślej mówiąc, nie mogliśmy znaleźć odpowiednich czterech drzew, gdyż każdy z nas musiał połączyć dwa sąsiednie drzewa poziomymi trawersami na poziomie koron.

Rolą Phila było zainstalowanie lin, po których David miał się przemieszczać, opowiadając o zwierzętach i roślinach napotkanych w piętrze koron. Ja miałem umieścić kamerę na długiej linie między koronami dwóch wznoszących się ponad okap lasu drzew, aby sfilmować Davida siedzącego okrakiem na gałęzi.

Jedno i drugie było sporym, ambitnym zadaniem – i dlatego właśnie zajmowaliśmy się tym we dwóch. Biedny Sean przez większość czasu biegał pod nami po ziemi, przenosząc liny od drzewa do drzewa i próbując dosłyszeć, co krzyczymy poprzez szum deszczu. Bez niego bylibyśmy w kropce, ale każdego dnia, kiedy wszyscy trzej kierowaliśmy się do stołówki stacji badawczej na lunch, musiał znosić z naszej strony niemało zrzędliwych uwag. Uporanie się z robotą, zanim przybędzie reszta ekipy, z Davidem włącznie, stawało się coraz bardziej karkołomne i wiedziałem, że deszcz nie będzie żadnym usprawiedliwieniem, jeśli nie zrobimy tego, co do nas należało. Można było zresztą się spodziewać, że ledwo ekipa pojawi się na miejscu, przestanie padać i nikt nie będzie miał pojęcia o dziesięciu dniach, które spędziliśmy na pływaniu w koronach drzew.

Ostatni kandydat, jakiego znalazłem – moje dziewiąte drzewo – rósł nad brzegiem wąskiej, wartkiej rzeki. Deszcz tłukł niemiłosiernie w mętną wodę i w tym tempie wkrótce można było się spodziewać, że rzeka wystąpi z brzegów, zalewając całą okolicę. Naprężenie liny wspinaczkowej moim ciężarem wyżymało z niej wodę i w efekcie strużka błota spływała mi za rękaw koszuli za każdym razem, gdy podciągałem wyżej przyrząd zaciskowy. Nie dało się unieść wzroku, kiedy przedzierałem się przez podszyt w stronę korony – przypominało to próbę spoglądania w górę pod wodospadem – i nie byłem w stanie powstrzymać się od mrugania na wystarczająco długo, by widzieć cokolwiek wyraźnie. Okulary pływackie byłyby idealne, ale jakoś nie przyszło mi do głowy, żeby zapakować je na miesięczną wyprawę do dżungli.

Lśniące listowie tańczyło i kołysało się nieustannie pod kanonadą kropel, a kolibry lawirowały, by uniknąć kompletnego przemoczenia, gdy fruwały od kwiatka do kwiatka. Ciągłe strumienie wody spływały z końców długich, zwężających się w szpic liści jak z kranu, więc wystarczało, że otworzyłem pod nimi usta, i mogłem napić się do woli. Nigdy nie widziałem czegoś podobnego, nawet na Borneo. Ale ten deszcz nie był skutkiem sporadycznej burzy; to była codzienność. Normalna rzecz w nizinnych nadbrzeżnych dżunglach Ameryki Środkowej. Mówiono mi, że region ten doświadcza niewiarygodnych czterech metrów deszczu rocznie, przypuszczałem jednak, że większość tego spada podczas ściśle określonej wilgotnej pory roku. Z perspektywy czasu uzmysłowiłem sobie, że przewodnik opisywał pory roku jako na przemian „deszczową" i „bardziej deszczową". Dobre dla żab – kłopotliwe dla wspinaczy. Tak czy inaczej, byliśmy tu teraz i nic nie można było na to poradzić. Miałem na punkcie pogody obsesję, jaką może mieć tylko Anglik, tak więc spróbowałem wyrzucić ją z myśli i robić swoje bez względu na wszystko. Deszcz przynajmniej mnie chłodził – no i oczywiście nawadniał.

Pomimo nazwy w lasach deszczowych zwykle nie pada non stop. W niektórych istnieją długie pory deszczowe, po których przychodzą intensywne susze. W innych okresy opadów i suszy są krótsze i zmieniają się regularnie. Niektóre lasy wysychają kompletnie między epizodami deszczu, natomiast inne toną w wodzie całymi miesiącami. Niektóre sporadycznie zmagają się z niedoborem wilgoci; inne usilnie starają się odprowadzić nadmiar. Las, w którym byłem teraz, wyraźnie należał do tej ostatniej kategorii. Fakt, skutkiem były fatalne warunki wspinaczkowe, ale korzyści płynące z obfitości wody były widoczne jak na dłoni w postaci bogactwa życia. Bromelie rosły bujnie. Te rośliny o trąbkowatym kształcie tworzą lejki, w których gromadzi się deszczówka, małe zbiorniczki wody będące często domem dla całej chmary wodnych larw i owadów – a niekiedy nawet kijanek i żab.

Było to także najbardziej barwne piętro koron spośród wszystkich, jakie odwiedziłem. Cętkowaną zieleń o tysiącu odcieni zdobiły rozsiane tu i tam plamki tropikalnych czerwieni i żółci. Nawet tutejsze zwierzęta i ptaki zdawały się bardziej jaskrawe. Miejsce afrykańskich i azjatyckich dzioborożców zajęły tu wielkie szkarłatne ary, które parami patrolowały niebo, a chwilę temu zobaczyłem pierwszego w życiu morfo: wielkiego, mieniącego się błękitem motyla, szybującego dostojnie w podszycie pode mną. Jego neonowoniebieskie skrzydła błyskały niczym kod Morse'a, kiedy rozkładał je i składał w leniwym locie.

Na powrót kierując uwagę ku linie, zacząłem znowu się wspinać w stronę wielkiego, obrośniętego epifitami konaru, z którego zwisałem. Miałem dobre przeczucia co do tego drzewa i zaczynałem wierzyć, że być może znalazłem to, czego potrzebowaliśmy do instalacji kamery. Byłem teraz jakieś czterdzieści pięć metrów nad ziemią i korony drzew rozwierały się wokół mnie, odsłaniając spektakularny widok, a co najważniejsze – naprzeciw mnie wznosiło się ponad okap lasu kolejne monstrum. Oddalony o mniej więcej sto metrów około pięćdziesięciometrowej wysokości kolos o podwójnym pniu. Jego potężne gałęzie porastało mnóstwo bromelii, ale nie aż tak gęsto jak moje drzewo, i było tam kilka dobrych miejsc, gdzie David mógłby się usadowić, kiedy kamera będzie sunąć ku niemu po linie.

Akurat kiedy sprawy zaczęły wyglądać optymistycznie, zaskoczył mnie przeraźliwy hałas, który rozległ się kilka metrów za moimi plecami. Okręciwszy się błyskawicznie na linie, zobaczyłem nie więcej niż trzy metry od siebie dwa samce wyjca. Były czarne jak smoła, każdy mniej więcej wielkości i wagi teriera szkockiego. Oba pochylały się naprzód, wrzeszcząc mi prosto w twarz. Musiały wypatrzyć mnie z oddali i cicho podkradły się od tyłu, by przyjrzeć się bliżej, kiedy ja podziwiałem panoramę. Ich otwarte czerwone pyski ostro kontrastowały z czarnymi jak węgiel twarzami. Gdy im się przyglądałem, na gałąź wspięły się trzy następne, przyłączając się do awantury. Miałem teraz przed sobą pięć rozjuszonych małp, które krzyczały, żebym zabierał się z ich drzewa.

Jazgot był ogłuszający. Wyjce słychać z odległości kilku kilometrów, kiedy angażują się w te terytorialne chóry. Prawdę mówiąc, są to najgłośniejsze zwierzęta lądowe na świecie i od ich wrzasku kręciło mi się w głowie. Czułem się, jak gdybym stał przy głośniku na koncercie heavymetalowym i hałas rozsadzał mi uszy. Zsunąłem się z gałęzi i zawisłem na linie, gotowy do zjazdu. Ledwo to zrobiłem, one całą grupą przesunęły się naprzód, by odzyskać utracony teren, i wkrótce już osiem siedziało jeden przy drugim na gałęzi niespełna półtora metra ode mnie, rycząc na mnie wyzywająco, aż pękały mi bębenki.

Ostatnim obrazem, jaki miałem przed oczami, zsuwając się w podszyt, były wykrzywione gniewnie czarne pyski i, co osobliwe, osiem par białych jąder drgających wściekle, gdy małpy pochylały się, by obrzucać mnie wyzwiskami. Śnieżnobiałe moszny na tle kruczej czerni to dość mocny widok. Wyniosłem się stamtąd, zanim postanowiły mnie obsikać.

Wylądowawszy z chlupotem w wodzie u podnóża drzewa, uniosłem wzrok i wysoko w górze mignęły mi małpy przechadzające się triumfalnie po gałęzi.

Pomijając rozdrażnione wyjce, cieszyłem się, że znalazłem odpowiednie drzewo, i nie mogłem się doczekać, kiedy wrócę tu po lunchu, by zabrać się do instalowania kamery. Oczywiście pod warunkiem, że lokalny chór męski przeniesie się gdzie indziej.

* * *

Obrośnięte paprociami drzewo wyjców oraz drugi gigant, którego wypatrzyłem z jego gałęzi, rosły dziewięćdziesiąt metrów od siebie, niczym dwie monstrualne podpórki na końcach półki z książkami. Wznosiły się dumnie jedno obok drugiego, ale między nimi rozpościerał się zwarty okap mniejszych drzew i gęstej roślinności – nieprzerwane morze listowia, ponad którym musiałem rozpiąć sześciomilimetrowej grubości stalową linę dla kamery. Nie było mowy o tym, by dało się wciągnąć ją przez warstwę podszytu z ziemi, więc wymyśliłem inny plan.

Gdy po lunchu wspinałem się znowu na drzewo, z tyłu uprzęży dyndała mi przytroczona na taśmie kusza. Była to potężna broń: musiała być taka, jeśli miała wystrzelić obciążony pocisk z doczepioną żyłką wędkarską na odległość co najmniej stu dwudziestu metrów. Nie jestem wielkim fanem kusz, ale są one idealne do takich zadań, gdyż praktycznie nie można użyć standardowego łuku czy nawet katapulty, kiedy człowiek huśta się i kręci w powietrzu na linie.

Dotarłszy w górne piętro koron, z zadowoleniem stwierdziłem, że małpy sobie poszły, i zacząłem przygotowywać się do strzału. Byłem w tym samym miejscu co poprzednio, około czterdziestu pięciu metrów nad ziemią, ale tym razem zauważyłem coś dziwnego. Pień drzewa był tu odsłonięty, a jego twardą, gładką korę żłobiły głębokie, długie ślady pazurów, których sobie nie przypominałem. Zrobiło je niedawno jakieś wielkie zwierzę, wspinając się w koronę, ale nie miałem pojęcia, kto mógł być za to odpowiedzialny. Małpy nie mają takich pazurów, a poza tym przechodzą z drzewa na drzewo po gałęziach na poziomie koron. Ostronosy nie miałyby czego uchwycić się na tak gładkiej powierzchni i wspinają się raczej po pnączach niż po potężnych pniach drzew. W Kostaryce nie ma niedźwiedzi, nie chciało mi się też wierzyć, żeby ślady te zostawił jakiś kot. W Kostaryce żyją koty, które potrafią się wspinać – margaje często polują na ofiary w koronach drzew; ale one również niezbyt pasowały do tego obrazu. Była to prawdziwa zagadka, ale nie miałem czasu na jej roztrząsanie, więc skupiłem się znów na bieżącym zadaniu.

Odczepiwszy kuszę, przyjrzałem się dokładniej drzewu naprzeciw mnie – temu, które, jak miałem nadzieję, powinno spodobać się Davidowi. Było naprawdę piękne. Stało samotnie na tle bujnej zieleni, a jego wysoki, smukły, szary pień mniej więcej dwadzieścia pięć metrów nad ziemią rozdzielał się na dwie główne odnogi. Te bliźniacze kolumny pięły się następnie w górę przez trzydzieści metrów, po drodze wypuszczając na obie strony wielkie poziome konary. Gałęzie te oplecione były girlandami roślin i długimi wąsami ulistnionych pnączy, które zwisały z górnych partii korony, sięgając podszytu hen w dole. Było to wspaniałe drzewo, które zapewne stanie się atrakcją samo w sobie, kiedy David usadowi się wysoko w jego ramionach, pod drugim końcem stalowej liny, aby wygłosić swoją kwestię do kamery.

Wybrawszy jako cel odpowiednią gałąź, oparłem kuszę na kolanie i naciągnąłem cięciwę. Cienka żyłka była już przywiązana do bełtu, który wsunąłem w rynienkę. Trzymając palce jak najdalej od kołowrotka wędkarskiego zamontowanego pod rękojeścią, uniosłem kuszę do ramienia, zwolniłem bezpiecznik i zanim nacisnąłem spust, odczekałem, aż lina, na której wisiałem, delikatnie obróci mnie we właściwym kierunku. Łoże kuszy wyrżnęło mnie w bark; trzymałem broń nieruchomo, kiedy bełt pomknął nad koronami drzew, ciągnąc za sobą cienką błękitną żyłkę. Koniec końców zadyndał tuż poniżej trzeciej gałęzi od dołu na prawej połówce drzewa Davida. Był to celny strzał, a może po prostu szczęśliwy, i żyłka znalazła się dokładnie tam, gdzie chciałem. Zwalniając blokadę kołowrotka, pozwoliłem, by bełt ściągnął ją w dół do podnóża drzewa, ukrytego w lesie piętnaście pięter niżej. Sean był gdzieś tam na dole i kilka minut później poczułem pociągnięcie, kiedy sięgnął w górę, żeby odczepić bełt. Minęło kolejnych kilka minut, po czym trzy mocne szarpnięcia poinformowały mnie, że dowiązał grubszą linkę. Wciągnąłem ją przez zielony baldachim, obciążyłem jej koniec karabinkiem i spuściłem przez listowie do podnóża mojego drzewa hen w dole. Bliźniacze korony obu potężnych drzew były teraz połączone wysokim trawersem z linki. Sprawy zaczynały wreszcie nabierać kształtu i kiedy deszcz znów się rozpadał po nazbyt krótkiej przerwie, postanowiłem zjechać na ziemię. To był udany dzień i cała reszta mogła poczekać do następnego ranka. Było miłą odmianą zakończyć pracę w optymistycznym tonie.

Mniej więcej w połowie drogi w dół dostrzegłem w przelocie coś skaczącego pod obwisłym liściem pnącza. Odłamawszy inny liść, zwinąłem go jak gazetę w rulonik i ostrożnie uniosłem nim listek, żeby przyjrzeć się bliżej. Tam, pod ociekającym wodą listowiem, wspinała się wolno po korzeniu storczyka najmniejsza, najśliczniejsza żabka, jaką widziałem w życiu. Miała jaskrawy, niemal metaliczny miętowozielony kolor, od którego odcinały się duże czarne plamy. Nigdy wcześniej nie widziałem drzewołaza, ale był nie do pomylenia z niczym innym, po prostu cudowny, jak żywy klejnocik, i wpatrywałem się w niego urzeczony. Deszcz lał teraz jak z cebra, a las mroczniał, w miarę jak popołudnie zmieniało się w wieczór, ale nie mogłem oderwać oczu od tego maleńkiego stworzonka, które posuwało się wolno ku koronie drzewa – i cóż to była za epicka podróż dla tak drobnej istotki. Nie miałem wtedy o tym pojęcia, ale gdybym przyjrzał się dokładniej, być może udałoby mi się dostrzec na jej grzbiecie malutką kijankę. Drzewołazy często przenoszą kijanki na plecach wysoko w korony drzew, by umieścić je w wypełnionych wodą kielichach bromelii, gdzie przechodzą dalszy rozwój. Żabka to skakała, to wspinała się, ale zdawała się niepowstrzymana. Niczym miniaturowy robot zaprogramowany, by ukończyć tę podróż albo zginąć w jej trakcie.

Kiedy u podnóża drzewa chowałem uprząż do torby, rzuciłem ostatnie spojrzenie na bujne ogrody zawieszone wysoko w górze. Przypomniały mi się słowa Dona Perry'ego, ojca współczesnej eksploracji piętra koron, który prowadził pionierskie badania wierzchołków drzew w tym samym lesie w La Selva. W dwudziestym wieku podejmowano rozmaite nieudane próby dostania się w korony tropikalnych drzew z użyciem lin, ale Perry był pierwszym człowiekiem, który faktycznie tego dokonał. Pod koniec lat siedemdziesiątych zaprojektował i zbudował coś, co nazwał swoją „nadrzewną siecią" – system lin łączących wierzchołki drzew, który pozwalał mu dotrzeć nie tylko na końce gałęzi, ale także w przestrzeń między koronami. Autentycznie otworzył przed resztą z nas tę dynamiczną krainę, dowodząc, że możliwe jest wykorzystanie linowych technik wspinaczkowych, by uzyskać bezpieczny dostęp do kompletnie niezbadanych wysokich rubieży.

Perry uważał korony tropikalnych drzew za „najbardziej zróżnicowany botanicznie ekosystem na naszej planecie". Nazywał go „podniebnym królestwem życia" i usnąłem tej nocy, marząc o egzystencji, w której nigdy nie musiałbym schodzić z drzew.

* * *

Następnego ranka wróciliśmy do lasu zaraz po pierwszym brzasku. Był to ponury, smętny dzień z wyjątkowo ulewnym deszczem i niewielką widocznością. Dżungla zdawała się zapadać pod ciężarem pogody, jak gdyby porzuciła wszelką nadzieję, że ujrzy jeszcze kiedyś słońce. Phil i Sean kończyli instalację lin gdzie indziej, tak więc zostawiłem ich na rozwidleniu ścieżek i skierowałem się w stronę swojego drzewa. Oprócz cienkiego popiskiwania cieszących się deszczem rzekotek nigdzie nie było ani śladu zwierząt. Żadnych fruwających ptaków, żadnych przemykających jaszczurek, żadnych owadów – nic, tylko deszcz, błoto i ociekające wodą liście.

Jedynym stworzeniem, jakie napotkałem w drodze przez las, był aguti, średniej wielkości brązowy gryzoń przypominający nieco długonogą świnkę morską. Znalazł schronienie pod dużym liściem, gdzie dygotał otoczony chmarą ogromnych komarów. Obsiadły nieszczęsne stworzenie setkami. Siedziały mu na powiekach, w uszach, wszędzie, pokrywając całe jego ciało makabrycznym rozedrganym płaszczem. Aguti zdawał się niezdolny do ruchu, jak gdyby ze strachu wrósł w ziemię, podczas gdy one piły do syta.

Gdy się zbliżyłem, wykuśtykał na deszcz w stronę innego,

rosnącego nieco dalej krzaka i utkwił we mnie szeroko otwarte, przerażone oczy. Próbowałem go złapać, żeby odpędzić owady, czmychnął jednak do poprzedniej kryjówki i uświadomiłem sobie, że nie ma mowy, by dopuścił mnie na tyle blisko, żebym mógł mu pomóc, tak więc, chcąc nie chcąc, zostawiłem go własnemu losowi. Był to przygnębiający, żałosny widok i przypomniał mi się mój pobyt w Kongu, kiedy to dżungla sprowadziła mnie do roli poręcznego źródła białka. Życie: sposób, w jaki natura utrzymuje mięso w świeżości. Nie mogłem zrobić nic więcej dla drżącego zwierzęcia, więc pobrnąłem dalej przez błoto w stronę drzewa Davida.

Stalowa lina leżała na szpuli tam, gdzie Sean zostawił ją poprzedniego dnia. Przywiązałem jej koniec do linki zwisającej z korony drzewa, po czym maczetą wyciosałem prymitywną oś, na której szpula mogła obracać się swobodnie po pociągnięciu. Zadowolony z efektu ruszyłem pod drzewo wyjców.

Ściągnąwszy osłonę przeciwdeszczową z torby, którą ukryłem wśród korzeni szkarpowych, otworzyłem górę. Sięgnąłem do środka po kask, ale ledwo go wyciągnąłem, natychmiast przerażony wypuściłem go z rąk. W kasku leżał zwinięty w kłębek wąż. Żararaka nosoroga zdołała w jakiś sposób nocą wśliznąć się przez zaciągnięty sznurek worka. Najwyraźniej nie tylko ja miałem już dość deszczu. Na szczęście była wciąż ospała i niemrawa – gdyby nie to, zostałbym ukąszony, zanim zorientowałbym się, co się dzieje. Moja dłoń była kilka milimetrów od jej pyska. Czerwony kask leżał tam, gdzie go upuściłem, i widziałem zwoje węża owinięte ciasno wokół paska pod brodę. Wyraźnie nie miał zamiaru opuszczać suchego domu, tak więc wyeksmitowałem go ostrożnie za pomocą patyka. Gdy tylko znalazł się na ściółce, nagle ożył i jak błyskawica rzucił się na mój but, zanim odpełzł w ciemność pod zbutwiałą kłodą.

Wilgotna pogoda wywabia żaby, a tam, gdzie są żaby, są też polujące na nie węże. Mam mnóstwo uprzykrzających życie fobii, ale na szczęście lęk przed wężami do nich nie należy. Jednak nie mam też skłonności samobójczych, tak więc zakarbowałem sobie w głowie, żeby następnym razem ostrożniej otwierać torbę i nie siadać na kłodzie, pod którą zniknęła żmija!

Bliskie spotkanie ze żmiją było wyraźnym ostrzeżeniem, żeby zachować czujność. Byłem zmęczony, przemoczony do nitki i skapcaniały, a w dżungli w takich właśnie chwilach zdarzają się wypadki i sprawy zaczynają układać się źle. Tak więc starannie sprawdziłem liny przed wspinaczką, zwracając szczególną uwagę na część przechodzącą nad gałęzią w górnym punkcie asekuracyjnym – metrowej długości odcinek nylonu normalnie niewidoczny z ziemi. Podczas poprzednich wypraw zwierzęta niekiedy przegryzały ten fragment w ciągu nocy, tak więc zwinąłem liny w pętlę i obejrzałem je cal po calu. Zajęło to trochę czasu, ale pewność, jaką mi dało, była warta każdej minuty.

Ostrożnie wyciągnąłem uprząż z torby, założyłem ją, po czym podpiąłem się do liny i wybrałem luz. Oderwałem się od ziemi i rozpocząłem wspinaczkę ku gałęziom. Chciałem wciągać linę stamtąd, żeby łatwiej było mi przeprowadzić ją przez splątane kotary wiszących roślin. Na pozór wszystko wyglądało tak samo jak poprzedniego dnia, ale gdy zbliżyłem się do pierwszej gałęzi około trzydziestu metrów nad ziemią, znowu zauważyłem tajemnicze serie głębokich śladów pazurów na odsłoniętym fragmencie pnia obok mnie. Wydawały się świeże, tak samo jak inne, które znalazłem wyżej, i ponownie zachodziłem w głowę, jakie stworzenie mogło je zostawić. Wspinałem się dalej.

Wciąganie w pojedynkę ciężkiej stalowej liny było poważnym zadaniem i kiedy w końcu spuściłem ją do ziemi po swojej stronie, byłem wyczerpany i brudny. Cieszyłem się jednak, że najgorszą robotę mam już za sobą i reszta powinna pójść stosunkowo gładko. Ale moje liny wspinaczkowe wisiały teraz tuż przy stalowej linie, tak więc ruszyłem w górę, żeby przemieścić punkt ich zaczepienia.

Nigdy wcześniej nie wspinałem się tak wysoko na to drzewo, a gdzieś na pięćdziesiątym metrze dostrzegłem lekki ruch na gałęzi za gęstą, zwisającą kotarą pnączy. Odsunąwszy je na bok, znalazłem się twarzą w twarz z największym legwanem, jakiego widziałem w życiu. Potężny, niemal dwumetrowy samiec, wyciągnięty na całą długość na miękkim łożu bromelii i storczyków. Co on tam robił, siedemnaście pięter nad ziemią, nie mam pojęcia, i wydawał się równie zaskoczony moim widokiem, jak ja jego. Patrzyliśmy na siebie nawzajem przez całą wieczność. Był ogromny, niczym jakiś nadrzewny smok beztrosko wylegujący się w olśniewającym majestacie. Rysy na pniu drzewa przestały być tajemnicą – oto był winowajca. Jeden rzut oka na jego długie zakrzywione pazury i silne muskularne nogi wyjaśniał wszystko.

Jego szmaragdową skórę pokrywały przypominające klejnoty łuski, a długi grzebień wysokich kolców spływał wzdłuż grzbietu do nasady długiego paskowanego ogona. Mniej więcej po minucie jego ciemnożółte oko zwęziło się i powoli uniósł łeb, rozwijając wielki płat skóry na podgardlu. Podrzucił dwa razy głową, po czym zastygł z łbem zadartym w górę i rozpostartym fałdem skórnym, wpatrując się we mnie wojowniczo, podczas gdy krople deszczu spływały mu po łuskach. Był oszałamiająco piękny, po prostu wspaniały. Spodziewałem się, że tak wysoko w koronie drzewa zobaczę małpy i ptaki, ale nie prawie dwumetrowego gada. Delikatnie zamknąwszy za sobą zasłonę pnączy, podjąłem na nowo wspinaczkę, wzbogacony spotkaniem z jednym z najcudowniejszych gości tego drzewa.

Następna gałąź była domem drugiego legwana, równie wielkiego i imponującego. Nie drgnął nawet, jedynie jego żółte oko się obracało, śledząc mnie, kiedy go mijałem. Niesamowite było napotkać te stworzenia rozwalone niedbale na konarach tak wysoko w górze. Zdawały się całkiem zadomowione w swych podniebnych apartamentach i po raz kolejny obfitość i różnorodność życia na tym niezwykłym drzewie wprawiła mnie w zdumienie.

Nie mogłem jednak podziwiać ich zbyt długo. Został mi tylko jeden dzień na dokończenie instalacji lin, a miałem jeszcze wiele do zrobienia.

* * *

Trzy dni później leżałem w łóżku w naszym domku, próbując znów zasnąć po brutalnej pobudce, jaką o drugiej nad ranem urządził mi karaczan. Poczułem na twarzy jego długie czułki, kiedy nachylił się, żeby pić ślinę z moich otwartych ust. Wyskoczyłem z łóżka, by zapalić światło, i omal nie padłem ogłuszony, zderzywszy się z drzwiami od łazienki. Karaczan siedział na mojej poduszce, gapiąc się na mnie i nonszalancko przeciągając między żuwaczkami długie, kolczaste przednie odnóże, przypuszczalnie po to, aby zlizać z niego ostatnie resztki mojej śliny. Ukląkłem i poświeciłem latarką pod łóżkiem. Kręciło się tam kilkunastu jego pobratymców, czekając tylko, aż zgaszę światło i znów zacznę się ślinić. Nie przepadam za karaczanami, a w każdym razie nie wtedy, kiedy wchodzą mi do ust. Tak więc po raz pierwszy, odkąd skończyłem dwanaście lat, położyłem się spać przy zapalonym świetle. Muszę przyznać, że czasami lepiej jest w namiocie.

Teraz jednak, kiedy byłem już rozbudzony, sen nie chciał przyjść. David i reszta ekipy przyjechali dzień wcześniej i byliśmy w trakcie kręcenia ujęć w koronach drzew. Deszcz ustał w samą porę i tego samego dnia ukończyliśmy sekwencję Phila. David wyglądał i brzmiał wspaniale, kiedy mówił do kamery o różnorodności życia w koronach drzew i o zwierzętach, jakie można znaleźć trzydzieści metrów ponad dnem lasu deszczowego, takich jak leniwce, ostronosy i małpy. Za tą nakręconą na pozór bez wysiłku sceną kryły się dziesięć dni ciężkiej harówki Phila, brak lęku wysokości Davida i doświadczona ręka kamerzystki Justine.

Teraz była kolej na mnie i czułem, jak ogarnia mnie trema. Dziś mieliśmy wywindować Davida na czterdzieści pięć metrów w korony drzew i posłać w jego stronę po dziewięćdziesięciometrowej linie ważącą dwadzieścia kilogramów kamerę rozpędzoną do pięćdziesięciu kilometrów na godzinę. Bez względu na to, jak wiele zabezpieczeń jest w systemie – a dopilnowałem, by było ich mnóstwo – była to wciąż niepokojąca perspektywa. Sen uciekał ode mnie coraz dalej, gdy leżałem i obserwowałem biegające po podłodze karaczany. To był w końcu David Attenborough, i typowo pomocne słowa, jakie usłyszałem od siostry tuż przed wyjazdem z Anglii, nieustannie mnie prześladowały: „Na miłość boską, tylko go nie upuść".

* * *

Kropelki wody zwisały ze stalowej liny, połyskując w porannym słońcu niczym długi sznur pereł. Klepnąłem linę i patrzyłem, jak opadają migotliwą kurtyną na zielony baldachim w dole. Deszcz ustał chwilę temu i trzeba było szybko nakręcić ujęcie, zanim znów się rozpada. Spoglądając przez pustkę w stronę drugiego drzewa, mogłem dostrzec znajomą postać w błękitnej koszuli z krótkim rękawem, wiszącą w koronie pod drugim końcem liny. Zdawałem sobie sprawę, że David jest tam już od pół godziny i czeka cierpliwie, aż będziemy gotowi do filmowania.

Na linie obok mnie zawieszona była kamera na wózku, gotowa do akcji. Wózek był prostym ustrojstwem o dwóch kółkach, pod którym wisiała kamera, kiedy cała konstrukcja zjeżdżała po linie pod wpływem siły ciążenia. Jedyną rzeczą chroniącą ją przed uderzeniem w punkt zaczepienia na drugim końcu był długi kawał mocnego sznurka, starannie ułożony w otwartym worku przypiętym do mojej uprzęży. Wymierzyłem ten sznurek skrupulatnie, by mieć pewność, że kamera zatrzyma się pięć metrów przed gruchnięciem w drzewo. Prosty, ale skuteczny system, który stosowałem już wiele razy, choć, trzeba przyznać, bez dodatkowej presji związanej z tym, że pod drugim końcem liny siedzi człowiek.

Dałem Davidowi sygnał, żeby był gotowy. Tętno wskoczyło mi na wyższy bieg, kiedy film zaterkotał cicho za migawką kamery i puściłem wózek w ruch. Zaczął bezgłośnie zsuwać się po linie, z początku wolno, potem coraz szybciej i szybciej. Wkrótce pędził pod chmurą drobniutkich kropelek pryskających spod jego kół. Żółta linka zabezpieczająca śmigała, wysuwając się z worka, a cała lina wibrowała przenikliwym świstem, gdy kamera mknęła wysoko nad koronami drzew prosto w stronę sir Davida Attenborough. Odliczając w myślach, zacząłem zaciskać chwyt na sznurku, aby stopniowo wyhamować kamerę podczas najazdu. Trzy, dwa, jeden – stop. Kamera zawisła w powietrzu, pięć metrów od Davida. Przypuszczam, że mogłem dopuścić ją nieco bliżej. Linka zabezpieczająca nie pozwoliłaby, żeby komukolwiek stała się krzywda, ale szczerze mówiąc, nie miałem odwagi działać tak na styk. Odległość była wystarczająca, system spisał się dobrze i nagle było już po wszystkim. Dziesięć dni pracy dla dwudziestosekundowego ujęcia. A kiedy David przygotowywał się do zjazdu na dno lasu, drżącymi rękami przyholowałem kamerę z powrotem.

* * *

Kiedy Phil spuścił Davida na ziemię, a kamera znalazła się bezpiecznie na dole, zostałem znowu sam w koronie drzewa. Było wciąż mnóstwo roboty. Demontaż lin miał zająć kilka godzin.

Ale wszystko to mogło zaczekać do jutra. Na razie rozkoszowałem się po prostu byciem tutaj. Całe napięcie związane z filmowaniem zniknęło, a większość ekipy wróciła do chatki, by zdążyć przed nadchodzącym deszczem. Wielki ciężar spadł mi z barków i cieszyłem się uczuciem, jakie daje samo wiszenie w uprzęży wysoko na drzewie. Nadciągał zmierzch, przynosząc ze sobą subtelną zmianę w atmosferze lasu - w równej mierze odczuwalną, co słyszalną - gdy dzienna zmiana stopniowo oddawała teren stworzeniom nocy. Upiorny wrzask dalekich wyjców to nasilał się, to cichł na skraju słyszalności, a kiedy zaczęły spadać pierwsze krople deszczu, usłyszałem piskliwy głos rzekotki odzywającej się ze swej nadrzewnej kryjówki gdzieś blisko mnie.

Smutno było mi opuszczać to drzewo. Za kilka dni miałem odlecieć do kraju, a potem do Ekwadoru. Tam również czekała mnie wspinaczka na niezwykłe drzewa, ale drzewem, które kocham najbardziej, jest zawsze to, na którym jestem w danej chwili, a ten kostarykański gigant - to drzewo życia, *árbol de la vida* - był wprost niezrównany. Małpy, legwany, kolibry i cała reszta niewiarygodnych stworzeń, które uznawały jego koronę za swój dom, stanowiły żywy dowód na to, że takie drzewa jak to stanowią samo centrum życia lasów deszczowych. Elegancko przypominają, że wszystko jest wzajemnie powiązane, i wspinanie się na nie jest w bardzo realnym sensie czymś w rodzaju pielgrzymki dla każdego miłośnika przyrody. Jak ujął to David: „To tu, w koronach drzew, trzydzieści lub więcej metrów nad ziemią, kryje się prawdziwe bogactwo lasu".

To drzewo w La Selva zdawało się ucieleśniać wszystko, co przyciągało mnie w piętro koron. Najprawdziwsze „podniebne królestwo".

Rozdział 5

Castaña – Peru

2003

Przesunąwszy przyrządy zaciskowe najwyżej, jak tylko się dało, usiadłem w uprzęży, żeby ocenić sytuację. Dotarłem do końca liny, co oznaczało, że byłem teraz jakieś czterdzieści pięć metrów nad ziemią w piętrze koron największego lasu deszczowego świata. Była to dla mnie wielka chwila. Nigdy wcześniej nie byłem w Amazonii i wszystko tutaj mnie przytłaczało. Miałem problem, żeby ogarnąć umysłem samą skalę tej krainy. Miałem też problem z uzyskaniem dobrego widoku na dżunglę. Okap, w którym wisiałem, był tak gęsty, że musiałem wspiąć się nieco wyżej, żeby znaleźć lukę między gałęziami. Przenosząc się na krótszą linę, odczepiłem się od głównej liny, po której dostałem się tutaj, i zacząłem wspinać się z gałęzi na gałąź ku wierzchołkowi drzewa, gdzie, jak miałem nadzieję, zostanę nagrodzony pierwszym widokiem z góry na ten niesamowity las.

Amazonia w pełni zasługuje na miano królowej lasów deszczowych. Stanowi połowę wszystkich tropikalnych dżungli, jakie pozostały na naszej planecie, leży na terenie dziewięciu państw i pokrywa blisko pięć i pół miliona kilometrów kwadratowych: obszar dwukrotnie większy od Konga, na którym zmieściłoby się siedem wysp Borneo i dwadzieścia sześć Wielkich Brytanii. Olbrzym, na którego właśnie się wspinałem, był jednym z, jak się szacuje, czterystu miliardów amazońskich drzew. To około pięćdziesięciu drzew na każdą z żyjących dziś osób, albo, ujmując to w inny sposób, cztery razy więcej drzew niż całkowita liczba ludzi, jacy kiedykolwiek żyli.

Amazonię zamieszkuje dziesięć procent wszystkich gatunków na Ziemi, w tym dwadzieścia procent wszystkich znanych gatunków ptaków i ryb. Około dwóch i pół miliona gatunków owadów żyje tu obok czterystu dwudziestu siedmiu gatunków ssaków, trzystu siedemdziesięciu ośmiu gatunków gadów i przeszło czterystu gatunków płazów. Wszystko to wystarcza, by przyprawić o zawrót głowy.

Ale pomijając zwierzęta, to oczywiście rośliny dominują w każdej dżungli, i Amazonia ma około czterdziestu tysięcy gatunków. By umieścić to w odpowiedniej perspektywie: Borneo ma ich piętnaście tysięcy, Kongo zaś dziesięć tysięcy. Spośród tych czterdziestu tysięcy szesnaście tysięcy stanowią rodzime gatunki drzew. Dla porównania Wielka Brytania ma jakieś czterdzieści pięć. I to optymistycznie licząc.

Sama bioróżnorodność Amazonii nie ma sobie równych, a skoro olbrzymia większość tych organizmów żyje wysoko na drzewach, badanie tamtejszego piętra koron może być doświadczeniem uczącym pokory. Jednak aby zobaczyć wielki obraz, czasem najlepiej jest zacząć od spraw małych.

Cudowność każdego lasu deszczowego, a co dopiero najbardziej złożonego i różnorodnego na Ziemi, można prawdziwie docenić jedynie przy bliższym rozpatrzeniu powiązań między jego organizmami. I to dlatego właśnie byłem tutaj i wspinałem się wśród tych gałęzi. Poszukiwałem bardzo szczególnych kwiatów. Dostrzegłem jeden z nich z ziemi – kremowej barwy kiść stojącą na sztorc jak kwiatostan naszych krajowych kasztanowców. W istocie lokalna hiszpańska nazwa gatunku drzewa, na które się wspinałem, brzmi *castaña*, czyli „kasztan", choć ma to więcej wspólnego z jego słynnymi na cały świat owocami, znanymi reszcie z nas jako orzechy brazylijskie.

Orzesznica brazylijska jest zapylana wyłącznie przez jeden konkretny typ pszczoły i właśnie tę delikatną zależność między kwiatem i owadem próbowałem udokumentować jako członek ekipy filmowej. Była to fascynująca opowieść mogąca rzucić światło na niektóre z ekologicznych złożoności, jakie ukształtowały Amazonię.

Ale najpierw musiałem znaleźć kwiaty, a teraz, kiedy byłem tu w górze, nie mogłem dostrzec żadnych. Zdawały się rosnąć na samych końcach gałązek, poza gęstą koroną liści, które zwieszały się wokół mnie jak wielki postrzępiony parasol. Żeby zyskać lepszy widok, musiałem dostać się nieco wyżej i przejść wzdłuż jednego z konarów drzewa.

Przerzuciwszy zwiniętą linę przez potężną gałąź, która biegła nade mną w poprzek korony, podpiąłem się do niej i zawisłem rozhuśtany w pustej przestrzeni poniżej. Widok na las był wciąż ukryty, ale w przelocie zachęcająco mignęła mi żółć płatków, tak więc brnąłem dalej. Plamki słońca tańczące na mniejszych gałęziach w górze sugerowały prześwit. Zacząłem wspinać się w jego stronę.

Odwracając się w stronę światła, wyjrzałem przez okno w listowiu. Drzewo, na które się wspinałem, rosło na skraju płaskowyżu i widok na dżunglę, który powitał mnie teraz, był rozległy, po prostu olśniewający, w najprawdziwszym tego słowa znaczeniu. Tym, co robiło tak wielkie wrażenie, nie był po prostu ogrom tego lasu ani obraz niekończących się drzew maszerujących aż po horyzont, ale sama różnorodność ich kształtów, rozmiarów, form i barw. Mój wzrok momentalnie przyciągnęło potężne, sterczące ponad innymi drzewo w pełnym rozkwicie, niespełna kilometr dalej. Jego korona obsypana była jaskraworóżowymi kwiatami, tak że całe jarzyło się niczym latarnia morska na tle zielonego poza tym lasu. Daleko na lewo ode mnie były jeszcze dwa takie same. W istocie po lesie rozsianych było dość sporo przedstawicieli tego gatunku i z zachwytem uświadomiłem sobie, że wszystkie te drzewa są powiązane ze sobą niewidzialnymi nićmi, gdy owady i ptaki przenoszą między nimi materiał genetyczny.

Tu i tam wysokie kopulaste giganty, takie jak ten, na którym byłem teraz, wznosiły się ponad otoczenie, by pławić się w pełnym blasku tropikalnego słońca. Inne owocowały i zrzuciły liście, odsłaniając tysiące torebek nasiennych wiszących z nagich gałęzi. Rozpoznałem w nich puchowce pięciopręcikowe - prawdziwe olbrzymy Nowego Świata o potężnych, rozłożystych konarach wznoszących się ku niebu jak gdyby w modlitwie. Puchowce są ulubionymi miejscami gniazdowania harpii, najbardziej tajemniczych i najpotężniejszych drapieżnych ptaków świata, choć moja optymistyczna nadzieja, że wypatrzę któregoś z nich w otwartych koronach tych drzew, okazała się płonna.

Niektóre plemiona używają puszystego „drzewnego jedwabiu" z nasion puchowców jako owijki strzałek do dmuchawek i nagle sobie przypomniałem, że las, na który właśnie patrzę, uchodzi także za dom nieznanej liczby tubylczych ludów żyjących bez kontaktu z cywilizacją. Bardziej niż cokolwiek innego to właśnie ten fakt na temat Amazonii nie przestaje mnie zdumiewać i dowodzi, jak olbrzymią połacią nieprzeniknionej dziczy jest w istocie ten region. Zastanawiałem się, czy właśnie teraz, gdzieś wśród tego pejzażu, jest jakaś grupa ludzi żyjących po swojemu, tak samo jak od tysięcy lat.

A na dokładkę hen daleko, zawieszone w powietrzu, jak gdyby przynależne do innego świata, rysowało się na horyzoncie długie pasmo ośnieżonych gór: wysokie Andy. Sam widok tych krystalicznych szczytów wystarczył, żeby odpędzić ostatnie wspomnienia dusznej wilgoci czającej się na dnie dżungli pięćdziesiąt metrów pode mną.

Spoglądałem z wysoka, niczym harpia, na Amazonię w całej jej chwale. Z punktu widzenia arborysty nie miało to większego znaczenia. Ale co równie ekscytujące, zaledwie trzy metry przed sobą miałem jeden z kwiatów, z których powodu przybyłem tu aż z Anglii. Rósł obok kilku innych na skraju korony drzewa, gdzie nasłonecznienie było największe.

* * *

Pierwszą rzeczą, jaką trzeba wiedzieć o orzesznicach brazylijskich, czyli drzewach *castaña*, jest to, że są one oszałamiająco piękne; nierzadko wyrastają na leśne giganty, znacznie górujące nad innymi drzewami Amazonii. Mogą osiągać wysokość sześćdziesięciu metrów i moim zdaniem należą do tych nielicznych drzew Nowego Świata, które są w stanie rywalizować pod względem naturalnego wdzięku i sylwetki z dipterokarpusami z Borneo. Ich pnie są wysokie i proste, drewno mocne, a korony szerokie i rozłożyste. Są wręcz idealnymi drzewami do wspinaczki, a to, na którym byłem teraz, stanowiło klasyczny przykład tego, jak urocze potrafią stać się z wiekiem. Mogło mieć, lekko licząc, sześćset lub siedemset lat: prawdziwy relikt czasów prekolumbijskich.

Las pode mną dusił się w trzydziestopięciostopniowym upale, ale tu, w górze, osłaniał mnie przed słońcem baldachim długich, zielonych liści orzesznicy. Wśród tego gęstego listowia ukryte były dziesiątki wielkich, kulistych torebek nasiennych, z których każda zawierała do trzydziestu znajomych orzechów. Każda torebka była wielkości grejpfruta, twarda jak kamień, i ważyła około dwóch kilo. Wisiały niczym monstrualne bombki choinkowe, kołysząc się na wietrze na końcach szypułek zeszłorocznych kwiatów. Dopiero za parę miesięcy staną się wystarczająco dojrzałe, by opaść, ale mimo to byłem zadowolony, że mam na głowie kask. Choć czy na wiele przydałoby się to w razie bezpośredniego trafienia, można było wątpić. Pomimo tego czającego się zagrożenia przyjemnie było być tutaj, wysoko w gałęziach jednego z najbardziej imponujących tropikalnych drzew świata.

Jednak najbardziej intrygujące, i to pod wieloma względami, były blade, woskowate kwiaty orzesznicy. Gdyż jeśli istnieje w ogóle trafna metafora ilustrująca złożoną ekologię lasów deszczowych, to jest nią niezwykła opowieść o ich powiązaniach z pszczołą, storczykiem oraz dużym naziemnym gryzoniem. Ale żeby należycie opowiedzieć tę historię, musieliśmy najpierw sfilmować zapylającą kwiat pszczołę.

Mimo czystego popołudniowego nieba głuchy grzmot ostrzegł o nadchodzącym deszczu. Kwiaty nigdzie się nie wybierały, a wobec braku żerujących owadów postanowiłem wrócić wcześnie następnego ranka, by spróbować uchwycić proces zapylania. Cieszyłem się, że w końcu znalazłem kwiaty. Tak więc ostatni raz zerknąwszy na nie oraz na magiczny widok w oddali, opadłem z powrotem w duszny mrok leśnego podszytu i skierowałem się do obozu, by podzielić się dobrą nowiną z resztą zespołu.

* * *

Widok gór przypomniał mi, jaką niewiarygodną podróż odbyłem, żeby dotrzeć tutaj. Lecieliśmy z Limy na wschód ponad Andami i wylądowaliśmy na chwilę w Cuzco, gdzie powietrze było tak rozrzedzone, że serce waliło mi jak młotem. Po raz pierwszy ujrzałem peruwiańską Amazonię z okna samolotu, gdy obniżyliśmy lot nad pogórzem. Nawet widziany z wysokości sześciu tysięcy metrów las rozciągał się w każdym kierunku po sam horyzont. Następne lądowanie miało miejsce w parnej duchocie tropikalnych nizin w położonym w dżungli rzecznym porcie Puerto Maldonaldo, gdzie powietrze było tak gęste, że sprawiało wrażenie tlenowej zupy. Z Puerto Maldonaldo płynęliśmy pięć godzin łodzią po rzece Madre de Dios, nim w końcu przybyliśmy tutaj, do stacji biologicznej Los Amigos. Stację otaczało sto czterdzieści pięć tysięcy hektarów chronionego, starego amazońskiego lasu, który z kolei stanowił zaledwie część mierzącego osiem milionów hektarów bloku dżungli, objętego ochroną w tym odległym zakątku południowo-wschodniego Peru.

Był październik, koniec pory suchej, i mimo że oznaczało to pełnię sezonu kwitnienia, orzesznica, na którą się właśnie wspiąłem, była pierwszą, którą zastaliśmy w rozkwicie. Wraz z Mirkiem, miejscowym biologiem, wędrowaliśmy przez cały miniony tydzień po dżungli w poszukiwaniu odpowiedniego kandydata. Orzesznice rosną w skupiskach i w narastającej frustracji obejrzeliśmy chyba ponad setkę drzew. Niektóre miały zielone, nieotwarte pąki, inne zaś najwyraźniej przekwitły przed wieloma dniami. Plan zakładał, że zainstaluję system lin, by wywindować na górę kamerzystę Kevina oraz Davida, ekologa ze Smithsonian Tropical Research Institute, który pomoże zinterpretować fakty biologiczne na użytek widzów w kraju.

Kilka dni temu zdawało nam się, że znaleźliśmy odpowiednie drzewo. Ogromne, większe nawet od tego, na które wspiąłem się teraz. Z ziemi wyglądało idealnie, ze szczytem korony tonącym w kwiatach. Tak więc wystrzeliłem linę między te potężne konary i zacząłem wspinaczkę jedynie po to, by w połowie wysokości pnia natknąć się na ukryte gniazdo pszczół. Na szczęście nie były to pszczoły miodne, tylko miejscowa, pozbawiona żądeł odmiana, ale miały potężne, podobne do szczypiec szczęki i moja początkowa ulga, że nie zostanę pożądlony, zmieniła się w panikę, kiedy kilka tysięcy zakłębiło się wkoło, gryząc mnie zawzięcie.

Wczepiły się boleśnie w moje wargi, nozdrza i powieki i wierciły się, pokrywając moją skórę dziwną, lepką wydzieliną. Obsiadły mnie dokumentnie, łażąc mi po plecach, wpychając się do uszu i wplątując we włosy. Kiedy poczułem, że pełzają mi po nogach, miałem dość i czym prędzej zjechałem na ziemię. Podążyły za mną na dół, gdzie oblazły również Mirka, i powietrze zgęstniało od soczystych hiszpańskich przekleństw.

Mniej zabawna była trzycentymetrowa mrówka pocisk, która wpełzła mi na twarz, kiedy wspinałem się na inną orzesznicę. Ugryzła mnie dwukrotnie w lewy policzek, gdy wisiałem trzydzieści metrów nad ziemią. Ból był natychmiastowy i nadzwyczaj silny, jakby ktoś zdusił mi na skórze papierosa; całą lewą połowę twarzy miałem zdrętwiałą, a w wargach czułem mrowienie. Ból głowy, który nastąpił później, powaliłby nosorożca, i przez dwa dni chodziłem z podsinionym okiem. Mrówki pociski mają najsilniejszy jad spośród wszystkich owadów, lokowany najwyżej w skali bólu Schmidta. Jeszcze silniejszy niż otępiające użądlenie nastecznika tarantulowatego – co mogę potwierdzić osobiście, gdyż jedna z tych os wbiła mi żądło w czoło na Sumatrze. Mrówki pociski wyglądają jak groźne czarne szerszenie bez skrzydeł, a ta, która mnie użarła, zbiegła mi potem po koszulce, zanim zdążyłem ją strzepnąć, znowu w stronę Mirka, który obrzucił mnie obelgami i zagroził, że odetnie mi linę.

Na domiar nieszczęść kwiaty, które z ziemi wydawały się świeżo rozkwitłe, na miejscu okazały się stare i zwiędnięte – spóźniliśmy się o kilka dni.

I tu właśnie tkwił problem: kwiaty orzesznicy są tak nietrwałe, że znalezienie drzewa w pełnym rozkwicie jest bardzo trudne. Kilka razy napotkaliśmy wielkie połacie ściółki zasłane ich opadłymi płatkami. Klękaliśmy, by obserwować nieprzerwane sznury mrówek grzybiarek unoszących to konfetti do swoich gniazd. W lesie deszczowym nic się nie marnuje, ale choć było to fascynujące, nie tę historię przyszliśmy tu opowiedzieć, tak więc poszukiwania trwały.

I wreszcie przedwczoraj natrafiliśmy na nasze drzewo. Wspiąłem się na nie, żeby sprawdzić kwiaty i podziwiać widoki, a potem wróciłem do obozu, tuż zanim grzmoty spełniły swoją groźbę i lunęło jak z cebra. Niebo poczerniało, a ulewny deszcz trwał przez całą noc. Zanim zasnąłem tego wieczora, zastanawiałem się, czy tak delikatne kwiaty zdołają przetrwać taką nawałnicę.

Przez bite dwa dni pioruny huczały i błyskały w chmurach dokładnie nad Los Amigos. Kończyła się pora sucha i to był pierwszy wielki deszcz, jaki nawiedził ten obszar od tygodni. Wydawało się, że nadrabia stracony czas, i gdy każdy gwałtowny poryw wiatru uderzał w las jeszcze mocniej niż poprzedni, moja nadzieja na znalezienie na orzesznicy choć paru nietkniętych kwiatów stopniowo gasła. Jak tak dalej pójdzie, będziemy mieli szczęście, jeśli zostanie cokolwiek do filmowania w całym lesie – myślałem.

* * *

Deszcz ustał w końcu dwa dni później o trzeciej nad ranem. O 4.30 wyruszyłem z obozu ze sprzętem wspinaczkowym. Byłem sam i chciałem w pełni wykorzystać przerwę w kanonadzie, żeby wejść na drzewo i dokładnie sprawdzić, co zostało z kwiatów. Wkrótce mokry od potu brnąłem przez wilgotny mrok lasu i musiałem trzymać czołówkę w dłoni, aby uniknąć chmar maleńkich gryzących muszek, które przyciągał jej blask. W pewnym momencie zauważyłem pomarańczowe światełko sunące zygzakiem nad ścieżką w moją stronę. Stanąłem nieruchomo i przyglądałem się urzeczony chrząszczowi, który przeleciał mi tuż przed twarzą. Miał coś, co mogę określić tylko jako zielone światła przednie na tułowiu i czerwone światła tylne na końcu odwłoka. Nigdy wcześniej nie widziałem czegoś podobnego – jak miniaturowy statek kosmiczny.

Gdy dotarłem do podnóża orzesznicy, wyciągnąłem liny wspinaczkowe, które tam zostawiłem, obejrzałem je dokładnie, by upewnić się, że nie zostały pogryzione przez gryzonie lub mrówki, po czym włożyłem uprząż. Niebo już jaśniało, ale do wschodu słońca pozostało jeszcze jakieś pół godziny, do którego to czasu powinienem być już na stanowisku i wypatrywać owadów odwiedzających kwiaty. David opisał mi, czego mam szukać – pewnego gatunku pszczoły storczykowej – i gdybym zobaczył je kręcące się w okolicy, mógłbym zainstalować liny, żeby jutro on i Kevin mogli dostać się na górę i sfilmować zapylanie. Pamiętajcie, w tej chwili bardziej martwiłem się o to, czy w ogóle znajdę jeszcze jakieś kwiaty. Ściółka u stóp drzewa zasłana była niepokojącą ilością poszarpanych płatków.

Na szczęście kwiaty na drzewie były w większości nietknięte. Graniczyło niemal z cudem, że zachowało się ich tak wiele, choć sporo wyglądało nie najlepiej i widziałem też mnóstwo pustych szypułek tam, gdzie całe kwiatostany zostały oderwane przez wiatr. Wspinając się w stronę pierwszego kwiatu, jaki zobaczyłem, w pobliżu wierzchołka drzewa, dotarłem na szczyt korony akurat w samą porę, by zobaczyć wschód słońca nad Amazonią.

Rzeka Madre de Dios leżała daleko w dole, a kiedy gęsta mgła uniosła się, odsłaniając dżunglę, wszystko zdawało się lśnić w oczyszczonym przez burzę powietrzu. Kilka par niebiesko-żółtych araraun przeleciało obok mnie, skrzecząc do siebie nawzajem, a z lasu poniżej dobiegło mnie wiewiórcze popiskiwanie małpek saki, kręcących się w koronach drzew w poszukiwaniu śniadania.

Wkrótce pojawiła się mała, metalicznie zielona pszczoła i wylądowała na żółtych płatkach kwiatu kilkadziesiąt centymetrów ode mnie. Była to z całą pewnością pszczoła storczykowa, chociaż nie wyglądała jak gatunek, który opisał mi David. Najwyraźniej jednak poszukiwała nektaru, tak więc przyglądałem się uważnie, jak próbuje przecisnąć się przez płatki kwiatu. Ale kwiat nie zamierzał oddawać swego cennego ładunku pierwszej lepszej pszczole, więc ta, nie potrafiąc dopchać się do miodnika, koniec końców dała za wygraną i odleciała, by spróbować szczęścia gdzie indziej. Póki co nie zyskałem więc cennego wglądu w funkcjonowanie Amazonii. Ponieważ jednak pszczoły są milion razy bardziej wrażliwe na zapachy niż my, miałem nadzieję, że niebawem przybędzie prawowity zapylacz. Usadowiłem się zatem wygodnie na gałęzi i jeszcze raz zapatrzyłem się z wysoka na dżunglę. W oddali ośnieżone stoki Andów jarzyły się delikatnym różem w pierwszych promieniach nowego dnia.

Pół godziny później moją uwagę ponownie przyciągnął ten sam kwiat, kiedy wylądowała na nim duża żółta pszczoła, jakiej nigdy wcześniej nie widziałem. Była dwukrotnie większa od metalicznie zielonej poprzedniczki i zdawała się idealnie odpowiadać opisowi Davida. Nie ulegało wątpliwości, że dobrze wie, co robić, i szybko zaczęła torować sobie drogę do ukrytego skarbca kwiatu. Bez ceregieli przecisnęła głowę i tułów przez maleńką szparę, rozsuwając na boki otaczające ją płatki. Silne tylne odnóża, obciążone koszyczkami pomarańczowego pyłku, drapały i zapierały się, by wprowadzić owada głęboko do środka. Płatki odwinęły się z powrotem, zamykając się za pszczołą i ukrywając ją przed wzrokiem, choć wciąż słyszałem ze środka jej bzyczenie. Kilka sekund później wynurzyła się znowu, pokryta cennym pyłkiem orzesznicy i opita bogatym w kalorie nektarem. Zatrzymała się akurat na tyle długo, by przeciągnąć przednimi odnóżami po czułkach, zanim odleciała między gałęzie w poszukiwaniu następnego posiłku. Tak oto stałem się świadkiem jednej z najbardziej niepozornych, a jednak potężnych interakcji dżungli. Najwyższy czas na śniadanie, zjechałem więc na ziemię i skierowałem się z powrotem do obozu, skąd zamierzałem zabrać resztę sprzętu, by następnego ranka móc wywindować na górę Kevina i Davida, którzy sfilmują tę scenę.

Przez następne dwa dni z powodzeniem filmowaliśmy Dave'a wiszącego w koronie orzesznicy w towarzystwie pszczół. Był to dobry początek, ale co ze storczykiem i gryzoniem, pozostałymi dwoma organizmami uczestniczącymi w cyklu życiowym drzewa?

Cóż, pszczoły storczykowe, które zapylają kwiaty, są jednym z zaledwie kilku gatunków wystarczająco silnych, by przedrzeć się przez systemy obronne kwiatu. Nawet samce tego gatunku są zbyt słabe, by dostać się do środka, tak więc za zapylanie orzesznicy odpowiadają wyłącznie samice. Ale i samiec pszczoły storczykowej ma do odegrania pewną rolę, gdyż aby skłonić samice do kopulacji, musi pokryć się substancją zapachową ze szczególnego storczyka rosnącego w innej części korony. Co to ma wspólnego z orzesznicą? Otóż nie ma storczyków, nie ma kopulacji. Nie ma kopulacji, nie ma samic pszczół, które zapyliłyby drzewo, a więc nie ma orzechów. Koniec końców rozmnażanie orzesznicy jest całkowicie zależne od zapachowych upodobań samicy pszczoły storczykowej, tak samo jak międzynarodowy handel orzechami brazylijskimi, wart niemal czterdzieści milionów funtów rocznie.

A gdzie wkracza do akcji gryzoń? Aby opowiedzieć drugą część tej historii, będziemy musieli wrócić do Peru za parę miesięcy, kiedy przypominające kule armatnie owoce orzesznicy dojrzeją i zaczną spadać na dno dżungli.

2004

Powrót do Puerto Maldonaldo był szokiem dla organizmu. Poprzednim razem upał wydawał mi się nieznośny, ale teraz był styczeń, szczyt pory deszczowej, z wilgotnością wynoszącą przeciętnie dziewięćdziesiąt procent i temperaturami sięgającymi trzydziestu dwóch stopni Celsjusza. Miło, jeśli jest się na plaży, ale ciężko, kiedy człowiek wspina się na drzewa. Opuściliśmy Anglię w śnieżycy i wspomnienie widoku samochodu, który wpadł w poślizg i wolno zsuwał się z M4, o włos unikając kolizji z tirem wśród zamieci, zdawało się odległym snem, kiedy leżałem spocony na łóżku hotelowym, klnąc na zbyt ospale obracający się wentylator pod sufitem. Na zewnątrz panowała duchota. Deszcz ustał właśnie i woda parowała w słonecznym żarze. Mój pokój zaczął się kołysać i wystawiwszy głowę przez pręty parterowego okna, zobaczyłem olbrzymią ciężarówkę z drewnem, sunącą ulicą w chmurze spalin. Grube kloce świeżo powalonych starych mahoniowców leżały umocowane łańcuchami do przyczepy, a długie pasy kory wlokły się w błocie za potężnymi kołami. Otrzeźwiające przypomnienie o presji na środowisko naturalne, jakiej poddana jest ta część świata.

Puerto Maldonaldo jest – albo raczej było – archetypowym miastem granicznym w sercu dżungli. Założone w ekscytujących dniach boomu kauczukowego, było tyglem ranczerów, górników, drwali, dilerów narkotykowych i prostytutek. Dziś tereny wokół niego są praktycznie ogołocone z drzew, ale nielegalne wydobycie złota pozostaje wciąż poważnym problemem, zasługującym na miano katastrofy ekologicznej, gdyż do Madre de Dios wlewane są każdego dnia dziesiątki litrów ciekłej rtęci. Jak na ironię, obecnie wielkim biznesem jest ekoturystyka. Jednak trzynaście lat temu można było jeszcze zapłacić za drinka złotym pyłem i zobaczyć cysterny wylewające czysty olej na niebrukowane ulice, aby kurz nie wzbijał się w powietrze. Nie mogłem się doczekać, kiedy opuszczę to miasto i znów znajdę się wśród drzew.

Kevin wracał z producentem Rupertem, żeby filmować w Los Amigos, a Mirko i ja popłynęliśmy Madre de Dios w przeciwnym kierunku. Nasz cel: Lago Valencia, starorzecze na granicy z Boliwią. Mirko zapewnił mnie, że w dziewiczym lesie otaczającym jezioro są setki orzesznic, tak więc planowałem zainstalować kamerę na linie w koronie największego, jakie uda nam się znaleźć, i sfilmować wiszące tam, gotowe lada chwila spaść owoce.

Dwunastokonny silnik naszej łodzi nadawał nam prędkość niewiele większą od prądu rzeki i obaj smażyliśmy się w skwarze, sunąc wolno obok pływających szop poszukiwaczy złota, zakotwiczonych pośrodku koryta. Każda z tych skleconych byle jak bud miała własny, napędzany dieslem przenośnik taśmowy, wypluwający do Madre de Dios szlam i rtęć po odsianiu cennego pyłu.

Pięć godzin później pilot skierował dziób w małą odnogę i zostawiliśmy główną rzekę za sobą. Dżungla zamknęła się nad nami i przyglądałem się refleksom falującym na spodniej stronie liści, gdy w żółwim tempie posuwaliśmy się w górę strumienia. Zimorodki bawiły się w berka z naszą łódką, wyprzedzając nas po to tylko, żeby zawrócić i przemknąć przez las, kiedy je mijaliśmy. W końcu dotarliśmy do rozpadającego się posterunku policji – małej betonowej chałupki na bagnach, z trzema nagimi do pasa gliniarzami opalającymi się na ganku: boliwijskim patrolem granicznym. Od niechcenia dali nam znak, żebyśmy płynęli dalej, i kilka minut później dotarliśmy do otwartego jeziora. Wiry i prądy głównej rzeki zastąpiły tu drobne prążki, jak linie papilarne na wodzie, stwarzając wrażenie nieziemskiego spokoju. Na brzegach jeziora mieszkało na skraju lasu pięćdziesiąt rodzin. Przez pół roku ludzie ci łowili arapaimy, wielkie, oddychające powietrzem atmosferycznym, ważące do dwustu kilogramów ryby, a przez drugą połowę pracowali jako *castañeros*, zbierając dzikie orzechy brazylijskie. Już stąd dostrzegałem charakterystyczne, wysoko sklepione korony strzelistych orzesznic i nie mogłem doczekać się chwili, kiedy przyjrzę im się z bliska.

Pierwszy dzień spędziliśmy na wędrówce przez gęstą dżunglę, odwiedzając tyle skupisk orzesznic, ile tylko byliśmy w stanie. U stóp wielu drzew leżały potężne sterty gnijących pustych torebek nasiennych, pozostałości ubiegłorocznych zbiorów. Każda z nich została rozłupana maczetą, a wyrzucone skorupy wypełniły się wodą, tworząc setki baseników idealnych dla larw moskitów.

Choć odwiedziliśmy dziesiątki drzew, nie znaleźliśmy żadnego nadającego się do sfilmowania. Sześć godzin marszu, dwudziestopięciokilowy plecak, pszczoły potowe, mordercze moskity i wspinaczka w okap lasu, wszystko to razem sprawiło, że byłem wykończony i ugotowany. Kiedy wróciliśmy do obozu nad jeziorem, już ledwo zipałem. Na szczęście czekał tam na nas wielki dzban soku owocowego od Ketty, córki rybackiej rodziny, u której mieszkaliśmy. Autentycznie postawiło mnie to na nogi, ale i tak kładąc się spać, widziałem wszystko jak przez mgłę, a świeczka przy moim łóżku migotała w podwójnej, żółtej i zielonej aureoli.

Byłem wyczerpany i zapadłem w niespokojny sen, z głową pełną zawiłych majaków. Następnego dnia wcześnie rano siedziałem pod drzewem na brzegu jeziora z kubkiem kawy, obserwując, jak cienkie pasma mgły unoszą się znad lustrzanej tafli wody. Mirko podszedł wolnym krokiem i przysiadł się do mnie. Wspomniał, że przez całą noc słyszał, jak wiercę się przez sen. Opisałem mu swoje koszmary i okazało się, że zarówno on, jak i Ketty mieli podobne, w których rozpaczliwie uciekali przed kimś przez splątany las. Potem opowiedział mi o podwójnym morderstwie popełnionym dokładnie tutaj przed czterdziestu pięciu laty. Dwie osoby zostały obrabowane i zabite dla złota. Powiedział mi też, skąd wzięła się nazwa Lago Valencia. Dwadzieścia pięć lat temu w Puerto Maldonaldo pewien człowiek nazwiskiem Valencia zamordował żonę maczetą, a kiedy uciekał rzeką Madre de Dios, natknął się na to ukryte starorzecze, po czym ukrywał się tam, aż krewni jego żony znaleźli go i zabili. Według Mirka okolica ta słynęła z dręczących koszmarów sennych i ciężkiej atmosfery. Faktycznie miała mroczną historię, ale to samo powiedzieć można o większości miejsc, jeśli zajrzy się wystarczająco daleko w przeszłość.

Reszta dnia wyglądała jeszcze gorzej. Wydawało mi się to niepojęte. Orzesznic było tak wiele, że powinniśmy uskarżać się raczej na nadmiar możliwości. Ale większość z nich pozbyła się już owoców, tak więc późnym rankiem, znużony szwendaniem się po próżnicy, zainstalowałem liny i wspiąłem się na inne drzewo, licząc na to, że stamtąd będę miał niezły widok na piętro koron. Z jego czubka dostrzegłem w okolicy co najmniej kilkanaście orzesznic, lecz choć niektóre z nich miały jeszcze parę dojrzałych torebek nasiennych dyndających na najwyższych gałęziach, większość wyglądała na ogołocone. Tak naprawdę potrzebowaliśmy korony obwieszonej owocami, inaczej bowiem kamera nie uchwyciłaby ich z oddali. Określiłem za pomocą kompasu położenie tego, które wydało mi się najbardziej obiecujące, potężnego drzewa z garstką owoców czterysta metrów ode mnie, po czym zjechałem z powrotem na ziemię, żeby pójść go szukać.

Razem z Mirkiem zaczęliśmy wyrąbywać sobie drogę przez gąszcz do miejsca, gdzie według moich namiarów powinno się znajdować, ale dwie godziny później uświadomiliśmy sobie, że je ominęliśmy. Las był tak zwarty i splątany, że widoczność ograniczała się do raptem piętnastu metrów w każdą stronę, w związku z czym nawet kilkustopniowy błąd mógł sprawić, że przeszlibyśmy obok wysokiego na sześćdziesiąt metrów drzewa, zupełnie o tym nie wiedząc. Wszystko to zaczynało się robić śmieszne i nieco irytujące. Kiedy więc natknęliśmy się na wąską ścieżkę wijącą się wśród drzew, uznałem, że pora odpocząć, i zrzuciłem plecak, żeby się położyć. Mirko oparł się o podstawę pobliskiego drzewa i zatonął w myślach, leniwie trącając maczetą gałązkę.

Kilka minut później usłyszałem, że ktoś idzie szybkim krokiem w naszą stronę, taszcząc coś ciężkiego. Mirko wstał, zwrócony twarzą w głąb ścieżki, a chwilę później zza zakrętu wyłonił się *castañero*, jeden z miejscowych zbieraczy orzechów. Jego czerwona koszula była przesiąknięta potem, a na plecach niósł ogromny czarny worek orzechów brazylijskich. Ładunek owinięty był parcianą taśmą, która opasywała mu czoło, a dłonie trzymał splecione na karku dla dodatkowego wsparcia. Pochylony do przodu na wpół szedł, na wpół biegł ścieżką, omijając w pędzie korzenie i zwisające pnącza. Ten wór musiał ważyć tyle, co ja. To była mordercza praca i poderwałem się na nogi ze zwykłego szacunku dla tego człowieka. Przyjrzawszy się nam, zwolnił kroku, stanął i z łomotem zsunął worek na ziemię. On i Mirko byli znajomymi, *castañero* usiadł na swym ciężkim pakunku, zapalił papierosa i uśmiechnął się do nas obu, prezentując liczne złote zęby. Miał jakieś czterdzieści kilka lat. Twardy jak stal, ale z sercem na dłoni.

Rozmawiali przez pewien czas po hiszpańsku, a potem mężczyzna rozpruł róg worka, wyjął dwa świeżo zebrane orzechy i podał jeden Mirkowi, a drugi mnie. Wyciągnąłem nóż, ale powiedzieli mi, żebym użył zębów. Nie bez powodu orzechy brazylijskie jada się w Boże Narodzenie na końcu i myśl o dobieraniu się do niego samymi trzonowcami nieco mnie przerażała. Kiedy jednak się odważyłem, byłem zaskoczony, jak miękka jest jego łupina. Odeszła jak skórka pomarańczy, a orzech w środku zupełnie nie przypominał twardych jak beton importów, które kupujemy w sklepach w kraju. Miał mleczną konsystencję świeżego kokosa i rozpadał się z łatwością na miękkie płatki, które smakowały bosko. Był to z pewnością najlepszy orzech brazylijski, jaki miałem w ustach. Okazuje się, że aby spełnić międzynarodowe przepisy handlowe, wszystkie orzechy brazylijskie są dokładnie suszone przed opuszczeniem kraju, by wyeliminować ryzyko pleśni. Brzmi to rozsądnie, ale mimo wszystko szkoda, gdyż orzech, który właśnie zjadłem, był po prostu pyszny, i chciałbym, żeby więcej ludzi w kraju miało szansę spróbować ich w naturalnym stanie, pełnych słońca.

Zanim *castañero* ruszył dalej, zasugerował, żebyśmy sprawdzili grupę drzew rosnącą przy tej samej ścieżce kawałek drogi stąd. Spędził tam cały dzień, ale wciąż jeszcze mnóstwo owoców kołysało się na wietrze dwadzieścia pięter nad ziemią, gotowych lada chwila spaść. Podziękowaliśmy mu i pomogliśmy podnieść jego ciężki worek. Zaczerpnąwszy głęboki oddech, nasunął sobie taśmę na czoło, pochylił się naprzód i równym truchtem ruszył ścieżką w stronę brzegu jeziora. Było już zbyt późno na to, by odwiedzić tę grupę drzew tego popołudnia, ale postanowiliśmy udać się tam następnego ranka zaraz po wschodzie słońca.

* * *

Owoc wiszący przede mną był wielkości dużego grejpfruta, czekoladowobrązowy i ważył co najmniej dwa kilo. Zakołysał się lekko na szypułce, kiedy postukałem go knykciem – twardy jak kamień. Pociągnąłem go delikatnie i ku swemu zadowoleniu stwierdziłem, że wciąż mocno trzyma się gałęzi. Jak na tak duże owoce – „kokosy", jak nazywają je miejscowi – zaskakująco trudno było dostrzec je z ziemi. Wypatrzyłem kilka sztuk, ale korona orzesznicy jest tak gęsta, a jej ciemnozielone liście tak wielkie i bujne, że musiałem wspiąć się pięćdziesiąt metrów na szczyt tego giganta po to tylko, by zyskać pewność, że w końcu znaleźliśmy nasze drzewo. I tak samo jak w ubiegłym roku w Los Amigos miałem problem z uzyskaniem dobrego widoku na kwiaty, tak teraz od godziny już łaziłem po tych potężnych konarach, próbując zorientować się, jak wiele „kokosów" wisi tu, żebyśmy mogli je sfilmować. Ponieważ owoce rozwijają się z zapylonych kwiatów, a te rosną tylko na końcach gałęzi, w rezultacie tam właśnie powinna znajdować się olbrzymia większość „kokosów". Wokół widziałem dziesiątki innych, dyndające na tle oślepiająco białego nieba. Kolejne setki kryły się w gęstym listowiu sąsiednich drzew. Z jakiegoś powodu ta grupa olbrzymów była o parę tygodni zapóźniona w stosunku do innych drzew, rosnących bliżej brzegu jeziora. Utrzymało się na nich nawet kilka zwiędłych kwiatostanów. Te drzewa wciąż mnie zdumiewały. Owoce, które widziałem, potrzebowały co najmniej roku, aby urosnąć i dojrzeć. To znaczny nakład czasu i energii dla każdego drzewa. A fakt, że to drzewo dokonuje takiego wyczynu rok w rok, po prostu nie mieścił mi się w głowie.

Wspaniale było znaleźć się znów w piętrze koron po tylu dniach mozolnego przeszukiwania dna dżungli. Mirko i ja opuściliśmy obóz o brzasku, prawie nie rozmawiając o naszych nadziejach w obawie, żeby nie zapeszyć. Ale kiedy godzinę później dotarliśmy do grupy drzew, o której powiedział nam *castañero*, obaj uśmiechnęliśmy się z ulgą, zrzuciliśmy plecaki i wbijając wzrok w zwarty podszyt, zaczęliśmy się zastanawiać, na którego z kolosów należałoby wspiąć się w pierwszej kolejności. Dwie pokaźne sterty świeżo rozłupanych torebek nasiennych zdradzały, gdzie nasz przyjaciel spędził wczorajszy dzień, wyłuskując orzechy, które były ułożone w łupinie jak cząstki pomarańczy. *Castañeros* nie wspinają się, żeby zrywać owoce, ale po prostu zbierają z ziemi te, które same spadły. A ponieważ dzień był spokojny i tylko lekki wietrzyk poruszał liśćmi wysoko nad nami, uznałem, że mogę względnie bezpiecznie wspinać się pod tymi, które wciąż jeszcze pozostały w górze. Mimo to pilnowałem, żeby trzymać się blisko pnia, daleko od obrzeża korony, gdzie wisiały owoce. Co roku ludzie giną zabici przez nie – w kaskach lub bez. Twarda jak kamień, dwukilogramowa torebka nasienna, która spada z wysokości czterdziestu pięciu metrów, nie zna litości.

Tak więc, natrafiwszy na orzechową żyłę złota, zabraliśmy się z Mirkiem do instalowania kamery na linie, aby sfilmować najazd przez grupę drzew na poziomie koron. Dziś do tego rodzaju ujęcia wykorzystalibyśmy zdalnie sterowanego drona, ale wtedy – w epoce taśm filmowych – nie było dronów, a sama kamera ważyła pięć kilo, tak więc sprawy wyglądały nieco inaczej. Późnym popołudniem byłem spocony jak mysz i wypompowany. Ale oba drzewa na końcach trasy kamery zostały olinowane, a między nimi, czterdzieści pięć metrów nad ziemią, rozpięta była stalowa lina kamery.

Akurat gdy kończyłem instalować sprzęt, nadciągnął front pogodowy. Niebo na wschodzie pociemniało, a kiedy przygotowywałem się do zjazdu, wśród drzew przemknął silny podmuch wiatru. Nic szczególnie gwałtownego, po prostu poduszka powietrza przemieszczona przez idącą w ślad za nią ulewę. Ale to wystarczyło, żeby owoce zaczęły spadać. Pierwszy uderzył w ziemię z głuchym łomotem, który poniósł się echem przez las, a tuż po nim rozległ się ostrzegawczy krzyk Mirka. Stał kilka metrów od miejsca upadku, ale rzucił się biegiem, by schronić się przy pniu orzesznicy, na której siedziałem, i wołał do mnie, żebym się pospieszył – musieliśmy uciekać stąd czym prędzej. W miarę jak wiatr się wzmagał, uderzenia nabierały regularności, a jeden z owoców uderzył w gałąź trzy metry ode mnie, zanim się odbił i poleciał przez koronę drzewa ku ziemi trzydzieści metrów niżej. Ostrzegłem Mirka okrzykiem i zsunąłem się jeszcze szybciej po linie.

Kiedy dotarłem na dół, korony drzew ponad nami kołysały się już jak szalone i słyszeliśmy nadciągający deszcz. Trzymałem się możliwie jak najbliżej pnia, ale kiedy pochyliłem się nad plecakiem, żeby schować do niego linę na noc, poczułem podmuch powietrza i owoc wielkości i wagi kuli armatniej gruchnął o ziemię niecały metr ode mnie. Spadł z taką siłą, że dosłownie rozwiał na boki liście, zanim wbił się w grunt tak, że widoczna była tylko górna połowa. Tego było już za wiele dla nas obu, tak więc nie zdjąłem uprzęży, tylko podrałowałem ścieżką za Mirkiem co sił w nogach, wzdrygając się, ilekroć kolejny owoc uderzał w ziemię za naszymi plecami.

* * *

Deszcz lał przez całą noc, ale ustał tuż po świcie. Pokazało się słońce i dżungla zaczęła parować. Kiedy wracaliśmy, żeby filmować naszą grupę drzew, omal nie nadepnęliśmy na piękne pióro leżące miękko na ściółce na środku ścieżki. Mirko schylił się, żeby je podnieść, po czym podał mi je z uśmiechem.

– Dla ciebie: *pluma de águila arpía*.

Pióro z piersi harpii. Co za prezent! Było piękne. Kość słoniowa przechodząca w szarość, z antracytowymi paskami.

– Była tu dziś rano – powiedział, rozglądając się, jak gdyby spodziewał się, że zobaczy ją siedzącą na gałęzi tuż nad nami. – Prawdopodobnie polowała na aguti.

Aguti były brakującym ogniwem naszej opowieści o orzesznicy. Łagodne, nieśmiałe gryzonie, przypominające nieco przerośnięte, brązowe świnki morskie. Jak dotąd jedynym ich przedstawicielem, któremu miałem okazję przyjrzeć się dokładniej, było owo nieszczęsne pokryte moskitami stworzenie w Kostaryce. Ale to skromne zwierzę jest jednym z nielicznych w całej Amazonii ssaków, które mają na tyle ostre zęby, że mogą przegryźć się przez łupinę „kokosa" i wydobyć jego zawartość. Co więcej, jako gryzonie wyposażone w instynkt gromadzenia zapasów na czarną godzinę, odnoszą i zakopują wszystkie orzechy, których nie zjadły. I jak na gryzonie przystało, często zapominają, gdzie dokładnie je ukryły (albo padają łupem harpii), zanim zdążą wrócić, żeby je wykopać. Tak czy inaczej, następne pokolenie orzesznic kiełkuje i cała historia zaczyna się od nowa.

Jak gdyby na potwierdzenie tego Mirko znalazł u stóp naszego drzewa świeżo otwarty „kokos". Jeden z owoców, które spadły poprzedniego dnia. Została z niego teraz tylko pusta skorupa z wygryzionym z boku otworem, przez który aguti wydobył poszczególne orzechy. Zwierzę najwyraźniej miało pracowity wieczór i gdzieś nieopodal w ściółce zagrzebanych zostało kilkanaście orzechów, które zostaną albo zjedzone później, albo porzucone, co pozwoli im wykiełkować. Ostatnim zdumiewającym faktem na temat orzesznic jest to, że kiedy orzech już wykiełkuje, może zwlekać ze wzrostem przez lata, a nawet dziesiątki lat, czekając, aż w okapie ponad nim pojawi się kluczowy dla jego rozwoju prześwit. Tak więc trzydziestocentymetrowej wysokości drzewko orzesznicy może z powodzeniem mieć trzydzieści lat. I czekać cierpliwie na swoje miejsce pod słońcem.

Ostatni dzień filmowania przebiegł pomyślnie. Uzyskaliśmy z Mirkiem potrzebne ujęcia i w połączeniu z zasadniczą sekwencją nakręconą przez Kevina i Ruperta fascynująca historia orzesznicy została opowiedziana w całości. I cóż to jest za historia: leśny olbrzym, którego przetrwanie uzależnione jest od upodobania pewnej pszczoły do woni storczyków i od zawodnej pamięci gryzonia. Dla mnie osobiście te wspaniałe drzewa są ucieleśnieniem samej istoty Amazonii, największego, najbardziej złożonego lasu deszczowego na Ziemi.

Rozdział 6

Rycząca Meg – Australia

2008

Był ciepły jesienny dzień w lesie deszczowym strefy umiarkowanej na Płaskowyżu Hume'a w południowo-wschodniej Australii. Powietrze było gęste od cierpkiego aromatu olejku eukaliptusowego, parującego z liści w popołudniowym skwarze. Opary te tworzyły błękitną mgiełkę, która snuła się łagodnie wśród drzew – widzialny oddech lasu. Opierając się o potężny pień powalonego drzewa, zrobiłem głęboki wdech, żeby wciągnąć do płuc jak najwięcej aromatycznego powietrza. Gdy je wydychałem, moje serce zwolniło. Czułem się spokojny i zrelaksowany i miło było rozprostować nogi po długim przelocie z Anglii do Melbourne.

Cóż to była za podróż! Niemal dwadzieścia cztery godziny kiszenia się w ogonie jumbo jeta, w otoczeniu pijanych dzieciaków robiących sobie roczną przerwę przed studiami. Ale teraz byłem tutaj i nie miałem czasu do stracenia. Mieliśmy tylko trzy dni na nakręcenie półgodzinnego filmu dokumentującego wspinaczkę i spędzenie nocy na jednym z najwyższych drzew półkuli południowej. Było to niemal wykonalne, pod warunkiem że wszystko pójdzie zgodnie z planem. Ale do tego jeszcze nasz prezenter, Guy, nigdy wcześniej nie wspinał się na drzewa. To się nazywa skok na głęboką wodę. Będzie musiał nauczyć się wszystkiego w ekspresowym tempie, to pewne. Jednak nie przejmowałem się tym zbytnio: wyglądał na dość sprawnego i był gotów podjąć to wyzwanie. Zamierzaliśmy przeszkolić go nieco, kiedy dołączy do nas jutro. Tymczasem, zanim cokolwiek będzie mogło dojść do skutku, musieliśmy znaleźć odpowiednie drzewo i jak zwykle okazało się, że łatwiej to powiedzieć niż zrobić.

Na szczęście w całej tej przygodzie za towarzyszy miałem dwóch najlepszych australijskich ekspertów od wielkich drzew. Tom i Brett do spółki odkryli, zdobyli i pomierzyli większość drzewnych rekordzistów tego kraju, a powalony pień obok mnie był jawnym dowodem, że w Australii rosną naprawdę wysokie drzewa.

Eukaliptus królewski, nazywany przez miejscowych górskim jesionem, jest drugim co do wysokości gatunkiem drzew na świecie i ustępuje pod tym względem jedynie kalifornijskim sekwojom. Najwyższym eukaliptusem królewskim, jaki odkryto dotychczas, jest mierzący 99,82 metra żywy drapacz chmur o imieniu Centurion, rosnący na Tasmanii. Po piętach depcze mu daglezja zielona z Oregonu (kolejne drzewo iglaste, podobnie jak sekwoje). Prawdę mówiąc, czwarty i piąty co do wysokości gatunek drzewa to również iglaki pochodzące z północno-zachodniego wybrzeża Ameryki Północnej. Tak więc australijskie eukaliptusy królewskie to naprawdę wyjątkowe drzewa. Zdecydowanie najwyższe rośliny okrytonasienne na świecie i najwyższe istoty żywe południowej półkuli.

Co więcej, wielu ludzi – nie tylko Australijczycy – uważa eukaliptusy królewskie za swego czasu najwyższy gatunek drzew na

Ziemi. W mgłach dziewiętnastego wieku majaczą legendy o olbrzymach mierzących przeszło sto trzydzieści metrów. Ale takie kwestie interesują przede wszystkim biologicznych pedantów. Istotą rzeczy jest to, że przy wysokościach rzędu dziewięćdziesięciu metrów drzewa dostrzeżone w przelocie z tylnego siedzenia terenówki podczas jazdy z Melbourne na północ były zdecydowanie najwyższymi organizmami żywymi, jakie kiedykolwiek widziałem.

Marzyłem o odwiedzeniu tych dostojnych lasów, odkąd sięgam pamięcią. Dla miłośnika drzew są one legendą. Martwy pień obok mnie jeszcze bardziej podsycił mój apetyt i paliłem się, żeby jak najszybciej wejść w bliski kontakt z żywym eukaliptusem królewskim.

Tom i Brett wyprzedzili mnie, przedzierając się przez las; postrzępiona kotara liści paproci kołysała się za nimi, gdy oni sami zniknęli mi z oczu w gęstwinie. Zamierzałem dopędzić ich za chwilę, ale coś w tym powalonym drzewie nie dawało mi spokoju. Wgramoliłem się na nie i spojrzałem wzdłuż pnia w stronę poszarpanego kikuta na drugim końcu, sześćdziesiąt metrów ode mnie. Całe drzewo złamało się tuż nad ziemią. Odwróciłem się, by spojrzeć na leżący pień w drugim kierunku, próbując oszacować, jak wysokie musiało być za życia, ale olbrzymia kolumna niknęła w ruinie połamanych gałęzi i splątanego podszytu sześć metrów dalej. Oznaczało to, że sam główny pień miał blisko siedemdziesiąt metrów długości, a do tego dochodziła jeszcze korona, tak więc całe drzewo przed upadkiem mogło swobodnie sięgać trzydziestu pięter. Pod moimi stopami długie, poskręcane pasy kory łuszczyły się, odsłaniając twarde, szare drewno, poznaczone zygzakowatymi liniami spękań powstałych przy zderzeniu z ziemią. Musiało runąć z prawdziwym łomotem. Sam pień, widziany z tego miejsca, wyglądał solidnie, ale pozory czasami mylą i po dokładniejszym zbadaniu okazał się niemal pusty, ze spróchniałym środkiem. Nie wiedziałem nic o eukaliptusach królewskich. Nigdy wcześniej nie widziałem żadnego z tych drzew, nie mówiąc już o wspinaniu się na nie, a stan tego egzemplarza nasuwał pytanie: po czym poznać, czy drzewo, na które się człowiek wspina, jest spróchniałe?

Zeskoczyłem na ziemię i ruszyłem w ślad za Tomem i Brettem w las. Przeciskając się wśród paproci, czułem, jak ich ząbkowane brzegi drapią mnie po twarzy. Ich liście na pierwszy rzut oka sprawiały wrażenie miękkich i delikatnych – namacalny dowód, że nie wszystko jest takie, jak się wydaje, i że tutejsze rośliny muszą być twarde i odporne, aby przeżyć.

Za nimi kryło się luźne dolne piętro cienkich, omszałych pni należących do młodych akacji srebrzystych i czarnych niedużych drzewek, które rozpościerały gałęzie w parasole delikatnych liści pięć czy dziesięć metrów nade mną. Pomiędzy nimi rosły kolejne paprocie drzewiaste o ciemnych, łuskowatych pniach podtrzymujących długie, zwisające liście, które jarzyły się szmaragdową zielenią w późnopopołudniowym słońcu. Ich obecność nadawała lasowi prehistoryczny charakter. Relikty zamierzchłych epok sprzed wyewoluowania eukaliptusów.

Dno lasu było splątaną matą złuszczonej kory. Długie, wąskie paski, jak strużyny z gigantycznego ołówka, tworzyły gruby dywan. Pochyliłem się i podniosłem jeden: suchy jak pieprz i kruchy. Zgniotłem go w dłoni i roztarłem pył między palcami. Miał cierpko-gorzki zapach, taki sam, jakim przesycone było ciepłe powietrze. Gdzieniegdzie na ściółce leżały spore płaty kory. Te olbrzymie poskręcane zwoje pergaminu pochodziły z eukaliptusa królewskiego, który górował nad całą okolicą.

Akurat kiedy zastanawiałem się, w którą stronę pójść, gdzieś z lewej usłyszałem odległe „hop, hop!", któremu odpowiedziało drugie. Dogoniłem Bretta u rozszerzającej się u dołu podstawy kolosalnego drzewa. Spod przymrużonych powiek patrzył na jego wierzchołek przez inklinometr, próbując ocenić przybliżoną wysokość - sprawdzając i korygując wyliczenia. Na widok tego drzewa od razu pomyślałem, że jest ono zdecydowanie za cienkie jak na swą niesłychaną wysokość. Wydawało się nieproporcjonalne. Większość innych gatunków drzew tej wysokości jest znacznie masywniejsza, bardziej przysadzista i imponująca, ale to, czego brakowało mu pod względem grubości, nadrabiało z nawiązką wdziękiem i urodą.

Podstawa pnia rozszerzała się na kształt żłobkowanej gwiazdy, a pokrywające ją cienkie placki suchego mchu obróciły się w pył, kiedy przeciągnąłem po nich ręką. Pod mchem kora była gładka, o lekko pomarszczonej powierzchni w brązowe i kremowe cętki. W dotyku była twarda i niesprężysta, jak kość.

Na wysokości piętnastu metrów długie, wąskie pasy kory łuszczyły się i zwisały serpentynami, jak gdyby drzewo zrzucało skórę niczym olbrzymi gad albo owad. Wyżej srebrzyła się nowo odsłonięta kora, gładka i świeża, jak gdyby dopiero co wyłoniła się z poczwarki. Pień piął się w górę, prosty jak strzała, bez żadnych gałęzi, przez jakieś sześćdziesiąt metrów. Najniższe gałęzie były zaledwie amputowanymi uschłymi kikutami, sterczącymi dwadzieścia pięter nad naszymi głowami. Pierwsze żywe gałęzie odpowiedniej wielkości znajdowały się kolejne dziesięć albo dwanaście metrów wyżej. Jak na tak potężne drzewo, wydawały się dość małe. Niektóre rosły prosto, inne były poskręcane i sękate, ale widziałem z ich odsłoniętych połączeń z głównym pniem, że jest to mocne, zdrowe drewno. „O ile w środku nie jest przeżarte zgnilizną i pełne dziur" - upomniałem się w duchu, przypominając sobie złamany pień, który widziałem.

Brett wypuścił z ręki lunetkę inklinometru, tak że zawisła mu na szyi, i zaczął z zapałem dźgać klawiaturę archaicznego kalkulatora w szalonej palcówce algebraicznego maniaka. Łebski gość z tego Bretta. Był matematycznym mózgiem naszego przedsięwzięcia i to do niego należało znalezienie nowego rekordowego drzewa, na które mieliśmy się wspiąć dla potrzeb filmu. Tom miał służyć Guyowi za przewodnika, natomiast ja miałem wisieć na linach obok nich, filmując ich wspinaczkę i noc spędzoną w koronie drzewa. Następnego ranka wszyscy razem mieliśmy ruszyć dalej, aż na sam czubek, żeby sfilmować, jak Tom i Brett mierzą drzewo. Dokonany przez Bretta wstępny pomiar z ziemi mógł dać nam orientacyjny wynik, ale nawet w dzisiejszej epoce satelitów i laserów jedynym sposobem określenia wysokości drzewa z absolutną pewnością jest spuszczenie taśmy mierniczej. Uwielbiam tę kojącą staroświeckość i techniczną prostotę.

Brett był wciąż pogrążony w obliczeniach trygonometrycznych, a wyraz jego twarzy niczego nie zdradzał, tak więc mrużąc oczy w oślepiającym świetle, przyjrzałem się dokładniej koronie drzewa. Konary wspierały luźną strzechę piórkowatych liści, ale korona była zaskakująco mała. Wydawało się, że po prostu nie ma tam dość zieleni, by zapewnić energię dla tak potężnego drzewa. Zauważyłem to już wcześniej w takich miejscach jak Borneo, gdzie niektóre z największych drzew zdawały się zadowalać zadziwiająco skąpym listowiem. Domyślałem się, że jest to technika przetrwania wypracowana przez wysokie drzewa rosnące w obszarach regularnie nawiedzanych przez silne wiatry. Luźne korony stawiają mniejszy opór wiatrowi i minimalizują efekt żagla. Moje przeczucie, że ten las nieraz musi zmagać się z brutalnością pogody, dodatkowo potwierdzały połamane gałązki, którymi zasłana była ziemia, oraz wielka ilość martwego drewna wciąż wiszącego niepewnie w okapie dziesiątki metrów nad nami. Te luźne, suche gałęzie zdawały się chwiać, gotowe runąć w dół z następnym podmuchem wiatru. Wspinanie się bezpośrednio pod którąś z nich byłoby kuszeniem losu. Nawet w bezwietrzny dzień aż nazbyt łatwo jest obruszyć luźny materiał liną wspinaczkową. Ostatnią rzeczą, jakiej życzy sobie wspinacz, jest pięćdziesięciokilogramowy drzewny oszczep zsuwający się po linie prosto na niego z prędkością stu kilometrów na godzinę.

Na szczęście korony tych drzew były tak prześwitujące, że powinno być łatwo dostrzec wiszące martwe gałęzie i uniknąć wspinania się pod nimi. Niestety za sprawą tych samych prześwitów wspinaczka miała być odsłonięta i przerażająca. Będziemy mieli do czynienia z ekstremalnymi wysokościami i wszystko wskazywało na to, że pierwsze siedemdziesiąt pięć metrów pozbawionego gałęzi pnia wyciśnie z nas siódme poty.

Większość naprawdę wysokich drzew świata to drzewa szpilkowe. Kiedy wspinasz się na sekwoję, jodłę czy świerk, jesteś ze wszystkich stron otoczony dodającą otuchy plątaniną gałęzi i igliwia. Fizyczny horyzont się kurczy, dając fałszywe poczucie bezpieczeństwa, i łatwo możesz zapomnieć, jak wysoko się wspiąłeś, aż dotrzesz na sam szczyt. Najwyższym znanym drzewem na Ziemi jest rosnąca w Kalifornii sekwoja wiecznie zielona o imieniu Hyperion. Mierzy oszałamiające 115,61 metra i ma gęstą, przytulną koronę, która spowija wspinacza jak kożuch. Trzydzieści osiem pięter to wciąż sporo – pełne pięć sekund straszliwego lotu w dół – ale rzecz w tym, że wspinanie się na takie drzewo jak Hyperion, które ukrywa przed człowiekiem grozę jego położenia, może być znacznie bardziej relaksującym i przyjemnym doświadczeniem niż wspinaczka na takie, które sprawia, że masz gardło ściśnięte ze strachu i co sekundę oglądasz się przez ramię.

Drzewo, na które teraz patrzyłem, wieńczyła korona zasługująca na porównanie raczej z siatkowym podkoszulkiem niż kożuchem. Była groźna i bezlitosna. Wyobraziłem sobie siebie na wysokości sześćdziesięciu metrów. Jakie to będzie uczucie, wisieć tam, nie dotarłszy nawet do pierwszej gałęzi? Uśmiechnąłem się w duchu – wkrótce się o tym przekonam. Tętno przyspieszyło mi i poczułem w mięśniach znajomy dreszcz noradrenaliny.

W poszyciu nieopodal leżał kolejny powalony pień. Zobaczyłem Toma, który szedł po nim w naszą stronę. Osłaniając oczy dłońmi, spojrzał w korony drzew, po czym zeskoczył obok Bretta.

– Co myślisz? – zapytał.

– Może mieć z dziewięćdziesiąt metrów, może trochę mniej – odparł Brett.

Każde drzewo przekraczające osiemdziesiąt siedem metrów byłoby rekordzistą: jednym z najwyższych na kontynencie australijskim. Nie dowiemy się jednak, jak dokładnie wysokie ono jest, dopóki nie wejdziemy na nie i nie spuścimy taśmy. Pierwszemu wrażeniu rzadko można ufać. Przy swoim doświadczeniu Tom i Brett wiedzieli o tym dobrze. Tak więc oprócz trygonometrii Bretta chcieli wykonać jeszcze jeden sprawdzian, zanim zdecydują się wspinać na to konkretne drzewo...

Już wcześniej uświadomiłem sobie, że w lesie takim jak ten, gdzie wszystkie dojrzałe drzewa wyglądają podobnie, musi być trudno wyróżnić to jedno, które jest minimalnie wyższe od pozostałych. Mogą być między nimi tylko centymetry różnicy, a wiadomo, że trudno jest uzyskać dobry widok z ziemi na najwyższą gałązkę drzewa. Korony mają zwykle kopulasty zarys, często też, oglądane hen z dołu, prezentują szereg, jak nazywają to alpiniści, „fałszywych wierzchołków". Kto więc jest w stanie stwierdzić, czy drzewo rosnące na prawo od nas nie jest o piętnaście centymetrów wyższe od tego przed nami? Nie mieliśmy czasu na weryfikowanie tego, wspinając się na kilku różnych kandydatów, przypuszczałem więc, że Tom i Brett mają jakąś metodę rozwikłania tej zagadki. Zapytałem o to Toma i w odpowiedzi usłyszałem, że mam obserwować i czekać.

– Wszystko się okaże – powiedział.

Czas płynął i cienie pełzły w górę po srebrnych pniach jak palce. Wszyscy trzej usadowiliśmy się wygodnie na powalonej kłodzie, a kiedy mrok gęstniał, zapytałem Bretta, dlaczego eukaliptusy wokół nas są tak podobnej wielkości. Z pewnością młodsze drzewa muszą przez cały czas rosnąć w podszycie.

– To pirofityczny ekosystem klimaksowy – odparł. – Co kilkaset lat odpowiednio gwałtowny pożar ogarnia las, unicestwiając wszystko na swej drodze. Ale chociaż drzewa giną w płomieniach, żar ognia wysusza ich torebki nasienne, które pękają, wysypując miliony nasion na grubą warstwę żyznego popiołu po wygaśnięciu pożaru. I tak wysiane zostaje następne pokolenie, powstając niczym Feniks z popiołów.

– Więc te giganty nie są takie stare, jak się wydają? – zapytałem.

– Ten tutaj – powiedział Brett, wskazując naszego aktualnego faworyta – ma prawdopodobnie tylko jakieś trzysta lat. Uważa się, że cała ta grupa eukaliptusów wykiełkowała po pożarze z początku osiemnastego wieku. Kiedyś spłonie. Chce spłonąć, to jest w tym przerażające. To szybko rosnące drzewa. Inwestują wiele w tempo i zostawiają sobie niewiele energii na przeciwdziałanie rozkładowi i próchnieniu, które z czasem mogą je powalić... jak to tutaj. – Poklepał pień, na którym siedzieliśmy. – Ci goście dookoła nas dobiegają właśnie kresu swego naturalnego żywota. Już zaczynają się sypać. Jeśli zginą ze starości, zanim przyjdzie następny pożar, zanim dostaną szansę rozsypania zdolnych do życia nasion, eukaliptus królewski może stąd zniknąć.

– Prędzej czy później to nieuniknione, pożar nadejdzie – dodał Tom. – To będzie niewiarygodnie gorący dzień i cały las stanie w ogniu, a w ciągu godziny albo dwóch będzie już po wszystkim. I tyle. Zostaną tylko zgliszcza.

Rozejrzałem się dookoła po lesie, który wydawał się tak sędziwy i trwały. Trzysta lat to niewiele w porównaniu z długością życia wielu innych drzew i trudno było mi pogodzić młody wiek tego efemerycznego ekosystemu z samą skalą otaczających mnie strzelistych eukaliptusów. Przyglądając się uważniej, łatwo było dostrzec, jaką beczką prochu był w istocie ten las. Ziemia, powietrze, wszystko wokół mnie było suche jak pieprz. Nie było ani śladu wody, a rozgrzane powietrze przesycone było łatwopalnym olejkiem eukaliptusowym. Nawet długie wstęgi przesiąkniętej olejkiem kory, zwisające niczym knoty z drzew, zaczęły nagle wyglądać złowrogo. Te monumentalne drzewa zapłoną jak koktajle Mołotowa, a wystarczy do tego jedno uderzenie pioruna lub beztrosko wyrzucony papieros. To była kraina żywiołów, zdana całkowicie na łaskę niepewnych stosunków między ziemią, ogniem, powietrzem i wodą. Gigantyczna wiązka chrustu czekająca na iskrę, która ją podpali.

Wieczór przechodził w noc i wiele drzew było już całkowicie pogrążonych w cieniu. Ale kilka najwyższych, włącznie z naszym, wciąż miało wierzchołki skąpane w pięknym świetle. Każde z nich pochłaniały w końcu wznoszące się cienie, gasząc je po kolei jak świece, aż wreszcie tylko to jedno, które wybrał Brett, pozostało oświetlone ostatnimi promieniami zachodzącego słońca. Było wyraźnie o kilkadziesiąt centymetrów wyższe niż jego sąsiedzi. Wątpliwości zostały rozstrzygnięte – znaleźliśmy naszego olbrzyma.

* * *

Następnego ranka dołączyli do nas reżyserka Mel i prezenter Guy. Poprzedni dzień był owocny i teraz ruszyliśmy prosto do wybranego przez nas drzewa. Zarzuciwszy sobie na plecy jedną z licznych toreb ze sprzętem, pochyliłem się i podniosłem kamerę. Zaczynałem odczuwać skutki zmiany strefy czasowej i nie spałem od północy. Teraz było nieco po szóstej, a ja zdążyłem już wypić trzy kawy. Zapowiadały się pracowite dwa dni. Mój plan zakładał, że kofeina gładko ustąpi miejsca adrenalinie, kiedy zaczniemy wspinaczkę.

Wędrówka do drzewa była cudowna; las jarzył się blaskiem. Niskie poranne słońce zdawało się podkreślać fakturę wszystkiego, czego dotykało. Drobniutkie włoski na młodych liściach świeżo rozwiniętych paproci świeciły jak aureole, a delikatny pył wirował łagodnie w strugach światła. Wysokie, srebrne pnie drzew pocięte były tygrysimi pręgami złota, a hen nad nami migotał zielony baldachim, poruszany lekkim wiatrem. Las był baśniowo piękny, ale słowa Bretta wróciły, nie dając mi spokoju. Jego dni były już policzone.

Zgodnie z planem Tom miał wejść na górę pierwszy i zamocować na jednym z wyższych konarów dwie liny dla mnie i dla Guya. Ja miałem wspinać się razem z prezenterem, koncentrując się na filmowaniu jego postępów. Do mnie też należało dbanie o jego bezpieczeństwo: miał być podpięty na stałe do dwóch lin, a ja miałem przez cały czas trzymać się blisko niego, żeby móc łatwo mu pomóc, gdyby znalazł się w opałach. Mel miała zostać na ziemi, by filmować nas z dołu i utrzymywać z nami kontakt radiowy.

Oparłem się o potężny pień powalonego drzewa i zsunąłem z ramion ciężki plecak. Nie otworzyłem go od naszego przyjazdu i lina w środku była wciąż chłodna w dotyku po dobie spędzonej na wysokości dziesięciu tysięcy metrów. Przesunąłem ją w dłoniach centymetr po centymetrze, układając ją w schludnych zwojach na ziemi obok siebie. Była w dobrym stanie, niemal fabrycznie nowa, więc nie wymagała sprawdzenia, uważam jednak samą czynność przeciągania dłońmi po linie przed jej użyciem za ważny element przygotowań do większej wspinaczki.

Głuche stęknięcie potężnej kuszy kazało mi unieść wzrok. Tom stał piętnaście metrów ode mnie z kuszą wciąż opartą o bark. Śledziłem lot bełtu, aż zniknął w turkusowej mgiełce hen w górze. Żyłka wędkarska ze świstem odwijała się z kołowrotka, holowana neonową spiralą w powietrze. Na moment się zatrzymała, kiedy bełt osiągnął najwyższy punkt swojej trajektorii i zawisł tam w chwili pozornego niezdecydowania, a potem znów zaczęła rozwijać się z nabierającym tempa wizgiem, gdy grawitacja zwyciężyła, ściągając go w dół. Tom pozwolił mu opaść jak rybie, delikatnie wybierając luz, by żyłka nie zaczepiła się o nic. Patrząc w górę przez postrzępione śmigła paproci drzewiastych, śledziłem wzrokiem jej bieg, ale zgubiłem ją w jasnej mgiełce dwadzieścia pięć pięter nad ziemią. Słońce stało już wysoko i niebo płonęło jednostajnym żarem. Ostry, niemal metaliczny błękit zdawał się musować ultrafioletem. Impulsy odbitego światła śmigały z góry na dół po żyłce kołyszącej się łagodnie na wietrze. Bełt kuszy wisiał teraz półtora metra nad ziemią po drugiej stronie drzewa, kręcąc się wolno na lince. Wysoko w górze lekki wietrzyk poruszał koronami drzew i bełt uniósł się o kilka centymetrów, zanim znów opadł w dół, nie przestając wirować.

– Widzisz, o którą gałąź się zaczepiło? – zapytałem Toma.

– Nie jestem pewny. Mam nadzieję, że o prawą w tych widłach na samej górze – odparł.

Gałąź, o której mówił, była prawą odnogą pary konarów, które niczym poroże wieńczyły wierzchołek drzewa. Żyłkę dałoby się przeciągnąć nad kilkoma mniejszymi zadziorami i osadzić solidnie pomiędzy rogami kilkadziesiąt centymetrów niżej. Ale ku mojemu zaskoczeniu Tom z miejsca doczepił do żyłki swoją linę wspinaczkową. Żadne poprawki nie były potrzebne – był zadowolony z jej umiejscowienia i palił się do rozpoczęcia wspinaczki. Zakręcił korbką kołowrotka i cienka czerwona lina popełzła w ślad za żyłką w górę jak w sztuczce fakira. Gdy dotarła do najwyższej gałęzi, chwycił żyłkę dłońmi w rękawiczkach i przeciągnął ją na drugą stronę, z powrotem na dno lasu. Lina wspinaczkowa miała osiem milimetrów średnicy. Wykonana z mało rozciągliwego, odpornego na zerwanie kevlaru, miała wytrzymałość równą znacznie grubszej typowej linie nylonowej, ale była tak cienka, że wyglądała jak sznurowadło. Normalnie wspinam się na dziesięciomilimetrówce i wierzcie mi – te dodatkowe dwa milimetry ogromnie poprawiają samopoczucie na dużej wysokości.

Tom owinął koniec liny wokół powalonego pnia obok nas i podciągnął się ponad ziemię, by sprawdzić wytrzymałość konaru wysoko w górze. Widziałem, jak w odpowiedzi gałąź się ugina, pochylając się niczym wędka. Utrzymała go i nic się nie osunęło, tak więc powtórzył tę procedurę z połączoną wagą swoją i Bretta. Gałąź ugięła się mocniej, ale wytrzymała i to. Jeśli mogła utrzymać ciężar dwóch osób półtora metra nad ziemią, była w stanie utrzymać ciężar Toma na wysokości dziewięćdziesięciu metrów. Logika była bez zarzutu, ale i tak skóra mi cierpła, kiedy śledziłem wzrokiem cienką linę przewieszoną przez gałąź grubości nadgarstka wysoko w górze. Ponieważ lina przechodziła ponad gałęzią od naszej strony, a Tom miał wspinać się z drugiej, to gdyby gałąź jednak się złamała, lina zatrzymałaby się w rozwidleniu u jej nasady trzy metry niżej. Oszczędzone byłoby mu nurkowanie dziewięćdziesiąt metrów w dół, ale nawet trzymetrowy lot byłby niezłą jazdą na pojedynczej linie bez elastyczności, która zaabsorbowałaby wstrząs.

Żadna siła na świecie nie skłoniłaby mnie do wspinania się na tak cienkiej linie zawieszonej na tak wątłej i odizolowanej gałęzi. Znałem jednak Toma wystarczająco dobrze, by wiedzieć, że poczyna sobie znacznie śmielej niż ja. Nigdy nie widziałem, by cokolwiek wytrąciło go z równowagi, i wciąż doskonale pamiętam pierwszy raz, kiedy miałem okazję obserwować go podczas wspinaczki. Było to kilka lat wcześniej, w 2005 roku, podczas wyprawy na Borneo. Obaj byliśmy członkami ekspedycji National Geographic Society, poszukującej najwyższego tropikalnego drzewa świata. Odgrywałem tam niewielką pomocniczą rolę. Ale to właśnie Tom, główny wspinacz ekipy, pierwszy znalazł drogę na sam czubek drzewa, które okazało się nowym rekordzistą świata. Wspina się niesamowicie szybko i płynnie, często przebiegając po gałęziach, by skoczyć w pustkę i wylądować pewnie jak akrobata na innej gałęzi dziesięć metrów dalej. Dawno już nauczyłem się odsuwać od siebie niepotrzebny niepokój, jaki mógłbym odczuwać podczas obserwacji jego działań, a teraz upomniałem sam siebie, żeby po prostu cieszyć się wspinaczką u boku jednego z najlepszych arborystów świata.

Tom był gotowy do drogi, tak więc chwyciłem kamerę. Założył kask, wetknął nogawki spodni w skarpety, po czym podpiął ręczny i piersiowy przyrząd zaciskowy do cienkiej czerwonej liny. Usiadł w uprzęży, uniósł kolana i zaczął się wspinać, w szybkim tempie posuwając się w górę. Oczy wszystkich spoczywały na nim, kiedy wynurzył się z podszytu na otwartą przestrzeń wyżej. Wisiał cztery i pół metra od pnia, wolno obracając się wokół własnej osi. Ponad nim lina była naprężona, pod nim zaś zakreślała wariackie helisy czerwonej energii.

Szczęk karabinków i delikatne szuranie liny spływały do nas w dół w nienaturalnej ciszy. Las był czujny, nieruchomy i cichy – pełna zadumy cisza, w której echem rozbrzmiewał nawet najlżejszy dźwięk.

Podczas gdy Brett obserwował wspinaczkę Toma z uśmiechem, Guy stał z rękoma splecionymi na piersi, przyglądając się w milczeniu. Oczy miał szeroko otwarte i wiedziałem, o czym myśli. Obecność Toma nadała skalę całej scenie, a jego sylwetka była maleńka w porównaniu z monumentalnymi rozmiarami drzewa. Rozumiałem obawy Guya, ale wiedziałem także, że jedynym sposobem zduszenia ich w zarodku było podjęcie wspinaczki.

Niewielka rozciągliwość kevlarowej liny pozwalała Tomowi

prędko piąć się ku niebu i wkrótce dotarł on do korony drzewa. Odległemu odgłosowi karabinka obijającego się o puste w środku drewno natychmiast odpowiedział przenikliwy wrzask kukabury.

Tom spuścił cienką linkę i wciągnął na górę nasze liny wspinaczkowe. Zamocował je wokół gałęzi i rozsiadł się, żeby podziwiać widok, czekając, aż wejdziemy na górę i dołączymy do niego. Po nazbyt krótkiej wspinaczce próbnej Guy czekał już na mnie sześć metrów nad ziemią. Przewiesiłem sobie kamerę przez ramię, wdrapałem się na powaloną kłodę obok drzewa i wsunąłem linę w przyrządy zaciskowe, które zatrzasnęły się z miłym dla ucha szczęknięciem. Byłem teraz podpięty do liny i przywiązany do olbrzymiego drzewa. Wszystko wydawało się gotowe do drogi, tak więc schodząc z kłody, zawisłem w powietrzu i zacząłem wspinaczkę. Tętno przyspieszyło mi, gdy przesunąłem zaciski po linie najwyżej, jak tylko mogłem sięgnąć. Przygoda rozpoczęła się i przez następne dwadzieścia cztery godziny ten leśny gigant miał być moim domem.

Guy i ja byliśmy wciąż poniżej podszytu, ale rozejrzawszy się dookoła, uświadomiłem sobie, że kiedy tylko przedrzemy się przez baldachim paproci drzewiastych i wydostaniemy na otwartą przestrzeń w górze, odsłoni się przed nami widok na kilkadziesiąt metrów w każdym kierunku. Parliśmy dalej, ramię w ramię, zatrzymując się od czasu do czasu, by sfilmować reakcję Guya na wspinaczkę.

Byliśmy teraz na poziomie dolnych końców kilku potężnych płatów kory, które złuszczyły się z wyższej partii pnia. Przyciągnąłem do siebie jeden z nich i zaskoczyło mnie, jak ciężki się wydawał. Gdy go puściłem, uderzył z łomotem o pień, wyzwalając małą lawinę pyłu i paprochów, która opadła na ziemię. Unosząc wzrok, zobaczyłem, że trzyma się on drzewa dziesięć metrów nad naszymi głowami. Cały pień otoczony był podobnymi zwisającymi wstęgami jak gigantyczny, na wpół obrany banan. Martwa kora była gruba i twarda jak wysuszona na słońcu skóra, jakby należała raczej do zwierzęcia niż do drzewa.

Aż dotąd nie zdawałem sobie sprawy, jak wiele tego ciężkiego materiału trzyma się na jednej nitce tuż nad naszymi głowami. Sięgając jak najdalej lewą ręką, pociągnąłem lekko jeden z nich – ani drgnął. Szarpnąłem więc porządnie, spodziewając się, że oderwie się i zsunie w dół pnia jak mokra tapeta, ale nic się nie stało. To sprawiło, że z większym optymizmem zacząłem myśleć o następnych dziesięciu metrach dyndania pod nimi, ale tak czy owak postanowiłem pruć w górę najszybciej, jak tylko się da.

Kontynuując wspinaczkę, pilnowałem, żeby odsuwać pasy kory na bok, zanim oprę między nimi stopy o lity pień. Wystraszyłem przy tym wielkiego, płaskiego pająka, który przemknął po moim bucie i natychmiast znów zniknął w cieniach. Pod zwisającą korą musiał istnieć cały ukryty ekosystem. Szczerze pragnąłem dowiedzieć się więcej o tym, co się tam dzieje, ale nie miałem najmniejszego zamiaru wtykać nosa, gdzie nie potrzeba. Zastanawiałem się wcześniej, czemu Tom przed wspinaczką wsunął nogawki w skarpety – teraz już wiedziałem. Poszedłem w jego ślady. Owadzie życie pod korą tłumaczyło także rękawiczki Toma, ale nie było mowy, żebym mógł obsługiwać kamerę, mając je na rękach, tak więc zostawiłem swoje w spokoju, przyczepione z tyłu do uprzęży.

Kilka minut później dotarłem do górnego końca płatów kory, miejsca, w którym składały się wpół i zwieszały niczym długie proporce. Drzewo zdawało się tu zrzucać starą skórę, by wyłonić się jasne, lśniące i nowe. Ale to, co z daleka wyglądało na jednolicie srebrny kolor, było w rzeczywistości subtelną mozaiką wielu odcieni i sprawiało wrażenie raczej ludzkiej skóry niż kory, gdy przeciągnąłem lekko palcami po jej powierzchni.

Chęć wydostania się najszybciej, jak tylko to możliwe, ponad zwisającą korę bez reszty pochłaniała moją uwagę i widok, który powitał mnie teraz, gdy obróciłem się dookoła na linie, zaparł mi dech w piersiach. Znajdowałem się ponad warstwą podszytu, zawieszony w otwartej przestrzeni nad paprociami drzewiastymi i akacjami, ale wciąż znacznie poniżej piętra koron wysokich drzew. Wszędzie, gdzie okiem sięgnąć, potężne srebrne pnie kroczyły przed siebie w mglistą, siną dal, rozmigotane niczym snopy światła w głębokiej wodzie. Łączny efekt tych regularnie rozmieszczonych kolumn był nieziemski, niemal medytacyjny w swym eterycznym pięknie. Nigdy dotąd nie widziałem lasu tak pełnego wdzięku.

Odrywając oczy od tej sceny, przypomniałem sobie, że czeka nas jeszcze mnóstwo roboty, a czas mija szybko. Był już środek dnia i powinienem zacząć filmować wspinaczkę Guya. Musieliśmy też przed nastaniem nocy zbudować obozowisko w koronie drzewa, ale Guy wciąż wisiał w miejscu, urzeczony widokiem. Nie miałem sumienia mu przeszkadzać, tak więc czekałem, aż będzie gotowy, nim zaproponowałem, żebyśmy ruszyli dalej, by jak najszybciej dołączyć do Toma.

Trzydzieści metrów nad ziemią znajdowaliśmy się wciąż mniej więcej w połowie wysokości pnia, w otwartej strefie przejściowej, gdzie jedyną możliwością było kontynuowanie wspinaczki. Odbiłem się na linie od pnia i wykręcając szyję, przyjrzałem się wciąż dalekiej koronie. Nasze liny zdawały się piąć w górę bez końca, zbiegając się w jednym, niewidocznym punkcie na niebie. Widziałem stąd setki jasnozielonych paproci drzewiastych w zaroślach hen w dole. Gdy dotarliśmy w końcu do korony, Tom czekał na nas na potężnym konarze. Byliśmy wciąż dobre dziesięć albo piętnaście metrów poniżej czubka drzewa, ale te niższe gałęzie znakomicie nadawały się do umocowania hamaków. Mieliśmy tu spać. Guy przesunął się w tył i delikatnie przeniósł ciężar ciała na konar obok niego. Przerzuciwszy koniec krótkiej, regulowanej linki przez rozwidlenie trzy metry wyżej, odczepiłem się od długiej liny łączącej mnie z dnem lasu siedemdziesiąt sześć metrów niżej. Krótsza lina, na której teraz wisiałem, pozwalała mi szybko przemieszczać się z gałęzi na gałąź, kręcąc ujęcia pogawędki Toma z Guyem. Ale pozwoliła mi również dokładniej przyjrzeć się samej strukturze drzewa. Mieliśmy spędzić tu w górze następne dwadzieścia godzin, nie od rzeczy było więc poświęcić chwilę na nieco lepsze zapoznanie się z moim nowym domem.

Tu, wysoko, było mniej luźnych pasów kory, a odsłonięte drewno było gładkie, z delikatną fakturą kości słoniowej. Rzadkie listowie korony uwidaczniało całą architekturę drzewa. Jego szkielet był nagi i ta szczerość konstrukcji wydała mi się miłą odmianą po brudnych, pokrytych paprochami konarach drzew z dżungli. Przeciągając dłonią wzdłuż gałęzi, mogłem wyczuć układ słojów drewna. Czułem, jak wiją się wokół spękań i pustych przestrzeni wewnątrz głównego pnia. Zauważałem subtelne detale, takie jak drobne prążki u nasady gałęzi, przypominające zmarszczki na piasku, i zacząłem rozumieć, jak musi widzieć te drzewa Tom, ze swym kilkudziesięcioletnim doświadczeniem w tych lasach. W jaki sposób jest w stanie jednym rzutem oka ocenić siłę drewna. Jego punkt asekuracyjny na prawym odgałęzieniu wideł wciąż wysoko nad nami, był nie grubszy niż moje ramię, ale jego decyzja o powierzeniu mu życia opierała się na niezliczonych godzinach chodzenia po tych drzewach, zakorzeniona w głębokim zrozumieniu mechanizmów ich wzrostu.

Główny pień nawet na tej wysokości był gruby na kilkadziesiąt centymetrów. Spoglądając w pustkę w dole, oceniłem, że jesteśmy około osiemdziesięciu metrów nad ziemią, pełne trzydzieści metrów wyżej niż Goliat. W pniu było kilka dziupli. Niektóre były zupełnie otwarte i po raz kolejny musiałem stłumić intynkt każący mi wetknąć tam rękę i pomacać środek. Ukąszenie pająka dwadzieścia sześć pięter nad ziemią to ostatnia rzecz, jakiej było mi trzeba. Inne otwory wypełniały poskręcane, spękane spirale starego martwego drewna, pozostałości uschniętych gałęzi. Całe drzewo było pełne zakamarków i szczelin – fantastyczny habitat bez wątpienia utrzymujący wielką rozmaitość żywych istot. Zastanawiałem się, co wypełznie z drewna po zmroku.

Główne liny trakcyjne pode mną zaczęły się naprężać, co powiedziało mi, że Brett idzie do nas na górę. Był środek popołudnia, najwyższy czas, żeby urządzić nasz nocny obóz. Znalezienie odpowiedniej liczby punktów zaczepienia, aby rozwiesić na drzewie jeden obok drugiego kilka hamaków, bywa nie lada sztuką. Każdy wymaga zamocowania w głowie i w nogach, a przy odrobinie nieuwagi potrafi splątać się w kłąb nylonowych taśm i siatki. Tom zabrał się do wieszania swojego i Bretta, podczas gdy ja zająłem się swoim i Guya. Chciałem nocą filmować Guya kamerą na podczerwień z komfortu własnego hamaka, tak więc zależało mi, żeby oba wisiały dość blisko siebie. Tom wkrótce wpadł w ferwor, wirując wśród gałęzi jak derwisz, i nakręciłem kilka ujęć Guya obserwującego go przy pracy. Gdy skończyliśmy, było późne popołudnie i ziemię hen w dole spowijał już cień. Dopilnowałem, żeby Guy pozostał podpięty do swego przyrządu zjazdowego, tak że gdybyśmy musieli w środku nocy ewakuować się z drzewa, byłby w stanie wrócić na ziemię bez zbytnich dramatów. Musiałby jedynie wyturlać się z hamaka i nacisnąć dźwignię.

Dając sobie na kilka godzin spokój z filmowaniem, rozwinąłem śpiwór, opadłem na hamak i wyciągnąłem się w nim. Krew z nóg napłynęła mi z powrotem do ciała, tak więc dla wygody poluzowałem odrobinę pętle udowe uprzęży. Pozostali rozmawiali cicho, kiedy podparłem się na łokciu, by spojrzeć z góry na las.

Osiemdziesiąt metrów ponad dnem lasu było największą wysokością, na jakiej kiedykolwiek spałem na drzewie. Gdy wyglądałem przez skraj hamaka, patrząc wzdłuż długiego, zwężającego się pnia na kobierzec hen w dole, nagle wydało mi się absurdalne tkwić tak wysoko – z własnej woli postanowić spać w płóciennym łóżku zawieszonym dwadzieścia pięć pięter nad ziemią. Piekący pot wystąpił mi na czoło i przez chwilę zdawało mi się, że tracę równowagę. Poddałem się temu odczuciu, dopóki nie minęło, rozkoszując się katartycznym doznaniem spadania z kojącą świadomością, że jestem bezpiecznie przypięty i nigdzie nie polecę, chyba że przewróci się całe drzewo. Tego zaś w tak cichy, spokojny wieczór mogłem się nie obawiać.

Barwy stopniowo blakły, aż wszystko stało się akwarelową podmalówką w odcieniach błękitu i fioletu. Srebrne kolumny innych drzew wtopiły się w noc na samym końcu, znikając jedna po drugiej jak duchy. Zapadły ciemność i cisza. Obróciłem się na plecy i spojrzałem w gałęzie. Trudy wspinaczki dały o sobie znać i odpłynąłem w sen.

* * *

Kiedy obudziłem się kilka godzin później, powietrze było gęste, nieruchome i atramentowoczarne. Instynktownie odszukałem po omacku linę i pociągnąłem ją, by upewnić się, że jestem wciąż podpięty. Coś wyrwało mnie ze snu, ale co? Leżąc w ciemnościach, czekałem na odpowiedź. Atmosfera była ciężka, a kiedy zaczął wiać lekki wiatr, usłyszałem w mroku wokół nas złowieszcze odgłosy skrzypiącego drewna. Wiatr przybrał na sile, a wkrótce dołączyły do niego odległe postukiwania i trzaski, niosące się echem przez las, gdy ciężkie pasy kory huśtały się na wszystkie strony niczym gigantyczne dzwonki wietrzne. Coś się szykowało i czułem, że nagłe prądy powietrza kołyszą moim hamakiem z boku na bok.

Burza spadła na nas około drugiej nad ranem. Ściana ciepłego powietrza napłynęła z mroku, obluzowując martwe gałęzie, które posypały się z drzew i uderzyły o ziemię z donośnym łomotem. Drewno jęczało pod naporem, a całe drzewo zaczęło kołysać się jak główny maszt fregaty. Czułem, że moja lina się napina, gdy niewidoczne gałęzie nade mną poruszają się w górę i w dół. Włączywszy czołówkę, wyjrzałem przez skraj hamaka, szybko jednak cofnąłem głowę, gdy z nocy wyleciał mi prosto w twarz kłąb wirujących liści. Mrok był nieprzenikniony, tak więc wyłączyłem latarkę i skupiłem się na tym, co docierało do moich uszu. Mój świat stał się niewidzialnym chaosem kłębiących się dźwięków, a nasze wysokie, smukłe drzewo miotało się na wszystkie strony. Mimo woli zacząłem się zastanawiać, jak bardzo sytuacja może się jeszcze pogorszyć – czy powinniśmy się ewakuować? Obraz powalonego, spróchniałego drzewa wrócił, by mnie prześladować, i zastanawiałem się, czy nasze też jest pełne dziur ukradkiem podkopujących jego siły.

Wciąż z wyłączoną czołówką przyglądałem się scenie przez przełączoną w tryb podczerwieni kamerę, którą zabrałem ze sobą. Guy wiercił się w śpiworze, ale nie mogłem stwierdzić, czy się obudził, czy nie. Hamaki Toma i Bretta znajdowały się po przeciwnej stronie pnia i próbując zobaczyć, czy ciągle śpią, popełniłem ten błąd, że stanąłem w hamaku dokładnie w chwili, kiedy w drzewo uderzył podmuch wiatru. Straciłem równowagę i wypadłem, wirując w ciemnościach na linie. Podciągnąwszy się z powrotem, pochyliłem się na wiatr i oparłem stopy płasko o olbrzymi pień. Ułamek sekundy później cały świat się przechylił, gdy potężny podmuch przeszedł przez koronę jak pociąg, wydymając mój pusty hamak niczym żagiel i wyrzucając śpiwór oraz karimatę w przestwór.

Guy nie spał już i wpatrywał się w ciemność z prawą ręką zaciśniętą na linie nad sobą, ale ani Tom, ani Brett nawet nie drgnęli. Leżeli opatuleni w śpiworach, jak gdyby nic się nie działo. Nie było mowy, żeby mogło ich to nie obudzić, tak więc nabrałem otuchy z faktu, że się nie ewakuują. Nieco uspokojony, z rezygnacją pozwoliłem wiatrowi miotać mną na linie jak kasztanem na sznurku. Wisząc w kotłującym się powietrzu, czułem się jak akrobata spadochronowy.

Gwałtowne podmuchy w końcu złagodniały i uspokoiły się trochę, tak więc wszedłem z powrotem do hamaka i nasłuchiwałem odległego łomotu i postukiwania innych drzew tańczących w ciemnościach wokół nas. Wiatr ucichł kompletnie tuż przed świtem. Obudziłem się obsypany gałązkami i liśćmi i spojrzałem w dół na las, ale mojego śpiwora nigdzie nie było widać. Powietrze było nieruchome; zawierucha przeszła niczym nocne widmo.

Słońce nie wzeszło jeszcze. W powietrzu unosił się pył, a szary przedświt miał lekko niezdrowy, żółtawy odcień. Tom wstał i skokiem Tarzana wylądował na gałęzi obok Guya, który powitał go słowami:

– Wystarczy herbata albo kawa, dzięki, Tom, nie szykuj mi pełnego śniadania na ciepło.

Był w niezłej formie, jeśli wziąć pod uwagę, że pierwszy raz w życiu spał na drzewie. To była ciężka noc.

Odwiązaliśmy hamaki i posłaliśmy je na dół wraz z Brettem. Mieliśmy do pokonania jeszcze spory kawał drzewa; Tom objął prowadzenie na tym końcowym odcinku. Pień zwężał się szybko i miał teraz sześćdziesiąt centymetrów średnicy – a do tego wydawał się zupełnie pusty. Zajrzałem w głąb dziupli i zobaczyłem światło dnia wpadające strugą z drugiej strony. Tym razem nie mogłem oprzeć się pokusie, by przełożyć rękę na wylot przez cały pień. Wspinaliśmy się po pustej w środku rurze, a nad nami było jeszcze sześć metrów drzewa.

Kiedy spojrzałem na Toma, odpowiedział na moje milczące pytanie szerokim uśmiechem:

– Nie martw się, to mocny materiał. Wytrzymuje bez twardzieli.

Czy jednak połączony ciężar trzech wspinaczy na najwyższych

gałęziach nie może przechylić szali i spowodować katastrofy? Niewykluczone, ale byliśmy tu teraz, tak więc odsunąłem od siebie tę myśl i parłem mimo wszystko dalej. Tom dotarł już do końca głównego pnia i siedział w wielkim rozwidleniu, gdzie dwie gałęzie strzelały w górę pod przeciwstawnymi kątami. To były owe jelenie rogi, które widzieliśmy z dołu. Stąd było już tylko kilka metrów do samego czubka drzewa. Kiedy dołączyliśmy do niego, dokonał szybkiej oceny, które odgałęzienie jest wyższe, przerzucił zwój liny przez smukłą gałąź, po czym pomknął w górę z wielką szpulą taśmy pomiarowej dyndającą z tyłu uprzęży. Byliśmy teraz około osiemdziesięciu pięciu metrów nad ziemią, a gałąź, po której wchodził Tom, była nie grubsza niż moje ramię. Wyglądała wyjątkowo niepewnie, ale musiałem ufać, że on wie, co robi.

Wiatr znów przybrał na sile, uderzając w drzewo sporadycznymi falami. Każdy podmuch stanowił dodatkowe obciążenie dla gałęzi, które utrzymywały nasz ciężar. Drewno dobrze znosi dynamiczne siły, ale to nie były grube konary. Kiedy Tom, szarpany wiatrem na prawej odnodze wideł, opuścił taśmę, ta wydęła się w wielki biały łuk. Szpula obracała się z piskiem, gdy jej obciążona końcówka spadała coraz szybciej w pustkę. Po chwili, która zdawała się wiecznością, usłyszeliśmy odległe echo uderzenia, a w radiu Toma rozległy się trzaski. Brett podniósł koniec taśmy i stał teraz u stóp drzewa.

– Okej, wciągaj. Trzymaj. Dobrze... okej, odczytaj wynik – mówił.

Tom naprężył taśmę i przyjrzał się liczbom.

– Dwieście osiemdziesiąt dziewięć stóp i cztery cale – powiedział do radia.

Wiatr wzmagał się nie na żarty, tak więc Tom opadł na linie i wylądował na spróchniałym kikucie obok Guya; obaj uścisnęli sobie dłonie przed kamerą. Nasze drzewo, przy 88,2 metra wysokości, było o 11,6 metra niższe od Centuriona z Tasmanii i o 4,2 metra niższe od najwyższego eukaliptusa królewskiego na kontynencie australijskim: giganta znanego jako Big Ash One, rosnącego w tym samym lesie, jakieś półtora kilometra stąd. Mierzący 92,4 metra – mniej więcej tyle samo, co Statua Wolności – Big Ash One utrzymał swój tytuł ze sporym zapasem. Ale każde drzewo przekraczające osiemdziesiąt pięć metrów jest wielką rzadkością i jako takie zasługuje na uznanie. Nasz eukaliptus mógł zatem z dumą zająć miejsce w pierwszej dwunastce najwyższych drzew kontynentu.

Radio Toma znów zatrzeszczało.

– Wymyśliłem dla niej imię – powiedział Brett. – Rycząca Meg.

„Rycząca" z powodu wściekłej wichury, która wytargała nas nocą, ale „Meg"? Jedynie Brett zna odpowiedź na to pytanie, ale imię zdawało się pasować do niej doskonale.

Guy i Tom rozpoczęli długi zjazd na ziemię, ale ja chciałem jeszcze przez kilka chwil porozmyślać spokojnie o tym, czego dokonaliśmy, tak więc zostałem w tyle, obserwując wierzchołki drzew tańczące wokół mnie na wietrze. Wspinaczka była sukcesem. Rycząca Meg nie okazała się wprawdzie najwyższa, ale była pięknością, i cóż za przygodę przeżyliśmy, śpiąc w jej gałęziach. A do tego pobiłem własny rekord, po raz pierwszy w życiu wspiąwszy się na wysokość większą niż osiemdziesiąt pięć metrów.

Gdybym wiedział wtedy, co przyniesie przyszłość, spędziłbym tam na górze więcej czasu, niespiesznie delektując się tą jedyną w swoim rodzaju okazją. Tymczasem nazbyt szybko zjechałem w dół, z powrotem do świata terminarzy i lotów międzykontynentalnych. Meg jest jedynym eukaliptusem królewskim, na jaki kiedykolwiek się wspiąłem, i myślę, że chciałbym, żeby tak zostało: w końcu ciężko byłoby powtórzyć takie doświadczenie.

* * *

Rycząca Meg zginęła niespełna rok po naszej wizycie. W lutym 2009 roku w stanie Wiktoria rozszalały się największe pożary buszu w dziejach Australii. 7 lutego, gdy temperatury w Melbourne sięgały czterdziestu sześciu stopni Celsjusza, północno-zachodnie wiatry dochodzące do stu dwudziestu pięciu kilometrów na godzinę przetoczyły się przez stan, zrywając linie wysokiego napięcia na zachód od Płaskowyżu Hume'a. Wynikłe stąd pożary rozprzestrzeniły się po trawiastych obszarach, ogarnęły plantację sosen, po czym skierowały się na południowy wschód przez tereny mieszkalne i park narodowy, docierając pięć godzin później do miasteczka Kinglake. Kompleks pożarów Kinglake, jak go nazwano, szalał przez miesiąc, zanim został opanowany w początkach marca. Do tego czasu jego płomienie strawiły trzysta trzydzieści tysięcy hektarów.

Meg rosła w dorzeczu Wallaby Creek na terenie parku narodowego Kinglake, dokładnie na trasie pożogi. Kiedy niedawno rozmawiałem z Brettem, powiedział mi, że Wallaby Creek „jest dziś nie do rozpoznania. Morze wysokich na od ośmiu do piętnastu metrów podrostów, ze stale kurczącą się kohortą jasnoszarych osiemdziesięciometrowych martwych wież w górze".

Większość najwyższych i największych eukaliptusów królewskich skupia się obecnie na Tasmanii. Ale kto wie? Może za następne dwieście lub trzysta lat na miejscu Meg będzie rosło jakieś olbrzymie drzewo przechowujące jej DNA.

Pożar Kinglake z 2009 roku był tylko jednym z całej serii pożarów, które łączyły się i rozdzielały, ogarniając cały region na północny wschód od Melbourne. Pastwą ognia padło ogółem przeszło czterysta tysięcy hektarów, spłonęło tysiąc dwieście domów. Czterysta czternaście osób zostało rannych, a sto siedemdziesiąt trzy straciły życie.

Trudno jest ubolewać nad śmiercią jednego drzewa, czy nawet całego lasu, w obliczu tak straszliwego i tragicznego ludzkiego cierpienia i strat. Drzewa są w pewnym sensie nieistotne. Odrosną. Już to robią. Las wróci. Ale serce krwawi mi na myśl o tym, co lokalne społeczności, które mijałem przelotnie, zmierzając do drzew w 2008 roku, musiały przejść w ciągu tych przerażających tygodni niespełna rok później.

Rozdział 7

Ebana – Gabon

2008

Założywszy uprząż, przez chwilę uważnie przyglądałem się drzewu, na które miałem się wspiąć. Pień, pokryty głębokimi bruzdami i drobnymi żłobkami, u nasady rozszerzał się niczym stopa jakiegoś olbrzymiego zwierzęcia. Większość korzeni szkarpowych nosiła charakterystyczne ślady uszkodzeń przez słonie – głębokie wyżłobienia od kłów, które powoli bliznowaciały, gdy drzewo próbowało zaleczyć rany. Ciemnobrązowa wydzielina gęstniała i krzepła, chroniąc żywą tkankę pod spodem, a prawa strona drzewa oblepiona była ciemnoszarym błotem tam, gdzie słonie używały go jako czochradła. Wyżej poskręcany pień drzewa był czerwonawobrązowy, a wielkie luźne płaty kory nadawały mu kosmaty wygląd. Pociągnąłem za jeden z niższych płatów, odsłaniając placek nowej, jaśniejszej kory. Oderwany strzęp był kruchy jak przypalony tost i miał stęchły, gryzący zapach. Tak pachniało wszystko w tym lesie. Powietrze wypełniały snująca się wolno, ciężka woń gnijącej roślinności, odór bagiennych wyziewów i niedający się pomylić z niczym innym zapach słoni leśnych. Od czasu do czasu czułem, jak zastałe powietrze porusza się, i dobiegał mnie zapach morza. Stłumiony huk fal załamujących się na odległej plaży nieustannie przypominał, że nie jest to zwyczajny las.

Było to miejsce, gdzie gęste lasy Konga schodziły w końcu w dół na spotkanie z Atlantykiem. Wąski pas białego piasku, ciągnący się setkami kilometrów wzdłuż brzegu, oddzielał świat drzew od świata wody. Ta bezludna ziemia niczyja zasłana była spalonymi przez słońce szczątkami niezliczonych martwych drzew. Potężne atlantyckie fale ze wzgardliwą obojętnością wyrzucały na plaże olbrzymie, ważące po kilka ton kłody. Kongo napotkało godnego siebie przeciwnika i w całym regionie zdawał się panować niepewny rozejm, jak gdyby las czekał na dzień, kiedy ocean wystąpi w końcu z brzegów i zmyje go kompletnie.

Wpiąłem linę wspinaczkową w piersiowy przyrząd zaciskowy i wybrałem luz, unosząc się nad ziemię. Drzewo rosło na brzegu rozległej, wrzynającej się w głąb lądu laguny, tak więc huśtając się na końcu liny, zawisłem półtora metra nad czarną wodą. Czaiły się w niej wielkie krokodyle i wiedziony odruchem wspiąłem się czym prędzej kilka metrów wyżej, by oddalić się od jej ciemnej powierzchni. Pięć metrów nad ziemią główny pień drzewa rozdzielał się na trzy pionowe odnogi. Te pięły się dalej w górę aż do mocno rozgałęzionej, rozłożystej korony trzydzieści metrów nade mną. Był to środkowoafrykański gatunek nazywany przez miejscowych *ozouga*. Sękaty troll o drewnie twardszym niż stal.

Zanim jeszcze pokonałem dziesięć metrów pnia, uznałem już, że jest to idealne drzewo dla moich potrzeb. Przez ostatnie trzy dni przedzierałem się przez ten las w poszukiwaniu odpowiednio dużego i mocnego egzemplarza, tak więc ulżyło mi, że wreszcie taki znalazłem.

Pewna wytwórnia telewizyjna zleciła mi zaprojektowanie i zbudowanie w dżungli klasycznej chatki na drzewie w stylu Tarzana. Ekipa produkcyjna wybrała ten dziki fragment lasu na odludnym wybrzeżu Gabonu i na pierwszy rzut oka istotnie wydawał się on doskonały. Pozbawiony niemal zupełnie osiedli ludzkich, stanowił nieskazitelną mozaikę lasu, sawanny i śródlądowych lagun, która była domem dla słoni, goryli, szympansów, bawołów, hipopotamów i krokodyli. Po bliższym zbadaniu jednak wybór drzew okazał się frustrująco skąpy.

Ta wyprawa stanowiła rekonesans, a tym, czego szukałem, było drzewo na tyle okazałe i efektowne, że mogło samo stać się gwiazdą programu. Leśny olbrzym, który zapewniłby doskonałe wizualne tło dla trzech prezenterów telewizyjnych mieszkających przez miesiąc wśród jego gałęzi. Musiało być też niewiarygodnie mocne i zdrowe. Ale ten wąski pas lasu wciśnięty między ocean a lagunę, od setek lat wystawiony na kaprysy nadmorskiej pogody, stanowił zwarty, splątany gąszcz poskręcanych lian i połamanych drzew. Ilekroć jakieś drzewo uniosło głowę ponad pozostałe, było sprowadzane znów do właściwych rozmiarów przez gwałtowne burze znad Atlantyku. W okapie wisiało mnóstwo uschniętych gałęzi, a wiele większych drzew pochylało się pod niebezpiecznymi kątami, z trudem znajdując oparcie w luźnej piaszczystej glebie. Wszystkie poza ozougą, na którą właśnie się wspinałem. Nie dziwiło mnie, że to drzewo rosło tak daleko od morza, jak tylko się dało, nad samym brzegiem laguny. Było osłonięte od zachodu przez kilkaset metrów lasu i miało pod dostatkiem wody. Mierzyło około czterdziestu pięciu metrów, ale to, czego brakowało mu pod względem wysokości, nadrabiało z nawiązką samą masą. Jego trzy potężne pnie zapewniłyby solidną podporę dla podłogi chatki. Widziałem już w wyobraźni zaprojektowaną na miarę konstrukcję otaczającą te olbrzymie konary i nie miałem wątpliwości, że jego drewno jest wystarczająco mocne, by utrzymać kilka ton legarów i desek. Sprawy zaczynały wyglądać obiecująco, tak więc krzyknąłem w dół do swoich dwóch towarzyszy, Jamesa (producenta programu) i Josepha (naszego przewodnika leśnego), by dać im znać, że mogą na razie zostawić mnie samego. Gawędząc ze sobą, odeszli wolnym krokiem w las, a ja wspinałem się dalej, aż znalazłem się na wysokości piętnastu metrów.

Trzy konary już wcześniej rozdzieliły się niczym gigantyczne palce; wyciągnąłem notatnik, żeby przelać na papier parę pomysłów i potencjalnych projektów. Było nieźle. Pomyślałem, że następne dwa dni poświęcę na dokładne oględziny drzewa, by rozrysować plany, które posłużą mi następnie jako solidna podstawa dla konstrukcji. Wisząc w uprzęży, wyobrażałem sobie, jak chatka rośnie wokół mnie i nabiera kształtu.

Lina przechodziła przez cienki woal liści tuż nad moją głową. Przepchnąłem się przez nie i wyszedłem w otwartą koronę powyżej. Na wysokości dwudziestu metrów otoczyła mnie zagmatwana sieć potężnych poziomych konarów. Niektóre miały przeszło metr średnicy i wyglądały na bardzo mocne. Wiły się we wszystkich kierunkach, zapewniając niemal nieograniczone możliwości projektowe. Mniej więcej trzy metry nad sobą zauważyłem kikut odłamanej gałęzi, który wydawał się pusty w środku. Postanowiłem przyjrzeć mu się dokładniej na wypadek, gdyby ujawniał jakiś niewidoczny rozkład w sercu drzewa.

Dokładnie w tej samej chwili samotna pszczoła opadła w dół i zawisła w powietrzu metr przed moją twarzą. Zaczęła śmigać gniewnie tam i z powrotem, i zanim zdążyłem zorientować się, co się dzieje, wystrzeliła do przodu, żądląc mnie w prawą brew. Pacnąłem ją natychmiast i odleciała, zostawiając żądło. Próbowałem je wyciągnąć, ale macając na oślep, zdziałałem tylko tyle, że ścisnąłem palcami woreczek z jadem, wstrzykując sobie nową porcję trucizny. Afrykańskie pszczoły miodne nie patyczkują się z wrogiem i na czubkach palców zobaczyłem krew. Ale nie żądlą bez powodu, tak więc zdałem sobie sprawę, że musiałem natknąć się na gniazdo. Szybki rzut oka na ułamany pusty kikut w górze potwierdził moje obawy. Wyrzucał teraz z siebie chmary maleńkich czarnych kropek. Po zostawieniu żądła w moim ciele umierająca pszczoła poleciała prosto do ula, znacząc gniewnymi feromonami szlak dla następnej fali obrończyń. Nim minęło kilka sekund, nadciągnęły posiłki i z miejsca przystąpiły do ataku. Pierwsza dźgnęła mnie w lewą powiekę, a inna wlazła mi do nosa i użądliła w lewą dziurkę. Czułem, jak kilka innych próbuje wcisnąć mi się do ust. Po wbiciu żądła każda pszczoła wracała do gniazda, by zebrać jeszcze więcej wsparcia, i cała sytuacja szybko wymykała się spod kontroli, gdy miotałem się zawieszony dwadzieścia metrów nad ziemią.

Jednej udało się przecisnąć przez moje mocno zaciśnięte wargi i użądlić mnie od środka w lewy policzek. Zmiażdżyłem ją zębami i wyplułem, ale trzy inne wpełzły mi do ust, by zrobić to samo. Czułem, że puchnie mi gardło, a oddech przyspieszył i pogłębił się. Przeszła przeze mnie elektryczna fala adrenaliny, a serce waliło mi jak oszalałe. Gdyby doszło do wstrząsu anafilaktycznego, obrzęk gardła zablokowałby drogi oddechowe, a wkrótce potem urwałby mi się film i utknąłbym tu, wisząc nieprzytomny na linie. Teraz już dziesiątki pszczół pełzały mi po plecach pod koszulą, inne zaś przecisnęły się przez otwory wentylacyjne w kasku i raz po raz żądliły mnie w głowę. Mój mózg pływał w toksynach i zawężało mi się pole widzenia. Przed oczyma tańczyły mi jasne gwiazdy i wiedziałem, że jeśli zostanę tu dłużej, może się to skończyć tylko w jeden sposób.

Musiałem zjechać na dół, tymczasem wciąż dyndałem siedem pięter nad ziemią, wymachując rękami i nogami jak marionetka na sznurku. Musiałem przepiąć się do przyrządu zjazdowego, co oznaczało wystawienie twarzy na pastwę pszczół, kiedy ręce będę miał zajęte pracą. Myśli plątały mi się i powoli traciłem świadomość, ale moje dłonie znały ruchy na pamięć i działały na autopilocie. Wpiąć linę w przyrząd zjazdowy, stanąć w pętli nożnej, odczepić zacisk piersiowy, ponownie usiąść w uprzęży, zdjąć zacisk ręczny i jazda!

Niemal już traciłem przytomność, kiedy wcisnąłem z całej siły dźwignię przyrządu zjazdowego i praktycznie spadłem jak kamień po linie. Rój podążył w ślad za mną, tak więc rozuśtałem się, by wylądować na samym brzegu laguny, gorączkowo zsunąłem uprząż z bioder, nie odczepiwszy jej nawet od liny, i dałem nura do wody. Pal sześć krokodyle. Zanurzyłem się kompletnie i nie mogłem uwierzyć, że nawet teraz żądli mnie jeszcze kilka zatwardziałych sztuk. Zdjąłem kask i porozduszałem wszystkie pozostałe pszczoły, które zaplątały mi się we włosy albo utknęły w uszach. Wstrzymywałem oddech najdłużej, jak mogłem, zanim wygramoliłem się po długich, poskręcanych korzeniach drzewa na brzeg. Główny atak już minął. Nie zamierzałem jednak prosić się o więcej, tak więc pokuśtykałem do lasu, by jak najbardziej oddalić się od rozwścieczonego roju.

Po kilku minutach zatrzymałem się, żeby złapać tchu. Dzwoniło mi w uszach, a dźwięki docierały do mnie stłumione, jak gdybym wciąż jeszcze był pod wodą. Ulżyło mi, że nie słyszę już gniewnego bzyczenia, ale oddech miałem urywany i płytki. Czułem się tak, jak gdybym dopiero co osuszył butelkę whisky; chwyciły mnie torsje, ale nie miałem czym wymiotować i tylko charczałem nad ściółką. Po tym wysiłku z trudem łapałem powietrze. Towarzyszyły mi jeszcze pszczoły, które zaplątały się w fałdy ubrania, gdzie wiły się w powolnej agonii, ciągnąc za sobą żółte wnętrzności. Powietrze było gęste od gorzkiego smaku jadu, a na grzbietach dłoni wystąpiła mi paskudna czerwona wysypka. To była reakcja anafilaktyczna, ale skoro nie miałem przy sobie żadnych leków, skupiłem się na oddychaniu, robiąc wolne, głębokie wdechy w nadziei, że uda mi się spowolnić serce i powstrzymać rozprzestrzenianie się trucizny. Rozpaczliwie potrzebowałem solidnej dawki antyhistaminy, tak więc strąciłem z siebie ostatnie dogorywające pszczoły i ruszyłem w stronę odległego o półtora kilometra obozu, potykając się i zataczając jak pijak. Początkowy przypływ adrenaliny, który rozlał się po moim organizmie, wyparował już i czułem się wyczerpany, zdezorientowany, otumaniony i rozdygotany. Nie było dobrze.

* * *

Kilka godzin później obudziłem się w swoim łóżku w obozie. Było ciemno i chłodno. Na zewnątrz słychać było szmer deszczu i sporadyczne odległe grzmoty. Z góry dobiegał podniecony, piskliwy gwar nietoperzy gnieżdżących się w krokwiach chaty. Wydobyłem czołówkę spod poduszki i momentalnie oślepiło mnie światło odbite od białej moskitiery wokół mnie. Wszystko wydawało się surrealistyczne i dopiero po kilku chwilach zrozumiałem, gdzie jestem i co się stało. James i Joseph słyszeli atak. Moje wrzaski bólu i ostrzegawcze krzyki niosły się echem przez las i kazały im popędzić z powrotem do ozougi. Kiedy przybyli na miejsce, gramoliłem się już z laguny i przebiegłem obok nich w ślepej panice. Domyśliwszy się, co zaszło, Joseph czym prędzej wyprowadził Jamesa ze strefy zagrożenia i idąc na skróty, spotkał mnie w bezpiecznej odległości na zwierzęcej ścieżce. Stamtąd wspólnymi siłami doholowali mnie do obozu, gdzie dali mi sporą dawkę leku przeciwhistaminowego i położyli mnie do łóżka.

Opuchlizna gardła ustąpiła zupełnie, chwała Bogu, ale wciąż kręciło mi się w głowie i byłem zdezorientowany. Czułem teraz każde ukłucie z osobna. Naliczyłem co najmniej czterdzieści na samej tylko głowie i rękach, ale niektóre z nich sprawiały wrażenie użądleń na użądleniach. Dolna warga spuchła mi tak, jak jeszcze nigdy od czasu, gdy w szkole dostałem pięścią w zęby, a prawe ucho paliło mnie żywym ogniem. Na poduszce były plamki zaschniętej krwi, czułem też silne obrzmienia na krawędziach oczodołów i grzbietach dłoni – w miejscach, gdzie kość dotyka skóry i jest niewiele ciała dla zamortyzowania żądła. Ogólnie rzecz biorąc, czułem się jak po trzech rundach z bokserem wagi ciężkiej. Ale żyłem, a koniec końców tylko to się liczyło. Naprawdę mogło być inaczej.

Cały ten incydent był koszmarem. Ale dręczyło mnie coś jeszcze, coś w zachowaniu pszczół. Rzuciły się od razu na moją twarz. Te pszczoły, które nigdy wcześniej nie widziały człowieka, skądś wiedziały, że oczy, usta i nos są najlepszymi miejscami, na których należy skoncentrować atak. Idea takiej wrodzonej zbiorowej inteligencji wydała mi się lekko niepokojąca. Domyślam się jednak, że ma ona ewolucyjny sens, gdyż były one przyzwyczajone do obrony swych cennych zapasów miodu przed wielkimi naczelnymi żywiącymi upodobanie do słodyczy. Szympans, goryl, człowiek... myślę, że dla pszczoły wszyscy wyglądamy tak samo.

Wyłączyłem czołówkę i położyłem się z powrotem w krzepiących ciemnościach. Kojący odgłos deszczu, w połączeniu z odległym hukiem fal na plaży, pomógł mi się odprężyć i leżałem na skraju snu, besztając się w myślach za to, że nie wziąłem ze sobą do lasu apteczki. Nie wykryłem też śladów gniazda przed wspinaczką. Mogłem poświęcić więcej czasu na oględziny drzewa z ziemi, zanim w ogóle wystrzeliłem linę. Zwykle tak robię, ale chyba byłem po prostu tak szczęśliwy, iż po długich poszukiwaniach znalazłem wreszcie odpowiednie drzewo, że podniecenie wzięło nade mną górę. Samozadowolenie odebrało mi czujność. Zamknąłem oczy i wsłuchany w łagodne, spienione fale przyboju, zapadłem w głęboki sen.

* * *

Obudziłem się następnego ranka o 4.30. Przeleżałem jakąś godzinę, czekając na świt, po czym poszedłem z kubkiem herbaty na skraj laguny, by popatrzeć, jak słońce wynurza się z mgły. Stawy miałem sztywne i byłem cały obolały, ale otępiający wpływ toksyn ustąpił i umysł miałem znów jasny.

Nie paliłem się zbytnio do powrotu do lasu, a tym bardziej do ponownego założenia uprzęży, ale zostały nam już tylko dwa dni na znalezienie odpowiedniego drzewa.

Zakradając się ostrożnie w towarzystwie Josepha, żeby zdjąć liny z ozougi, miałem wrażenie, że uczestniczę w jakiejś terapii, jak gdybym na nowo odgrywał dawny uraz albo wracał na miejsce zbrodni. Myślę jednak, że dobrze mi to zrobiło. Nie widziałem i nie słyszałem ani jednej żywej pszczoły, ale nie miałem wątpliwości, że w tak piękny dzień kolonia powinna być bardzo aktywna. Znalazłem swoją uprząż wciąż przypiętą do liny, wiszącą bezwładnie u podnóża drzewa. Roiło się na niej od mrówek pracowicie zbierających skulone trupy pszczół, które poświęciły się w obronie gniazda. Spojrzałem po raz ostatni na to, co miało być idealnym drzewem, po czym ruszyłem w las, żeby szukać dalej.

Szczęśliwym trafem dwie godziny później stanęliśmy u stóp kolejnego potencjalnego drzewa, również rosnącego na brzegu laguny. Joseph poklepał jego pień płazem maczety i powiedział: „*Ebana*". Korzystając ze swej szkolnej francuszczyzny, zapytałem, czy ebana ma dobre, mocne drewno. Jego twarz rozjarzyła się uśmiechem.

– *Oui, oui, il est bon bois. Très fort. Pas de problème.*

Joseph był synem wodza Sette Cama, tubylczej wioski. Był tego samego wzrostu co ja, ale szerszy w ramionach, i miał osobliwe poczucie humoru. Przy naszym pierwszym spotkaniu poszliśmy popływać w lagunie. Zanurkował w ciemną wodę, by chwycić mnie za nogi i wciągnąć pod powierzchnię, po czym zaniósł się histerycznym śmiechem na widok mojej przerażonej twarzy. Następnie z pełną powagą przestrzegł mnie przed wielkimi krokodylami, na które można się tu natknąć. Unosiliśmy się wtedy na wodzie sto metrów od brzegu. Fakt, że nie wspomniał o tym, kiedy byliśmy jeszcze na suchym lądzie, był dla mnie zupełnie niezrozumiały, ale najwyraźniej jego samego ogromnie to bawiło. Z miejsca poczułem do niego sympatię.

Choć ono również rosło nad laguną, drzewo, które mieliśmy teraz przed sobą, nie mogłoby bardziej różnić się od wczorajszej ozougi. „Pszczele drzewo" miało masywny, ciężki wygląd, natomiast ebana zdawała się pełna wdzięku, niemal delikatna. Jej delikatnie prążkowana kora w szare cętki sprawiała w dotyku wrażenie starego papieru ściernego. Ona także była regularnie wykorzystywana jako czochradło przez słonie, o czym świadczył pień oblepiony warstwami błota – miejscami jeszcze ciemnego i wilgotnego. Cztery i pół metra nad ziemią rozdzielała się na trzy główne konary, z których każdy rozgałęział się następnie na wiele innych. Górna część korony – kołysząca się łagodnie na wietrze trzydzieści metrów nad naszymi głowami – sama w sobie stanowiła gęsty las. Ogólnie rzecz biorąc, drzewo to przypominało mi sędziwy ogłowiony buk, jeden z tych, które znałem tak dobrze z New Forest. Przez lornetkę nie dostrzegłem żadnych dziupli ani uszkodzeń, tak więc wystrzeliłem żyłkę, żeby zainstalować liny. Ulotna woń pszczelego jadu, którą przesiąkła moja uprząż, sprawiła, że przyspieszyło mi tętno, tak więc wziąłem głęboki oddech i próbowałem skupić się na czekającym mnie zadaniu.

Zainstalowałem linę wspinaczkową tak, żeby prowadziła mnie w górę przez sam środek drzewa. Odkąd znalazłem się powyżej głównego pnia, wisiałem w pięknej, otwartej kolumnadzie konarów, które stawały się coraz liczniejsze i cieńsze w miarę wspinaczki. Rozhuśtawszy się w centralnej przestrzeni, chwyciłem jeden z nich po przeciwnej stronie korony. Wygiął się i naprężył pod moim ciężarem, po czym odbił, uderzając lekko o swego sąsiada, gdy puściłem go i odpłynąłem z powrotem. Gdy zbliżałem się do wierzchołka, między gałęziami migała kusząca laguna. Skończyła mi się lina, ale wciąż miałem nad sobą sześć metrów korony, tak więc przepiąłem się na lonżę i prułem dalej w górę. Na tej wysokości korona miała mniej więcej piętnaście metrów średnicy, a pionowe konary odbiegały na prawo ode mnie jak kolumny krużganka, nim zatoczywszy pełen krąg, wracały po lewej stronie. Miałem stąd wyraźny widok na lagunę hen w dole. Powierzchnia wody skrzyła się jak diamenty w palącym afrykańskim słońcu, ale tu, w koronie, powietrze było łagodne, zielone i chłodne. Duchota podszytu pozostała w dole, a świeży wietrzyk miał smak morskiej soli. Drzewo kołysało się łagodnie z każdym podmuchem wiatru, konary zataczały, każdy z osobna, coraz większe kręgi, aż w końcu wpadały na siebie delikatnie, niemal przepraszająco, jak ludzie wirujący na parkiecie. Spojrzałem w dół, w stronę głównego pnia dwadzieścia pięć metrów niżej, gdzie rozgałęzione konary falowały wolno niczym macki gigantycznej ośmiornicy lub ukwiału. Zamknąłem oczy i poczułem, jak wszystko tańczy wokół mnie, a kiedy wonne powietrze wysuszyło mój pot, wiedziałem, że w końcu znaleźliśmy nasze drzewo.

* * *

Dwa dni później wróciliśmy z Jamesem do Wielkiej Brytanii, żeby dograć sprawy. Po dziesięciu dniach byłem znów w Gabonie z kilkoma skrzynkami narzędzi i całą stertą sprzętu wspinaczkowego. James został w kraju, by dokończyć pisanie scenariuszy, i teraz towarzyszył mi Nick, brytyjski arborysta, który znał się na drzewach i rozumiał, jak pracuje drewno. Mieliśmy razem zbudować chatkę.

Pod moją nieobecność Joseph zwerbował do pomocy mały, ale solidny zespół ludzi ze swojej wioski i mieliśmy trzy tygodnie na to, by zrobić jak najwięcej przed Bożym Narodzeniem. Czasu nie było wiele, a projekty, które naszkicowałem, były dość ambitne. Byliśmy jednak gotowi ruszyć z robotą, kiedy tylko dotrą do nas zamówione deski.

Nie dotarły. Kupiliśmy je w małym składzie drewna w Gambie, najbliższej większej miejscowości położonej o cztery godziny drogi łódką po drugiej stronie laguny. Podobno właściciela składu nie widziano już od paru dni i wydawało się, że zniknął z powierzchni ziemi. Nasz harmonogram był napięty. Mieliśmy w sumie dwadzieścia dwa dni na zbudowanie chatki i kiedy dzień za dniem mijał bez wieści, stawałem się coraz bardziej niespokojny. Mówiłem sobie, że nic nie szkodzi, że to tylko chwilowa zwłoka i wszystko będzie dobrze. Ale Afryka Środkowa często drwi sobie z najlepiej ułożonych planów i po sześciu dniach mój optymizm wydawał się, delikatnie mówiąc, chybiony. Nawet gdyby drewno dotarło jutro, mielibyśmy tylko dwa tygodnie na budowę. Sfrustrowani postanowiliśmy z Nickiem pójść pobiegać wzdłuż plaży, a potem popływać w morzu, po prostu po to, żeby wyjść z obozu i spalić trochę energii, zanim obaj dostaniemy fioła. Niczym dwaj turyści złapaliśmy ręczniki i klapki, po czym skierowaliśmy się w stronę bezludnego brzegu.

Biały pas piasku ciągnął się przed nami długim, łagodnym łukiem, niknąc w zawieszonej nisko mgle kropelek morskiej wody na północnym horyzoncie. Fale przyboju wpełzały na plażę, powoli załamując się w niekończących się szeregach potężnych bałwanów, a zbielałe od słońca szczątki martwych drzew leżały na wpół pogrzebane w piasku jak kości dinozaurów. Na prawo od nas rósł las, zwarta ściana spiętrzonej roślinności. Gdzieniegdzie pojedyncze drzewa wychylały się poza linię przypływu, ale w dole panowała ciemność i bez względu na to, jak bardzo wytężałem wzrok, nie byłem w stanie przeniknąć cieni pod drzewami.

Położyłem ręcznik na powalonej kłodzie i odszedłem na skraj lasu, żeby się załatwić. Majstrowałem przy szortach, kiedy kątem oka dostrzegłem jakiś ruch, a unosząc głowę, zobaczyłem, jak gęste listowie dżungli przede mną rozrywa coś dużego poruszającego się z niewiarygodną szybkością. Parę sekund później z ukrycia wypadł ogromny samiec słonia, szarżując prosto na mnie. Jego wielkie czarne uszy były rozpostarte, a trąba gniewnie wzniesiona w górę, ale tak naprawdę zwróciłem uwagę na jego kły: długie na metr osiemdziesiąt i zbliżające się w alarmującym tempie. Może był to blef, ale faktycznie wyglądał, jakby nie żartował. Nie było żadnego ostrzeżenia, żadnego ryku, tylko straszliwe milczące zdecydowanie wśród złowieszczego trzasku listowia, gdy pięcioma tonami swej żywej wagi taranował pnie drzew i krzaki, jak gdyby była to trawa. Był teraz piętnaście metrów ode mnie i szybko skracał dystans. Okręciłem się na pięcie i co sił w nogach pognałem na bosaka przez plażę, w biegu naciągając szorty. Mijając Nicka, klepnąłem go w plecy.

– Słoń! Uciekaj! – wrzasnąłem.

Potrzebował ułamka sekundy, żeby zorientować się, co się dzieje, po czym ruszył biegiem, by zanurkować w falach obok mnie.

Słoń ścigał nas do samego skraju wody. Deptał nam tuż po piętach, ale plaża opadała tu ostro, tak więc zatrzymał się na piasku sześć metrów od nas i zatrąbił z furią. Był to ogłuszający dźwięk, głośniejszy nawet od huku przybrzeżnych fal. Przerażający, pierwotny ryk wściekłości, który odczuwałem jako wibracje w klatce piersiowej, mimo że stałem po pas w kipieli. Patrzyłem prosto w jego otwarty różowy pysk, kiedy ryczał z wysoko uniesioną trąbą. W końcu machnął nią w geście bezsilnego gniewu, po czym opuścił głowę i rozpostarł wielkie, poszarpane przez ciernie uszy, jak gdyby zamierzał zaszarżować prosto w morze. Wycofaliśmy się głębiej w fale, tak więc zamiast tego wyrzucił kopniakiem w naszą stronę deszcz piasku. Był rozsierdzony do żywego, głęboko oburzony naszą obecnością. Ale dostrzegłem też ślad dziecinnej dumy w sposobie, w jaki stał teraz, kołysząc z boku na bok swoim ogromnym łbem. Silny prąd odpływowy zaczął znosić nas równolegle do plaży. Mowa ciała słonia świadczyła o triumfalnej satysfakcji, kiedy kroczył obok nas, od czasu do czasu zezując w naszą stronę. Dał najzupełniej jasno do zrozumienia, że ta ścieżka należy do niego. Towarzyszył nam przez pewien czas jak cień, nim odszedł z powrotem między drzewa, a my, na wpół brodząc, na wpół płynąc, skierowaliśmy się w stronę obozu. Ale jednak pobiegaliśmy i popływaliśmy sobie, pomyślałem kwaśno.

Ukradkiem wróciliśmy z Nickiem do domku, przemoczeni do suchej nitki, czując się jak dwaj skarceni chłopcy. Dobrze, że Josepha nie było w obozie, bo inaczej do końca życia nie dałby nam spokoju. Nalałem nam obu po leczniczym kieliszku i usiedliśmy obok siebie w pełnym zadumy milczeniu, spoglądając na lagunę.

– W prospektach chyba nie było o tym mowy? – mruknął Nick.

* * *

Następnego dnia o szóstej rano siedziałem z kubkiem herbaty, leniwie obserwując wikłacze zbierające trawę na skraju wody. Te maleńkie czarno-czerwone ptaszki wzlatywały do palm nad naszą chatą, ciągnąc za sobą długie źdźbła niczym serpentyny. Na każdym drzewie dyndały jak bombki choinkowe dziesiątki gniazd – cały wiszący ogród idealnie uformowanych miniaturowych domków. Ptaki uwijały się jak w ukropie. Z zazdrością przyglądałem się ich pracy – sam również powinienem być teraz na drzewie i budować własną chatkę. Spojrzałem znów w stronę wschodzącego słońca, gdy nagle z oddali dobiegł mnie cichy warkot silnika. Nick wyszedł na zewnątrz akurat w chwili, kiedy w zasięgu wzroku pojawiła się płynąca przez lagunę niebieska łódź motorowa, wyłaniając się z porannej mgły niczym zjawa. Była wyładowana po brzegi drewnem i siedziała bardzo nisko na wodzie. Sterty desek i legarów opierały się na nadburciach, wystając po trzy metry z każdej strony. Na samym szczycie zaś siedział Joseph, wykrzykując instrukcje do pilota. Łódź szerokim łukiem podpłynęła do brzegu laguny. Joseph szczerzył zęby w uśmiechu, a my ruszyliśmy biegiem, by wciągnąć dziób na plażę.

Straciliśmy siedem dni, czekając na tę chwilę. Jedna trzecia całego czasu przewidzianego na budowę przepadła, zostawiając nam raptem dwa tygodnie na wykonanie całej pracy. Na domiar złego zorientowałem się, że ta pierwsza dostawa obejmuje tylko materiały na dach. Rozpaczliwie potrzebowaliśmy głównych belek konstrukcyjnych. Ale przestałem się już czymkolwiek przejmować i doznałem ogromnej ulgi, kiedy wyładowaliśmy to wszystko na trawę. Być może na resztę budulca będziemy musieli poczekać do wieczora, ale przynajmniej początek został zrobiony. Handlarz drewnem dotrzymał słowa i uświadomiłem sobie, że następnego ranka będziemy w końcu mogli wejść na drzewo i zacząć robić to, po co tu przybyliśmy.

* * *

Spokój i ciszę wczesnego poranka brutalnie rozdarła piła łańcuchowa. Monstrualne ustrojstwo wypożyczone w Gambie było starym modelem z długą na przeszło metr dwadzieścia częścią tnącą, bez jakichkolwiek osłon. Kaszlnąwszy kilka razy, zapaliło z rykiem, a Aubin, jego bosonogi operator, został momentalnie spowity turkusową mgłą spalin. Zwiększył obroty, aż silnik zaczął wyć, i położył piłę na desce, gdzie pracowała na jałowym biegu, nim zeskoczyła na ściółkę i wióry. Dzwoniło mi w uszach, a utrzymująca się w powietrzu woń spalonych chemikaliów niemile zakłócała harmonię naszego otoczenia.

Staliśmy na świeżo oczyszczonej polance u stóp ebany. Liście nad nami wciąż jeszcze ociekały wodą po nocnym deszczu, a cała scena była podświetlona od tyłu, jarząc się szmaragdową zielenią na tle porannego słońca. Migotliwe refleksy światła odbijały się od laguny, pełzając w górę i w dół po srebrnym pniu ebany. Obok nas przemknął zimorodek, lecąc na skróty przez las, a daleko nad laguną stado czapli szybowało ponad taflą wody, nieruchomą i gładką jak lustro. Robienie takiego harmidru zdawało się świętokradztwem, ale nie mieliśmy innego wyjścia. Nasze ręczne piły nie byłyby w stanie przegryźć twardego tropikalnego drewna głównych belek konstrukcyjnych. Byliśmy kompletnie uzależnieni od hałaśliwej maszyny, która w tej chwili leżała na boku i dymiła w ściółce u stóp Aubina.

Na początek trzeba było wejść na drzewo i podać tym na dole wymiary, aby ekipa z Sette Cama mogła odpowiednio przyciąć legary. Ludzie ci byli prawdziwym skarbem, a jeden z nich, Justin, okazał się urodzonym cieślą. Wziął na siebie rolę brygadzisty, kierując pracami na ziemi, podczas gdy Nick i ja obijaliśmy się wśród gałęzi w górze.

Założyłem uprząż i po raz kolejny przyjrzałem się dokładnie drzewu, które miałem przed sobą. Przerzuciłem linę wspinaczkową przez gałąź i podciągnąwszy się, zawisłem w powietrzu obok oblepionego błotem pnia. Powiodłem wzrokiem w ślad za tańczącymi na korze smugami odbitego od wody światła w górę, ku żywej konstrukcji wysoko nad nami. Poczułem nagle nieoczekiwane wyrzuty sumienia. To drzewo rosło w doskonałej harmonii ze swym otoczeniem. Nie wiedziałem, ile liczyło lat, ale aż do tej chwili żyło sobie spokojnie we własnym cichym zakątku tego lasu, miało się zestarzeć i umrzeć zgodnie z naturą. Teraz jednak, ze względu na jakiś program telewizyjny, jego los miał odmienić się na zawsze. Pokręciłem głową i poprzysiągłem sobie w duchu, że bez względu na wszystko chatka, którą zbudujemy, nie może wyrządzić krzywdy temu drzewu. Byłem pewien, że da się zamontować platformy nośne bez konieczności wbijania gwoździ, ale mimo to wprowadzaliśmy potężne dodatkowe obciążenia, które trzeba będzie rozłożyć tak, by ebana mogła je utrzymać bez szwanku. Będzie musiała także być zdolna do produktywnego życia długo po udziale w programie. Po prostu nie chciałem być odpowiedzialny za zniszczenie czegoś tak pięknego przez spartolenie całej sprawy.

I tak rozpoczęły się dwa najbardziej napięte tygodnie mojego życia. Każdego dnia o świcie ekipa przypływała łódką, by odebrać Nicka i mnie z naszego domku nad brzegiem laguny. Kierowaliśmy się prosto do drzewa i pruliśmy ostro po linach, by zrobić najwięcej, jak tylko się da, w ciągu tych pierwszych kilku godzin, zanim upał rozłoży nas na łopatki i wszystko stanie w miejscu. Według mojego projektu drzewna chatka miała być zawieszona na stalowych linach umocowanych w rozwidleniach konarów wysoko w koronie. Pierwszym zadaniem było zainstalowanie tych lin. Tak więc od szóstej rano pierwszego dnia huśtaliśmy się z Nickiem wśród gałęzi dwadzieścia trzy metry nad ziemią, aż liny – zwieszające się w dół niczym stalowe pnącza i dyndające sześć metrów ponad dnem lasu – były gotowe do zaczepienia na końcach głównych belek nośnych.

Wkrótce główna platforma zaczęła nabierać kształtów. Urywanemu wyciu piły łańcuchowej towarzyszyło nieustanne walenie młotków i dłut. Wszyscy harowali jak woły, wkładając w to ciało i duszę. Tego rodzaju praca pochłania mnóstwo energii i dostarczenie naszym organizmom odpowiedniej ilości jedzenia, żeby ją zapewnić, wkrótce stało się prawdziwym problemem. Nie było czasu na to, by codziennie wracać do obozu na obiad, tak więc każdego ranka około dziewiątej inny członek ekipy opuszczał nas i wypływał samotnie łódką, po czym nieodmiennie wracał kilka godzin później z kilkoma pięknymi, świeżymi rybami w wiadrze. Miejscowe chłopaki z Sette Cama były wszystkie co do jednego znakomitymi rybakami i podczas gdy my z Nickiem bujaliśmy się na linach, a ekipa naziemna cięła drewno i windowała je nam na górę, jeden z nich pichcił nad ogniskiem przepyszną potrawę.

Pora obiadowa wkrótce stała się dla nas wszystkich najważniejszą częścią dnia. Nick i ja dawno już zużyliśmy całe zapasy żywności w naszym domku, tak więc wiedząc, że nie będziemy mieli kolacji, opychaliśmy się obiadem tak, że ledwo mogliśmy się ruszać. Obżarci do nieprzytomności odczołgiwaliśmy się w poszukiwaniu skrawka cienia, żeby zdrzemnąć się na jakąś godzinkę. O drugiej po południu, sapiąc i dysząc, wspinaliśmy się znów na drzewo, by dalej zbijać deski, ale około trzeciej, kiedy upał słabł nieco, wracała nam energia i zapał. Śmigaliśmy wśród gałęzi i uwijaliśmy się jak szaleni, montując legary i deski podłogowe w takim tempie, że ekipa na dole nie nadążała ich przycinać. Codziennie pracowaliśmy na drzewie, dopóki nie zaczynało się ściemniać. Złocisty blask popołudniowego słońca wycofywał się w coraz wyższe partie wdzięcznych srebrnych konarów nad nami, aż w końcu całe drzewo okrywał cieniem las na zachód od nas. Krótkotrwały tropikalny zmierzch wysysał barwy z otoczenia, a młotki i piły milkły. Co wieczór, kiedy pakowaliśmy narzędzia i wsiadaliśmy do łodzi, słyszeliśmy odległy trzask gałęzi i niskie, dudniące porykiwania słoni zmierzających przez las do żerowisk na brzegach laguny.

* * *

Leżałem na plecach w ciemnościach. Obudziły mnie ponure odgłosy pożerania żywcem szczura przez węża gdzieś w krokwiach nade mną. Przenikliwe piski zdawały się trwać całą wieczność, słyszałem też cichy chrzęst wężowych skrętów i rozpaczliwe drapanie pazurków szczura, zanim w końcu poddał się nieuniknionemu. Nieszczególnie przyjemna pobudka, i dla mnie, i dla szczura. Ale nie tylko to wyrwało mnie ze snu. Było coś jeszcze, inny, bardziej niski dźwięk. Czułem szereg ciężkich uderzeń dobiegających gdzieś z mroku za naszym domkiem. Teraz panowała cisza, ale kiedy przewróciłem się na bok, żeby zasnąć, usłyszałem to znowu. Głuchy łomot, który wstrząsnął fundamentami domku, a zaraz po nim lawina spadających drobnych przedmiotów, jak gdyby jabłek z drzewa. Spojrzałem na zegarek: piąta rano. Za pół godziny i tak musiałbym wstać, tak więc wygramoliłem się z łóżka, żeby zobaczyć, co się dzieje. Ledwo zaczynało się przejaśniać, gdy ostrożnie wyszedłem na zewnątrz. Pod drzewami, piętnaście metrów ode mnie, stał potężny szary cień. Był to samiec słonia. Z ogromną siłą walił łbem w jedną palmę po drugiej, z każdym uderzeniem posyłając na ziemię kaskadę dojrzałych owoców. Następnie człapał dookoła, podnosząc je jeden po drugim trąbą i delikatnie wkładając sobie do ust jak cukierki. Musiał wyczuć, że jest obserwowany, gdyż obrócił się z zaskakującą szybkością w moją stronę i stał tak przez chwilę, zanim bezgłośnie odszedł w cienie z uniesioną wysoko głową i kłami połyskującymi żółto w pierwszym brzasku. W każdym calu tak wspaniały, jakim go pamiętałem.

– To był nasz koleżka? – zapytał cicho Nick, wychodząc z domku i stając obok mnie.

Był wymizerowany i zmęczony. Mordercza praca i niedożywienie odbijały się niekorzystnie na nas obu. Ja sam nie wyglądałem wiele lepiej. Ostatni tydzień był wolnym, ale nieubłaganym osuwaniem się na dno nędzy. Harowaliśmy od świtu do nocy, funkcjonując na jednym posiłku dziennie, nie mając czasu na długą wyprawę łodzią do Gamby, żeby uzupełnić zapasy. I tak zresztą nie mieliśmy ani pieniędzy, ani paliwa na taką eskapadę.

Brakowało nam i czasu, i sił na pranie ubrań albo sprzątanie domku, tak więc zaczynaliśmy pomału obrastać brudem. Chłodne, czyste wody laguny były zbawieniem, ale nocne kąpiele w świetle czołówki, przy jednoczesnym wypatrywaniu krokodyli, trudno było uznać za relaks. Jak gdyby nie dość było głodu, zmęczenia i brudu, nabawiłem się jeszcze jakiejś infekcji skórnej. Jedną stronę mojej twarzy pokrywała sącząca się wysypka, dzieło pasożyta rozprzestrzeniającego się za pośrednictwem zwierzęcych odchodów. Urocze. Do tego obaj z Nickiem zmagaliśmy się z grzybicą pachwin i tungozą. Tungozę powodują maleńkie pchły piaskowe, które wgryzają się w skórę stóp, zazwyczaj wokół paznokci, żeby złożyć jaja, które stopniowo dojrzewają, a wylęgające się z nich dorosłe pchły wydostają się z powrotem w piasek. Kilka małych placków mojego ciała pomiędzy palcami u nóg powoli gniło. Odczekałem, aż będą gotowe do pęknięcia, po czym wydłubałem larwy rozgrzaną igłą i przemyłem ranę. „O tym też nie było mowy w prospektach, prawda?" Afryka Środkowa po raz kolejny dawała mi w kość. Co właściwie kazało mi wciąż wracać do tej części świata?

Kiedy później tego ranka wyszliśmy z łodzi w las, powitała nas silna woń słoni. Ich piżmowy odór wisiał ciężko w powietrzu wokół ebany, a obok naszego składu drewna na środku polany znajdowała się pokaźna sterta świeżego łajna. Piaszczysty grunt dookoła zaczerniony był kilkoma litrami uryny, która zdążyła już przywabić chmarę trzepoczących żółtych motyli. Na jednej z leżących pod drzewem desek widniały trzy ogromne, idealnie okrągłe, błotniste ślady stóp, a na ziemi wokół nas dziesiątki następnych. Pień ebany został na nowo oblepiony mokrym błotem. Nie wierzyłem własnym oczom: mimo całego hałasu, jaki robiliśmy za dnia, słonie nocą odwiedziły to miejsce. Bóg raczy wiedzieć, jak musiało dla nich pachnieć.

Ostra mieszanka ludzkiego potu, moczu i spalin powinna kazać im omijać je na kilometr. Ale słonie to bardzo inteligentne, ciekawskie stworzenia i podejrzewam, że po prostu zajrzały, żeby na własne oczy przekonać się, skąd ten cały rejwach. Nie wyrządziły żadnych szkód i musiała to być magiczna scena, kiedy stały w cętkowanym, srebrnym blasku księżyca i mruczały do siebie, kontemplując dziwną drewnianą konstrukcję nad ich głowami.

* * *

Potrzebowałem tylko kilku minut, żeby rzucić okiem na naszą drzewną chatkę i zaplanować najbliższy dzień. Główna platforma była już niemal gotowa. Trójkątnego kształtu, długa na dziewięć metrów, wystawała nad wody laguny niczym dziób statku. Osłonięta przed bezpośrednim żarem słońca przez cętkowaną koronę w górze, stała się moim ulubionym miejscem poobiedniego odpoczynku, kiedy leżałem na plecach, otoczony przez łagodnie kołyszące się gałęzie drzewa.

Dwudziestego dnia, po trzynastu dniach budowy, ukończona została także mniejsza górna platforma, na którą wchodziło się z dolnego poziomu po drabinie przez właz. Unosiła się w otwartej przestrzeni pośrodku korony, a kilka olbrzymich konarów drzewa przechodziło przez jej podłogę.

Mieliśmy wrócić po Bożym Narodzeniu, żeby położyć dach i zbudować jeszcze jedną niedużą platformę na sąsiednim drzewie, ale na razie to był koniec. I kiedy tego wieczora wypływaliśmy znów na zwierciadlaną taflę laguny, widziałem na twarzach ludzi wokół mnie tę samą cichą dumę, która przepełniała i mnie. W niespełna dwa tygodnie wykonaliśmy niewiarygodną pracę. Miałem tylko nadzieję, że gdy wrócimy za miesiąc, zastaniemy wszystko w takim samym stanie.

* * *

Nowy Rok w Anglii nadszedł i minął, i zanim się zorientowałem, znów byłem w chatce na drzewie i siedziałem w ciemnościach na podłodze z desek, oparty plecami o pień. Łagodne wieczorne powietrze wypełniało cykanie świerszczy, a z góry spływały dziwne nosowe skrzeki młotogłowów - owocożernych nietoperzy. Pode mną woda pluskała o brzeg laguny, a cała chatka kiwała się łagodnie na wietrze, skrzypiąc z zadowoleniem jak statek na kotwicy. Było to magiczne miejsce. Upiłem kolejny łyk whisky i poczłapałem przed siebie, żeby wyciągnąć się na surowym drewnie. Odetchnąłem głęboko i rozpłynąłem się bez reszty w tej chwili.

Był piąty lutego, dziesiąta wieczór, i chatka była już gotowa. Miała nawet prostą kuchenkę, a wszędzie wokół mnie piętrzyły się zapasy ekspedycji. Trójka prezenterów miała wprowadzić się jutro. Byli wśród nich Guy (którego widziałem ostatni raz w Australii, kiedy wspinaliśmy się razem na Ryczącą Meg) i prymatolożka Julie. Na ekranie miał dołączyć do nich również mój przyjaciel Gavin, kamerzysta, z którym często pracowałem w przeszłości. Przez następne sześć tygodni miał to być ich dom, ale na razie nikogo z nich nie było tutaj, a ja świętowałem w najlepszy sposób, jaki znam – spędzając samotnie noc. Miałem całą chatkę dla siebie i wkrótce zapadłem w głęboki sen.

Obudziłem się kilka godzin później. Nastąpiła jakaś zmiana w powietrzu i jednostajny chłodny wiatr grzechotał rondlami zawieszonymi na krokwiach nad moją głową. Wstałem i opierając się o balustradę, spojrzałem w ciemność. Las był podejrzanie cichy. Umilkły nawet świerszcze. Błyskawica rozjaśniła horyzont, a na krytym strzechą dachu ciężko wylądowały pierwsze wielkie krople deszczu. Wiatr wciąż przybierał na sile, aż w końcu cała konstrukcja zaczęła skrzypieć i jęczeć, jak gdyby próbowała zerwać się z uwięzi. Największym zagrożeniem dla nadrzewnej chatki była sama ebana i kilka minut później poczułem pierwsze wstrząsy i drżenia, gdy potężne konary nade mną uderzały w ciemnościach o belki. Jeden z rondli spadł z brzękiem na podłogę za moimi plecami, kiedy na chatkę runęła ściana powietrza idąca tuż przed burzą. Ciśnienie powietrza spadło na łeb na szyję, a niebo bezpośrednio nade mną eksplodowało biało-fioletowym błyskiem. Powietrze stało się cierpkie, pioruny huczały, a strugi deszczu wlewały się przez otwarte boki platformy. Wbiegłem pod dach, żeby opuścić rolety przeciwsztormowe, ale kotłujące się powietrze wyssało plandekę w ciemność, gdzie łopotała bezużytecznie, podczas gdy platforma tonęła w wodzie. Każda błyskawica ukazywała kompletny chaos: fruwające i turlające się po podłodze garnki, patelnie, ubrania i wiadra.

Cała platforma przechylała się teraz z boku na bok, czemu towarzyszyły przyprawiające o mdłości trzaski. Niektóre wibracje wstrząsały konstrukcją do tego stopnia, że obawiałem się, iż coś pęknie i wszystko zwali się na ziemię razem ze mną. Pokusa ewakuowania się była niemal nie do odparcia. Ale dokąd miałbym uciec? Rojący się od słoni las nocą podczas gwałtownej burzy nie był żadnym schronieniem. A poza tym wichura taka jak ta była czymś, co od początku brałem pod uwagę. To był ostateczny sprawdzian chatki: kluczowy rytuał przejścia, w którym, jak czułem, muszę uczestniczyć wraz z nią. Leżąc na plecach w zacinającym deszczu, poddałem się całkowicie potędze burzy, aż w końcu zmęczenie zmogło mnie i zapadłem w sen. Po pewnym czasie deszcz złagodniał i zorientowałem się, że największe niebezpieczeństwo minęło. To była ostra jazda, ale mój projekt zdał egzamin.

* * *

Sześć tygodni później nadszedł czas odjazdu. Filmowanie dobiegło pomyślnego końca i prawa własności do chatki zostały oficjalnie przekazane Światowemu Funduszowi na rzecz Przyrody, tu w Gabonie. Pożegnalne przyjęcie w nasz ostatni wieczór było dla wszystkich okazją, by rozładować nadmiar energii i przetańczyć całą noc. Ja sam byłem fizycznie i emocjonalnie wyczerpany i choć wspaniale było być otoczonym przez rozradowane twarze tylu nowych przyjaciół, o dziesiątej wieczorem zupełnie opadłem z sił. Impreza wciąż trwała w najlepsze. Wszyscy tańczyli i wirowali w cieniach wielkiego ogniska z wyrzuconego na brzeg drewna, kiedy odchodziłem w noc, kierując się do pustego domku na skraju obozu. Rozwiesiłem moskitierę i ułożyłem się do snu na werandzie. Spoglądając w gwiazdy i obserwując migoczące w blasku ogniska sylwetki palm, odpłynąłem w spokojny sen.

Kilka godzin później obudził mnie niski pomruk dudniący w mojej klatce piersiowej niczym pedałowa nuta organów kościelnych. Otworzyłem oczy, ale panowała nieprzenikniona ciemność. Gwiazdy w górze przesłaniał olbrzymi cień unoszący się tuż nade mną, a półtora metra nad moją głową kołysały się spiczaste końce dwóch wielkich żółtych ciosów. Zastygłem w bezruchu, kiedy słoń delikatnie przycisnął końcówkę trąby do siatki kilka centymetrów od mojej twarzy. Wciągnął głęboko powietrze i słyszałem, jak gigantyczne płuca wewnątrz jego potężnej klatki piersiowej rozdymają się, aż w końcu byłem pewien, że zaraz pękną. Dosłownie czułem prąd zasysanego do trąby powietrza, kiedy mnie wąchał. Ledwo zdążyłem zorientować się, co się dzieje, gwałtowny podmuch jego wydechu zmusił mnie znów do zamknięcia oczu. Poczułem zapach trawy fermentującej w jego żołądku, gdy moskitiera wypełniła się wilgotnym powietrzem z jego płuc.

Dziękowałem Bogu, że jest w lepszym nastroju niż wtedy, gdy spotkaliśmy się po raz pierwszy. Zapewne obserwował, czekając na skraju lasu, aż impreza skończy się, a ogień wygaśnie, zanim wyszedł na polanę, by pożywić się pod palmami. Natknął się na mnie śpiącego i postanowił przyjrzeć się dokładniej. Choć leżałem pod pięcioma tonami jego żywej wagi, czułem zaskakujący spokój. Gdyby chciał zrobić mi krzywdę, mógł już dawno stratować mnie we śnie, a poza tym nie miałem dokąd uciec. Stwierdzić, że miał nade mną przewagę, byłoby sporym niedopowiedzeniem. Wydał kolejny głęboki pomruk, który przetoczył się przez moje ciało, po czym cicho odpłynął w noc. Czułem się, jak gdybym przeszedł jakiegoś rodzaju sprawdzian. Na niebie znów pojawiły się gwiazdy, a na horyzoncie poza laguną dostrzegłem nikłą poświatę. Budził się nowy dzień, ale ja musiałem już opuścić Afrykę Środkową – akurat kiedy zaczynałem czuć się akceptowany przez jej mieszkańców.

Rozdział 8

Kayu besi – Papua

2009

Wyciągnąłem z kieszonki na piersi mały ołowiany ciężarek i umieściłem go w miseczce procy. Wcześniej już osadziłem procę na czubku prawie trzymetrowej tyczki i teraz gruba, czarna, elastyczna taśma zatrzeszczała cicho, kiedy naciągnąłem ją aż do ziemi. Była naprężona do granic i szybki rzut oka na starą, kostropatą gumę ostrzegł mnie, żeby nie utrzymywać jej w tym stanie zbyt długo. Wypuściwszy wolno powietrze, wycelowałem starannie, po czym zwolniłem taśmę. Guma odskoczyła z głośnym trzaskiem, a żyłka zaczęła z suchym świstem odwijać się ze szpulki. Ku mojej uldze strzał był celny i ciężarek swobodnie przeleciał nad gałęzią czterdzieści pięć metrów nade mną, zanim spadł jak kamień w dół i zarył się w grubą ściółkę dżungli. Ledwo wylądował, młody chłopak obok mnie puścił się biegiem, żeby go podnieść – i krzyknął triumfalnie, kiedy znalazł go kilka sekund później.

Odwróciłem się. Powitały mnie szerokie uśmiechy i chóralny pomruk uznania. Mała grupka wojowników z plemienia Korowajów zebrała się, żeby obserwować ten osobliwy rytuał, i nawet Aliom i Anom, członkowie plemiennej starszyzny, porzucili na chwilę srogie miny, by wyszczerzyć się do mnie z błyskiem w oku. Byłem nie mniej od nich zaskoczony, że udał mi się już pierwszy strzał, ale odrobina presji ze strony publiczności potrafi zdziałać cuda i cieszyłem się, że dałem dobre przedstawienie. Nasé, jeden z młodszych mężczyzn, uczcił tę chwilę, podskakując w miejscu i wydając przenikliwe okrzyki, a jego wykonana z dzioba dzioborożca osłona na penis kiwała się przy tym w górę i w dół. Wszyscy zanosili się śmiechem i pomyślałem o tym, jak serdeczni okazali się ci ludzie, odkąd przed trzema dniami przybyłem do ich wioski.

Niektórzy z Korowajów dzierżyli długie łuki i mimo że nigdy wcześniej nie widzieli procy, błyskawicznie zorientowali się, co zamierzam zrobić. Teraz podeszli, by przyjrzeć jej się z bliska, obracając ją w dłoniach i ostrożnie ciągnąc za mocną gumę. Znaleźliśmy płaszczyznę porozumienia i miło było dogadywać się z nimi pomimo bariery językowej. Zostawiwszy procę w rękach Anoma, ruszyłem w las, żeby zabrać się do wciągania liny wspinaczkowej. Młody Korowaj obserwował bacznie, jak się trudzę, próbując odwiązać niewielki ciężarek niezgrabnymi palcami. Odebrawszy mi go, w parę sekund sprawnie uporał się z supłem, po czym z szerokim uśmiechem umieścił go z powrotem w mojej dłoni.

To byli dobrzy ludzie, mimo tajemniczej, wręcz przerażającej reputacji; oglądając się na pozostałych, zobaczyłem, jak siadają na kłodzie, żeby pogawędzić i wspólnie pociągnąć dymka. Aliom wyjął kulkę tytoniu ze swego charakterystycznego schowka za uchem i wcisnął ją w końcówkę długiej bambusowej fajki. Zapaliwszy ją od rozżarzonego węgielka zatkniętego w rozwidlony patyk, puścił ją w obieg wzdłuż rzędu, kiedy rozpoczęli poważną grupową dyskusję. Rytm ich konwersacji był krzepiąco kulturalny i wyważony: każdy mówił, co miał do powiedzenia, po czym milkł, by następny mógł wyrazić swobodnie swój pogląd.

Anom zaciągnął się mocno, pochylił głowę w chmurze sinego dymu, po czym uniósł twarz i utkwił wzrok w gałęziach górującego nad nami drzewa. Starannie wybrali ten konkretny okaz, żeby zbudować na nim tradycyjny korowajski dom. Ale nie miał to być zwyczajny domek na drzewie. Miał balansować wśród smukłych gałęzi górnych partii korony drzewa, dobrze ponad trzydzieści metrów nad ziemią, i być na tyle duży, by mogło w nim spać dziesięć osób. Byłem członkiem małej ekipy wysłanej tu przez BBC, aby filmować ich przy jego wznoszeniu. Ale podczas gdy ja miałem liny, uprzęże i wszelkie inne akcesoria współczesnego arborysty, oni dysponowali jedynie tym, co mógł zapewnić las. Nie mogłem się doczekać, kiedy zobaczę, jak to robią. Samo wejście na owo drzewo bez lin byłoby niesłychanym wyczynem, a co dopiero zbudowanie domu wśród jego gałęzi, dziesięć pięter nad ziemią, bez użycia gwoździ i praktycznie bez metalowych narzędzi. Ale nauczyłem się już nie lekceważyć możliwości tych niezwykłych ludzi i nie wątpiłem, że najbliższe dwa tygodnie będą jednymi z najbardziej ekscytujących w moim życiu.

Podszedłem do nich i usiadłem z boku, żeby posłuchać zmiennej melodii rozmowy. Wayu, siłacz o groźnym spojrzeniu, z piersią poznaczoną plemiennymi skaryfikacjami wojownika, wydawał się przewodzić dyskusji. W końcu jednak, jeden po drugim, wszyscy popadli w milczącą zadumę, przyglądając się drzewu. Wayu uniósł rękę i w zamyśleniu kreślił palcami kształt jego gałęzi.

Okaz ten został wybrany ze względu na swoją siłę. Rozpoznałem w nim jakiś rodzaj drzewa żelaznego. Jak sugeruje nazwa, drewno tych drzew należy do najtwardszych i najbardziej wytrzymałych na świecie. W Indonezji rośnie wiele różnych gatunków drzew żelaznych – czyli *kayu besi* – i po dziś dzień nie mam pojęcia, z którym z nich mieliśmy do czynienia. Mogę jednak poświadczyć niezwykłe wrażenie odporności i siły, jakim emanowało przy dotknięciu. Zdawało się wyrzeźbione z żywego kamienia. Korowajowie dokonali znakomitego wyboru; był to idealny fundament dla nadrzewnego domu.

Wspinanie się na drzewa w tropikach nie jest tym samym, co wspinaczka w kraju, gdzie wiadomo dokładnie, do jakiego gatunku należy dane drzewo, i można ocenić, czego spodziewać się po jego drewnie. Wielka Brytania ma raptem garstkę gatunków drzew w porównaniu z tropikalnym lasem deszczowym. Stojąc w New Forest, można się doliczyć wokół siebie ledwie pół tuzina różnych gatunków. Ale w tropikach trzeba pomnożyć tę liczbę przez dziesięć, a wiele z nich będzie dla arborysty zupełną niewiadomą pod względem wytrzymałości i solidności drewna. Tak więc wiedza, że to drzewo należy do drzew żelaznych, była olbrzymim atutem. Reputacja tych słynnych drzew wyprzedzała je i podobnie jak w wypadku angielskiego grabu lub cisu ufałem stuprocentowo w jego siłę.

Nauczyłem się już jednak, że ostrożności nigdy za wiele, tak więc przyjrzałem mu się dokładnie. Jego rozszerzającą się podstawę pokrywał kożuch jasnoszarego mchu, wyżej jednak wysmukły pień był nagi i wolny od pnączy – z gracją wznosił się przez dwadzieścia pięć metrów, nim rozpostarł się w luźną koronę. Jej długie, smukłe gałęzie sterczały niemal pionowo w niebo. Nawet tu, z dołu, mogłem poznać po ich wolno rosnących, pokrzywionych kształtach, że są fenomenalnie mocne. Dokonałem jeszcze jednych oględzin – tym razem przez lornetkę. Żadnych gniazd szerszeni, pęknięć, dziupli czy grzybów. Żadnych odłamanych kikutów ani wiszących uschniętych gałęzi. Było w znakomitej kondycji, a przy około pięćdziesięciu pięciu metrach wysokości przewyższało nieco większość okolicznych drzew.

Widywałem podobne okazy na Borneo i Sumatrze, ale drzewa żelazne tych rozmiarów i wieku stają się rzadkością. Znajdują się na szczycie listy przebojów nielegalnego wyrębu, uzyskując bardzo wysokie ceny na międzynarodowym rynku. Drzewo wznoszące się nade mną było po prostu piękne – doskonałe ucieleśnienie naturalnego wdzięku i formy. Zagłębić w nie piłę łańcuchową byłoby świętokradztwem. Jednak drewno mocne jak stal jest atrakcyjnym towarem i niestety – podobnie jak kość słoniowa – zawsze będzie pożądane przez ludzi, którzy mają więcej pieniędzy niż rozumu.

Na szczęście Korowajowie nie mieli oczywiście najmniejszego zamiaru go ścinać. Ale i tak odczuwałem smutek na myśl o tym, że już nigdy nie będzie ono wyglądać tak pięknie i perfekcyjnie jak w tej chwili. Podobnie jak stało się z naszą ebaną w Gabonie, los tego kayu besi miał odtąd być podporządkowany ludzkim planom. Budowa tego domu nie zabije go, a jednak żałowałem, że nie dożyje końca swoich dni nietknięte.

Mężczyźni byli wciąż pochłonięci dyskusją, ja jednak paliłem się do wspinaczki w te mocne gałęzie. Konar, przez który przewiesiłem linę, znajdował się czterdzieści pięć metrów nad ziemią, około dziesięciu metrów poniżej samego czubka drzewa.

Zanim zdążyłem opleść koniec liny wokół podstawy pobliskiego drzewa i założyć uprząż, towarzystwo znów się zebrało, żeby popatrzeć, stojąc w milczeniu ze skrzyżowanymi ramionami i bacznie śledząc każdy mój ruch. Podałem im do obejrzenia karabinek. Z tego, co wiedziałem, cały klan posiadał tylko dwa metalowe przedmioty: maczetę i siekierę, nic więcej. Cała reszta ich narzędzi była wykonana z drewna, kamienia lub kości. Żadnych garnków, zegarków, monet – poza maczetą i siekierą nie istniało tu nic metalowego, tak więc forma i funkcja karabinka były dla nich zupełnie obce. Przekazywali go sobie z rąk do rąk z lekkim zaciekawieniem, ale najwyraźniej nie byli zainteresowani tym, do czego mógłby on służyć. Dla nich był to wytwór abstrakcyjnej technologii. W odróżnieniu ode mnie potrafili doskonale wspinać się na drzewa bez takich fidrygałek i nagle zdałem sobie sprawę, jak potężna przepaść kulturowa nas dzieli.

Zawisnąwszy całym ciężarem na linie, skupiłem się na czekającej mnie wspinaczce. Kilku mężczyzn zareagowało na odległe jodłowanie i chwyciwszy łuki, odeszło w stronę wioski. Reszta jednak wróciła na kłodę, zapaliła kolejną fajkę i rozsiadła się wygodnie, by śledzić przedstawienie.

Moja lina wisiała trzy metry od głównego pnia i wspinając się, zacząłem wolno wirować wokół własnej osi. Gdy znalazłem się na wysokości pierwszej gałęzi drzewa, zanurzyłem się bez reszty w koronie, chłonąc jej atmosferę jak gąbka. Robiłem to setki razy i zawsze jest to tak samo niesamowite jak za pierwszym razem, ponieważ każdy las jest odrobinę inny. Ale lasy deszczowe Papui są szczególnie wyjątkowe. Powietrze jest pełne zwierzęcych głosów, które brzmią znajomo, dopóki człowiek nie przypomni sobie, że wydają je wyłącznie ptaki. Papua nie ma żadnych naczelnych i poza nieśmiałymi endemicznymi torbaczami bardzo niewiele ssaków. Tak więc ptaki rządzą tu niepodzielnie i prosperują, wypełniając niemal każdą niszę. Każdy dziwaczny wrzask, szczeknięcie lub wycie wydobywa się z gardła takiego czy innego ptaka i las, mimo braku dużych ssaków, nie wydaje się opustoszały, ale wręcz kipi życiem.

Kilka minut później dotarłem do końca liny, czterdzieści pięć metrów nad ziemią. Miałem teraz gałęzie drzewa w zasięgu ręki i doznałem otuchy, kiedy poczułem, jak są mocne. Całą moją żywą wagę utrzymywał konar nie grubszy niż moje ramię. Zadbałem o to, by lina przechodziła także nad inną gałęzią, ale obawy były niepotrzebne. Czułem się tak, jak gdybym wisiał na stalowej belce. Dynamiczne siły wywierane na drewno, kiedy huśtając się, podchodziłem po linie, były dla tego drzewa błahostką, a utrzymująca mnie gałąź prawie nie uginała się pod moim ciężarem.

Kora na tej wysokości była cienka i łuszcząca się, pokryta cętkami w kolorach rdzy i kości słoniowej. Przy każdym moim ruchu drobne płatki sypały się na ziemię, wirując w locie niczym nasiona sykomory. Byłem teraz wyżej niż większość okolicznych drzew i choć nie miałem stąd pełnej panoramy, miejscami widok otwierał się aż po horyzont. Las wyglądał jak niekończący się dywan zieleni. Płaski, tajemniczy i kuszący jak okiem sięgnąć.

Spoglądając w dół, w centrum korony, bez trudu wyobraziłem sobie, gdzie powstanie dom. Solidny stelaż z olbrzymich, pnących się w górę konarów, stanowił idealną podporę. Przepiąwszy się na lonżę, przeszedłem na inne odgałęzienie pnia, po czym zsunąłem się w sam środek drzewa. Po pniu obok mnie przemknął jak błyskawica pająk wielkości mojej dłoni. Miał znakomity kamuflaż; zlewał się z korą drzewa i znikał całkowicie, ilekroć się zatrzymał. Tu w górze życie tętniło bujnie i moją uwagę przyciągnęła cienka kolumna mrówek posuwająca się wzdłuż innej gałęzi na lewo ode mnie. Samotna robotnica stała na uboczu, zastygła w bezruchu. Wyglądała nieco inaczej niż pozostałe i przypatrzywszy się bliżej, uświadomiłem sobie, że jest to maleńka modliszka, upodobniona do mrówki, tego samego koloru i kształtu co owady sunące obok niej. Z zawrotną szybkością rzuciła się i wywlokła jednego z nich z szeregu – pożarła swój posiłek żywcem, podczas gdy nieszczęsna mrówka wiła się i podrygiwała w maleńkich żarłocznych szczękach. W okapie tropikalnego lasu naprawdę można czasem poczuć się jak na innej planecie.

Zapoznawszy się z drzewem, które miałem filmować, ruszyłem na dół. Chwilę później zaczęło padać; zanim dotarłem na ziemię, wszyscy Korowajowie zdążyli już sobie pójść i zostałem sam. Byłem przemoczony do nitki, tak więc ponieważ nie było już sensu szukać na gwałt schronienia, bez pośpiechu schowałem uprząż do torby u podnóża drzewa.

To był udany dzień. Wspinaczka na kayu besi była przyjemnością; drzewo wysyłało jedynie dobre fluidy przez cały czas, kiedy na nim byłem. Niektóre drzewa mają osobowość i wspinałem się na wiele takich, które były miłe od początku do końca. Spotkałem też równie wiele odpychających – wydawało się, że nie życzą sobie, by człowiek choćby zbliżał się do nich. Nie mam pojęcia, dlaczego niektóre drzewa są takie; tak po prostu jest. I podobnie jak w przypadku ludzi, pozory niekiedy mylą: nie zawsze te najbardziej podejrzane sztuki okazują się najbardziej podstępne.

* * *

Chciałem odwiedzić Korowajów, odkąd wiele lat temu zobaczyłem w „National Geographic" zdjęcie ich nadrzewnych domów, tak więc nie mogłem uwierzyć, że naprawdę jestem tu wśród nich. Dżungla, w której mieszkają, leży bardzo daleko od Anglii, ale nie tylko kilometry czynią to miejsce tak odległym. Podobnie jak Kongo, ta kraina autentycznie wydawała się innym światem, jak gdybym przeszedł przez portal do innego wymiaru. Brnąc przez błoto w stronę obozu, wracałem myślami do tej zdumiewającej chwili, kiedy spotkałem pierwszego w życiu korowajskiego wojownika. Teraz wiedziałem już, że ma na imię Anom, ale owej nocy, kiedy się poznaliśmy, miałem wrażenie, że wyszedł prosto z mgieł innego świata.

Podróż z Bristolu była prawdziwą epopeją. Trwała tydzień i obejmowała siedem przelotów oraz całodzienną przeprawę łodzią. Wraz z ekipą dotarliśmy w końcu do małej wioski Yafufla, usadowionej na wysokiej skarpie nad rzeką Becking w południowo-wschodniej Papui. Yafufla leżała na południowym skraju terytorium Korowajów i stanowiła nasz ostatni nocleg przed przybyciem do plemiennej wioski w głębi lasu.

Nasza chata balansowała na drewnianych palach metr nad ziemią i drżała jak galareta, ilekroć ktoś obrócił się przez sen albo wstał, żeby wyjść za potrzebą. Była nas szóstka, rozłożona jak popadło po całej izbie: główny operator Gavin, z którym niedawno pracowałem w Gabonie, Rachel i Tom z BBC, amerykański antropolog Jim oraz nasz indonezyjski pomocnik Bob. Sami fajni ludzie, ale wkrótce wyszło na jaw, że jeden z nich ukrywa straszliwy sekret: nasza chata kołysała się w rytm światowej klasy chrapania i serce zamierało mi na myśl, że będę musiał słuchać tego hałasu noc w noc przez następne kilka tygodni. Ale wobec braku jakiejkolwiek indywidualnej przestrzeni i prywatności wszyscy musieliśmy być dla siebie supertolerancyjni, a poza tym ja sam nie zawsze jestem najprzyjemniejszym towarzyszem podróży. Gadam przez sen, robię się drażliwy, kiedy jestem głodny, i zbyt często pogwizduję pod nosem.

W końcu usnąłem, ale o trzeciej nad ranem obudziłem się znowu. Chrapanie zastąpił cichy pomruk stłumionych głosów dobiegający od strony wejścia do chaty. Przez szpary w drewnianych ścianach przeświecał łagodny blask ognia, tak więc naciągnąłem szorty, żeby zobaczyć, co się dzieje. Kiedy wyszedłem na mały balkonik, zobaczyłem Boba siedzącego przy ognisku obok dwóch mężczyzn, niepodobnych do żadnych ludzi, jakich widziałem wcześniej. Ich oczy zwróciły się w moją stronę i umilkli, kiedy Bob odwrócił się i lekkim gestem dał mi znak, żebym dosiadł się do nich. Starając się możliwie nie zwracać na siebie uwagi, usadowiłem się pod ścianą, by z cieni przyglądać się towarzyszom Boba. Nie widziałem wcześniej tych ludzi. Wszyscy, których napotykaliśmy do tej pory, nosili zachodnie ubrania otrzymane od misjonarzy znad rzeki. Ale ci dwaj byli ubrani w tradycyjne korowajskie stroje, co oznacza, że nie mieli na sobie prawie nic.

Anom był starszy i Bob cicho wyjaśnił, że przyszedł jako wysłannik Korowajów, by oficjalnie zaprowadzić nas na ich terytorium. Niski, ciemnoskóry i żylasty Anom był po pięćdziesiątce, ale miał muskularną sylwetkę człowieka o połowę młodszego. Nosił plecioną z włókien opaskę na głowę i naszyjnik z malutkich kawałków białych muszli. Talię opasywały mu dwie pętle rattanu, a przyrodzenie okrywała łupina jakiegoś owocu. Ale jego najbardziej uderzającymi ozdobami były kawałek zaostrzonej białej kości przetknięty przez przegrodę nosową i maleńka muszelka kauri osadzona w otworze przebitym na czubku nosa. Jego twarz była pobrużdżona, a włosy zmierzwione. Mógłby uchodzić za dalekiego krewnego Keitha Richardsa. Za jego plecami stał dwumetrowy łuk – z czarną, polerowaną powierzchnią lśniącą oleiście w blasku ognia. Niezwykle potężna broń, której niewątpliwie był mistrzem. Obok łuku stał kołczan ze strzałami, niektóre zakończone szerokimi ostrzami z bambusa, inne groźnie wyglądającymi zadziorami misternie wyrzeźbionymi w kości. Pozbawione lotek, długie na metr dwadzieścia, przypominały raczej włócznie.

Jego towarzysz był młodszy, ale ubrany w podobnym stylu, z dodatkiem długiego, wąskiego sztyletu z kości kazuara zatkniętego za pleciony pas. Znamionujący wojownika gęsty naszyjnik ze świńskich zębów zwisał białym półksiężycem na jego ciemnej piersi, a jego twarde muskuły napinały się, kiedy wolno kołysał się w przód i w tył, paląc jeden z papierosów Boba.

Cienie mężczyzn tańczyły w blasku płomieni, kiedy siedziałem, przysłuchując się łagodnej melodii języka niepodobnego do żadnego, jaki kiedykolwiek słyszałem. Był nie tak klekotliwy jak indonezyjski i znacznie bardziej płynny od angielskiego. Jak delikatny szmer liści w lesie. Byłem urzeczony.

Po pewnym czasie ułożyli się do snu obok dogasającego ogniska, tak więc wróciłem do łóżka, gdzie leżałem bezsennie, myśląc o tym, co przyniesie ranek, kiedy będziemy mieli już za sobą końcową wędrówkę przez dżunglę na terytorium Korowajów.

* * *

Pierwsza w życiu wspinaczka na kayu besi była fantastycznym sposobem na rozciągnięcie mięśni po długiej podróży. Chciałem utrzymać ten impet, wracając tam na drugi dzień, żeby zainstalować parę stanowisk kamer. Niestety następnego ranka musiałem zrewidować swoje plany. Nie licząc Kostaryki, nigdy w życiu nie byłem w tak mokrej dżungli. Nim przyszło południe, deszcz padał ciurkiem od siedemnastu godzin – nieustająca ulewa, która spłukała z lasu wszelkie barwy i pogrążyła wszelkie nasze próby rozmowy. Nam, Brytyjczykom, wydaje się, że wiemy wszystko na temat deszczu. To nieprawda. Brytyjska pogoda, nawet najbardziej fatalna, przeważnie zmienia się dość szybko. Rozległy nizinny las deszczowy zachowuje się zupełnie inaczej. Deszcz koczuje nad jednym i tym samym spłachetkiem całymi dniami. Drzewa same go tworzą, uwalniając do atmosfery związki chemiczne, które skłaniają cząsteczki wody do skupiania się w chmury. Drzewa kształtują środowisko wokół siebie i wszystko inne, co pragnie żyć w dżungli, musi pogodzić się z tym, że będzie regularnie moknąć.

Kamerzysta Gavin i ja siedzieliśmy pod plandeką koło kayu besi, wpatrując się w ścianę wody, która spadała jak gilotyna w dół, tworząc fosę w błocie wokół nas. Obozowe latryny przelały się w nocy i nasza baza pływała teraz w mazi błota i ludzkich odchodów. Na domiar wszystkiego jedna z należących do plemienia świń wczołgała się do jednej z wygódek, żeby tam zdechnąć. Niezbyt pomyślny początek dnia, tak więc postanowiliśmy ruszyć do lasu w nadziei, że znajdziemy się w piętrze koron akurat w momencie, kiedy deszcz ustanie. Anom dołączył do nas i rechotał głośno, kiedy sprzeczaliśmy się z Gavinem o najlepszą metodę rozpalenia ognia, nad którym chcieliśmy zagotować wodę na herbatę. Była to pierwsza z wielu okazji, kiedy widzieliśmy, jak śmieje się z naszych dziwnych zwyczajów, ukazując przy tym swój jeden jedyny pożółkły ząb.

Po południu deszcz przeszedł wreszcie w mżawkę i uznaliśmy, że możemy wziąć się do roboty. Upatrzyłem sobie wysokie, smukłe drzewo rosnące tuż obok kayu besi i zabrałem się do instalowania liny w jego gałęziach. Do tego czasu dołączyło do nas kilku Korowajów płci obojga. Lina zaklinowała mi się w wysokim rozwidleniu, tak więc jeden z mężczyzn zaoferował się, że wejdzie na górę i uwolni ją. Zanim zdążyłem powiedzieć mu, żeby się nie kłopotał, wspiął się na żywca dwadzieścia pięć metrów nad ziemię i rozwiązał problem. Używał dłoni i stóp, przestrzegając przez cały czas zasady trzech punktów podparcia i poruszał się z pełną gracji swobodą, uważając, by nie obciążyć gwałtownie ani nie szarpnąć żadnej z gałęzi. Była to jedna z lepszych swobodnych wspinaczek, jakie widziałem. Ci ludzie byli wyraźnie zżyci z drzewami, ale ów popis stanowił zaledwie przedsmak tego, co miało nadejść.

Po zainstalowaniu lin wspiąłem się na to sąsiednie drzewo, żeby zyskać nową perspektywę na kayu besi. Nagrodził mnie znakomity widok na jego koronę, na wysokości miejsca, gdzie, jak się domyślałem, zostanie zbudowany dom. Spojrzałem na ziemię, trzydzieści metrów w dół, i zobaczyłem, że czterdziestka Korowajów systematycznie oczyszcza dżunglę wokół podnóża kayu besi. Kobiety ścinały kamiennymi siekierami mniejsze drzewa i podrosty, natomiast mężczyźni brali się do większych sztuk.

Choć mieli do spółki tylko jedną stalową siekierę, już niebawem potężne drzewa zaczęły padać na prawo i lewo. Mężczyźni korzystali na zmianę z tego cennego metalowego narzędzia, ujmując je lewą ręką i wymachując z brutalną siłą, by wykonać kierunkowe podcięcie, podczas gdy ktoś inny tradycyjną kamienną siekierą atakował drewno z przeciwnej strony pnia. Niesamowite było widzieć kamień i metal pracujące obok siebie i choć stalowa siekiera była bezdyskusyjnie szybsza, kamienne wersje były w stanie powalać wielkie drzewa w zaskakująco krótkim czasie. Powietrze wypełniały okrzyki ludzi oraz rytmiczne „łup" ciosów, gdy jedno po drugim drzewa pomiędzy tym, na którym siedziałem, a kayu besi kładły się pokotem. Ich ulistnione korony wzdychały, przecinając powietrze, kiedy grawitacja ściągała je na ziemię. Żadne z nich nie było tak wysokie jak kayu besi, ale i tak padały z łomotem, a każdemu upadkowi towarzyszył chór triumfalnych okrzyków Korowajów.

Kilka małych berbeci pałętało się wśród ściętych drzew, bawiąc się miniaturowymi łukami i strzałami. Serce podchodziło mi do gardła, kiedy wokół nich sypały się na ziemię tony drewna. Co zdumiewające, nikomu nie stała się żadna krzywda, ale las deszczowy dostał tęgie lanie i pod koniec następnego dnia kayu besi stało samotnie pośród morza zniszczeń. To odsłonięcie podkreśliło tylko jego ogrom. Wciąż nie mogło pomieścić mi się w głowie, jak ci ludzie zamierzają dostać się w jego koronę bez użycia lin.

Wiele powalonych drzew zostało odartych z kory, przeznaczonej na pokrycie podłogi, a z mniejszych drzewek wycinano żerdzie, które składano w wiązkach u stóp kayu besi. Mężczyźni zasuwali teraz ostro, wykorzystując te materiały do budowy szeregu drewnianych rusztowań i drabin prowadzących ku pierwszym gałęziom drzewa. Pracowali niewiarygodnie szybko i sprawnie, oplatając bosymi nogami pionowe drągi, kiedy wiązki żerdzi były windowane w górę na końcach długich rattanowych lin. Filmowałem ich ze swojej grzędy naprzeciwko, wisząc na linach bezpieczeństwa, podczas gdy oni wspinali się bez asekuracji po chybotliwym rusztowaniu piętnaście metrów nad ziemią, nie mając poza powietrzem nic, co zatrzymałoby ich w razie upadku. Kłębili się po całej konstrukcji jak mrówki, współpracując zgodnie, aby zapewnić swoim najlepszym, najbardziej doświadczonym wspinaczom wszystko, czego było im trzeba do jak najszybszego parcia w górę. Do zachodu słońca dotarli do pierwszych gałęzi kayu besi i zbudowali wokół jego głównego pnia poziomy pomost z patyków. Wyglądało to na platformę startową, z której mieli zrobić wypad w koronę i zamocować belki fundamentowe właściwego domu.

Kiedy zapadł zmierzch, zostałem sam na polanie, patrząc na scenę w dole ze swojej wysokiej grzędy. Końcowym rezultatem całodziennej pracy był hektar lasu wyglądający jak po ostrzale artylerii – najeżona masa wysokich do piersi kikutów. Nie mogłem wyjść ze zdumienia: w ciągu dwudziestu czterech godzin prawie hektar pierwotnego lasu deszczowego został obrócony w bezładną stertę poskręcanych pni i połamanych gałęzi. No dobrze, w robocie była jedna stalowa siekiera, ale zasadniczo tej ekspresowej wycinki dokonało czterdziestu ludzi posługujących się kamiennymi narzędziami. Jako eksperyment z zakresu archeologii doświadczalnej dawało to wiele do myślenia: lasy neolitycznej Brytanii wyraźnie nie miały żadnych szans.

* * *

Tego wieczora jak zwykle udałem się wraz z innymi do strumienia, żeby umyć się w głębokiej, czarnej wodzie płynącej leniwie przez okoliczny las. Każdego wieczora Bob, nasz indonezyjski pomocnik, którego namiot stał tuż przy ścieżce, miał wątpliwą przyjemność oglądania rządka półnagich Brytyjczyków w klapkach, którzy próbowali przeskoczyć wielką kałużę obok jego namiotu bez upuszczenia ręcznika, latarki lub mydła. Odpowiadał na rutynowe chóralne: „Dobry wieczór, Bob" swoim zwykłym „Dobry wieczór, BBC, uważajcie na krokodyle".

Tego dnia przystanąłem, żeby zapytać go o coś, co nie dawało mi spokoju. Nie mogłem pojąć, dlaczego Korowajowie wycinali tak wielkie połacie lasu wokół nadrzewnych domów. Kilka drzew tu i tam, w porządku. Ale czy naprawdę konieczne było wykarczowanie blisko hektara? Wydawało się to wykraczać poza praktyczne zapotrzebowanie na materiały budowlane. Wyrąb, którego byłem świadkiem, miał w sobie coś niemal fanatycznego. Zauważyłem też, że Korowajowie bardzo pilnują, by noc nie zaskoczyła ich na dworze; bezwzględnie dbają o to, by przed zachodem słońca wszyscy, zwłaszcza dzieci, znaleźli się bezpiecznie w swoich domach na drzewach.

Bob wyjaśnił, że Korowajowie od wieków byli tradycyjnymi ofiarami najazdów łowców głów z sąsiednich plemion. Wiedziałem o tym.

– Ale to z pewnością skończyło się już dawno temu – powiedziałem.

W większości regionów tak, odparł Bob, ale dawne zwyczaje trzymają się mocno, a spuścizną tego braku poczucia bezpieczeństwa jest nieufność wobec wszelkich gęstych zasłon, które mogłyby ukrywać atak z zaskoczenia. Dość logiczne. Potem jednak Bob zaczął tłumaczyć, że Korowajowie żyją także w nieustannym strachu przed bardziej podstępnym zagrożeniem: czarami.

Khakhua to czarownik przybierający postać innego członka klanu, który przejmuje kontrolę nad tą osobą, nakazując jej popełniać brutalne czyny. Domniemany khakhua obwiniony o daną zbrodnię, czy to przez ofiarę, czy przez ogólny konsensus, zostaje uśmiercony i poćwiartowany, a części jego ciała, rozdzielone między sąsiednie klany, spożywa się w kanibalistycznych rytuałach. Korowajowie wierzą, że jest to jedyny sposób unicestwienia raz na zawsze jego złego ducha. Każdy może w dowolnym momencie zostać oskarżony o czarownictwo i wszyscy członkowie społeczności Korowajów żyją z tą groźbą wiszącą nad nimi przez całe życie.

Ludzie bywają zmuszani do wydawania własnych krewnych rodzinom ofiar, które rzuciły oskarżenie na łożu śmierci. Nie są w stanie w żaden sposób zapobiec makabrycznemu zabójstwu i późniejszej rytualnej konsumpcji swoich bliskich.

– Te i inne podobne do nich duchy mieszkają w dżungli otaczającej ich domostwa, a wycinanie drzew uniemożliwia im zakradanie się niepostrzeżenie do rodzinnego domu – powiedział Bob.

Ponura historia, i łatwo było zrozumieć, dlaczego Korowajowie chronią się na drzewach, żeby uciec przed takim zagrożeniem.

Wieczorem, powtarzając to wszystko Jimowi, antropologowi, podczas kolacji złożonej z larw chrząszczy, Bob dodał:

– Aliom jest miejscowym szamanem: to on zajmuje się obroną plemienia przed takimi duchami.

Nie byłem tym ani trochę zaskoczony. Choć szanowałem Alioma i nawet dość go polubiłem, niekiedy wydawał mi się mocno niepokojący. Był nieco starszy od Anoma, drugiego członka plemiennej starszyzny, i cierpiał na jakieś schorzenie skórne, które nadawało mu szarawy, niemal widmowy kolor. Choć był żylasty jak inni, skóra wisiała na nim w osobliwych fałdach, jak gdyby była na niego o jeden numer za duża. Miał niezwykle żywe, rozbiegane oczy oraz szerokie, często zmarszczone czoło, jego usta zaś zwisały w charakterystycznym, przekrzywionym na lewo uśmiechu. Był to pozbawiony wesołości, wilczy uśmiech, który sprawiał wrażenie, że Aliom przygląda się nam z lekkim zdumieniem, jak gdyby szacował nas wzrokiem. Co kilka sekund piersi rozrywał mu suchy kaszel, poza tym jednak milczał, zadowalając się obserwowaniem nas ukradkiem, biernie unikając obiektywu kamery i na ogół ignorując nasze próby nawiązania z nim kontaktu.

Zdecydowanie było w nim coś niesamowitego i nie zaskoczyła mnie wieść, że Aliom w przeszłości niemal na pewno uczestniczył w kanibalistycznych obrzędach.

– Tak samo jak z pewnością – z miejsca wtrącił Jim – większość tutejszych starszych ludzi. Pojmanych w bitwie jeńców również traktowano czasem w taki sposób.

Nie byłem pewny, co o tym sądzić, ale choć ich bardzo lubiłem, nie byłem odtąd w stanie patrzeć na starszych wojowników – z Anomem włącznie – tak samo jak dawniej.

* * *

Następnego ranka Gavin wdrapał się na rusztowanie, żeby nakręcić parę zbliżeń pracujących ludzi, natomiast ja wróciłem na sąsiednie drzewo, by filmować całą scenę z dystansu. Jakaś kobieta w spódniczce z trawy i naszyjniku z psich zębów przyniosła tlące się węgle owinięte w liść, by rozpalić wspólne ognisko. Śledziłem wzrokiem cienką smużkę dymu snującą się za jej plecami, gdy balansując, szła boso po leżącym drzewie, po czym zeskoczyła na ziemię, by dołączyć do innych kobiet siedzących już pod baldachimem palmowych liści. Dym z ogniska powoli wypełnił polanę, a poranne słońce przebijało się litymi snopami światła, przydając niewiarygodnego piękna i nastroju tej ponadczasowej scenie. Wydawało się, że minęły wieki, odkąd ostatni raz widzieliśmy słońce. To był nasz pierwszy dzień bez deszczu i wszyscy byli w znakomitych nastrojach, wykorzystując to do maksimum.

Większość mężczyzn była już na wieży. Niektórzy wspinali się po szczeblach, niosąc na ramionach wiązki patyków, podczas gdy inni taszczyli długie, przywodzące na myśl węże zwoje rattanu. Cała scena tętniła aktywnością i przypomniał mi się ten fragment *Podróży Guliwera*, gdzie Liliputy przywiązują Guliwera do ziemi linami. Podobna armia maleńkich figurek uwijała się teraz w pośpiechu, oplątując olbrzymią sylwetkę kayu besi gęstą pajęczyną. Korowajowie byli niezmordowani, pracując bez chwili odpoczynku, jak gdyby obawiali się, że drzewo może nagle obudzić się i odejść, zanim zostanie skrępowane jak należy.

Nim ranek dobiegł końca, wieża miała już dwadzieścia siedem metrów wysokości i sięgnęła potężnej korony drzewa. Od tego momentu cała budowa odżyła na nowo i wkrótce uformowała się w zmyślnie skonstruowaną kratownicę, która zdawała się obejmować koronę jak wiklinowy kosz. Ośmioletni chłopczyk wspiął się na górę, by przyglądać się pracy, ale jeden ze starszych, doświadczonych ludzi kazał mu wracać na dół. Chłopiec opuścił się z powrotem na niższe szczeble i przez następne dziesięć minut śmigał dookoła jak wariat. Choć w moich oczach wyglądało to niebezpiecznie, upomniałem sam siebie, że Korowajowie uczą się wspinać na drzewa od dnia, kiedy zaczynają stawiać pierwsze kroki. Mimo wszystko odprawienie niedoświadczonego dzieciaka dodało mi otuchy. Tu nie było miejsca na pobłażliwość. Mężczyźni na szczycie w pełni rozumieli konsekwencje upadku z wysokości trzydziestu metrów, nawet jeśli dzieci nie zdawały sobie z nich sprawy. Tak więc odprężyłem się nieco i z przyjemnością śledziłem, jak cała konstrukcja materializuje się przed obiektywem mojej kamery.

Do następnego ranka kratownica pochłonęła przeszło połowę drzewa i nadeszła pora, żebyśmy obaj z Gavinem weszli na kayu besi razem z Korowajami. Miał to być mój pierwszy powrót na to drzewo od wspinaczki sprzed mniej więcej tygodnia. Zmieniło się nie do poznania i choć moje liny wciąż zwisały wzdłuż jego pnia, były już niepotrzebne, gdyż przymierzałem się do wejścia na górę po nowej sieci drabin. Ważyłem około dwudziestu pięciu kilo więcej niż większość Korowajów, więc zapuszczałem się w ich pleciony świat bardzo ostrożnie. Kilka szczebli osunęło się o parę centymetrów, zanim oparły się na swych rattanowych wiązaniach, ale byłem zdumiony, jak mocna zdawała się cała ta konstrukcja. Uginała się i ruszała, ale było to celowe. Kayu besi było dynamiczną, żywą istotą, która w czasie burzy bujała się na wszystkie strony, i cokolwiek budowano w jego koronie, musiało zachowywać się tak samo, jeśli nie miało zostać rozerwane na strzępy. Główna drabina łącząca pierwszy spocznik z górną partią korony była ustawiona pod kątem czterdziestu pięciu stopni, co oznaczało, że miałem fantastyczny widok poprzez szczeble na oczyszczony las trzydzieści metrów niżej. Widziałem biegające tam dzieci i psy i upajałem się tym, że choć siedzę tak wysoko na drzewie, nie jestem zależny od lin.

Górna platforma była wpasowana dokładnie w środkową partię korony drzewa. Miała stanowić fundament dla jeszcze niewybudowanego domu. Ziemia była stąd zupełnie niewidoczna i świadoma tego grupa nastolatków rozsiadła się na platformie, rozmawiając i paląc poza zasięgiem wzroku matek i sióstr hen w dole. Niektóre rzeczy się nie zmieniają.

Znalazłszy się tutaj, chciałem jak najszybciej zacząć podziwiać widoki, ale choć poczucie wolności od lin dodawało mi skrzydeł, rozsądek nakazywał zainstalować dla bezpieczeństwa parę lonż wokół jednego z odgałęzień pnia, zanim przejdziemy się z Gavinem po poziomej żerdzi. Kiedy oparłem dłoń na najbliższym rozwidleniu pnia, zauważyłem na korze delikatne otarcie od liny. Stałem teraz niemal dokładnie w tym samym miejscu, gdzie podczas pierwszej wspinaczki wisiałem w uprzęży, obserwując pająka. To oznaczało, że jestem jakieś trzydzieści pięć metrów nad ziemią. Trudno było uwierzyć, że jest to to samo drzewo. Jego piękna korona zmieniła się nie do poznania. Brakowało całych konarów, odrąbanych i usuniętych, by zrobić miejsce dla domu. Tam gdzie niegdyś znajdowały się długie, eleganckie gałęzie, pozostał tylko brzydki gąszcz amputowanych kikutów, a otwarta przestrzeń za zmasakrowanymi konarami kayu besi w niczym nie przypominała nieskazitelnego baldachimu zieleni, który unosił się tam, zanim powalono wszystkie sąsiednie drzewa. Ale choć nie dodało mu to urody, Korowajowie mieli całkiem słuszny powód, żeby przerzedzić koronę kayu besi. Ulistnione korony zachowują się na wietrze jak żagiel i są główną przyczyną tego, że wysokie drzewa tak bardzo się chwieją podczas wichury. Ponieważ nadrzewny dom miał dodatkowo obciążyć i usztywnić wierzchołek drzewa, zredukowanie w możliwie największym stopniu działających na koronę sił było jak najbardziej sensowne. Usunięcie nadmiaru listowia zmniejszało opór stawiany wiatrom i poprawiało ogólne wyważenie drzewa. Znajdować się na takiej wysokości wewnątrz domu z patyków, rozpadającego się na kawałki w czasie burzy, to żadna przyjemność. Nasza nadrzewna chatka w Gabonie była zbudowana znacznie niżej, ale i tak dostała w kość od rozhuśtanych konarów ebany. Ta, na szczycie kayu besi, będzie musiała znosić znacznie gorsze cięgi.

Odwróciwszy się od widoków, zauważyłem sędziwego korowajskiego wojownika siedzącego na przeciwległym rogu platformy, za resztą towarzystwa. Był znacznie starszy od wszystkich innych tutaj i ani Gavin, ani ja nie widzieliśmy go wcześniej. Kilka osób przybyło niedawno z sąsiednich klanów Korowajów, by pomóc przy budowie, ale i tak zaskakujące było spotkać kogoś zupełnie nieznajomego na wierzchołku drzewa. Siedział ze skrzyżowanymi nogami, ściskając żerdzie pod sobą między palcami u stóp, i wiązał podłogę długimi pasmami rattanu. Zdawało się, że niezbyt pewnie utrzymuje się w pionie, i miał wyjątkowo dziki wygląd, nawet jak na Korowaja. Jak wielu starszych wojowników nosił muszelkę kauri osadzoną na czubku nosa i przepaskę na głowie. Był przerażająco chudy, a jego policzki były zapadniętymi dołami pod krótką siwą brodą. Gdy usiadłem, by przyglądać się, jak pracuje, zaczął śpiewać piskliwym głosem piękną pieśń. Ciąg powtarzających się fraz, które przeskakiwały oktawy jak w jodłowaniu, rozbrzmiewał nad koronami drzew czysto niczym dzwon. Prawdopodobnie słychać go było z terytorium sąsiedniego klanu. Przerwał śpiew, by spojrzeć w górę na wyrostków dokazujących jak gibony na samym czubku drzewa ponad nami. Trzęśli koroną na wszystkie strony i lekkie zmarszczenie jego brwi mówiło wszystko. Potem, jak gdyby dopiero teraz mnie zauważył, nachylił się, żeby spojrzeć mi w twarz, tak że nieomal stykaliśmy się nosami. Oboje oczu przesłonięte miał kataraktą. Nie mogłem w to uwierzyć: sześćdziesięcioletni człowiek, ledwo widzący na dziesięć centymetrów od swojej twarzy, wspinał się po gałęziach trzydzieści pięć metrów nad ziemią. Ci ludzie byli niesamowici.

Teraz sprawy toczyły się w szybkim tempie, platforma z patyków, na której miał stanąć dom, była już niemal gotowa, a dodatkowe materiały na ściany i dach wciągano na górę pokaźnymi wiązkami, które obracały się wolno w powietrzu na długich rattanowych linach.

Starzec ponownie zerknął w górę na chłopaków wygłupiających się wśród gałęzi sześć metrów nad nami. Balansowali na gałązkach nie grubszych niż moje palce, przytrzymując je palcami u nóg, gdy ślizgali się na sprężystym listowiu, wymachując rękami nad głową. Drzewo żelazne to twarda sztuka, ale wszystko ma swoje granice. Nasé kazał im wynosić się stamtąd, żeby mógł zabrać się do przerzedzania gałęzi. Jeden z chłopców zignorował polecenie, tak więc Nasé uderzył kamienną siekierą w nasadę gałęzi. Była to pusta groźba, ale odniosła skutek i chłopak zlazł w mgnieniu oka. Prawda jest taka, że rąbanie drzewa żelaznego to zadanie znacznie przekraczające możliwości kamiennej siekiery, tak więc Nasé oddał jedyną metalową maczetę klanu Wayu, a ten przystąpił do atakowania drewna szeregiem dźwięczących metalicznie ciosów. Brzmiało to jak walka na miecze, w której zwarte żelazne drewno parowało ostrze, odrzucając je z wielką szybkością w nieprzewidywalnym kierunku. Ale Wayu walił dalej i gdy w końcu odrąbał konar, Nasé wydał znajomy modulowany okrzyk, by ostrzec tych na dole. Krzaczasta gałąź przechyliła się przez krawędź platformy, ustawiając się prostopadle pod swoim parasolem liści, by wolno opaść na dno lasu z delikatnym szelestem i odległym hukiem.

Mężczyźni stale pogwizdywali podczas pracy, tworząc nieustający koncert przenikliwych fraz powtarzanych raz po raz, kiedy siedzieli ze skrzyżowanymi nogami, mocując żerdzie do rusztowania.

– A mnie się wydawało, że to twoje gwizdanie jest irytujące – powiedział mi Gavin. – Mam wrażenie, że otacza mnie banda listonoszy.

Po południu następnego dnia dom był niemal gotowy: ściany z drewnianych żerdzi powiązanych rattanem, dwuspadowy dach kryty liśćmi sagowca oraz podłoga z kory układanej tak, aby zasłonić szpary w platformie nośnej. Gavin nakręcił parę wspaniałych, rzadkich ujęć konstrukcji materializującej się wokół nas.

Jeszcze zanim wykończono ostatnie detale, dom zaczęły odwiedzać kobiety i dzieci. Wiele z nich niosło przewieszone przez ramię siatkowe torby, w których siedziały prosięta i szczeniaki. Kiedy Anom złożył tam pierwszą wizytę, w glinianych paleniskach trzaskały dwa ogniska, a dzieci i zwierzęta ganiały po całym domu. Usiadłszy na niewielkim balkonie, zapalił fajkę i z wyraźną przyjemnością podziwiał widok na otaczającą dżunglę.

W istocie wszyscy wyglądali na zadowolonych, i nie bez powodu. To, czego dokonali, było po prostu fenomenalne. Ukończony dom nie przypominał niczego, co widziałem wcześniej, wykonany wyłącznie z czterech podstawowych materiałów zapewnianych przez las: pnączy, kory, liści palmowych i żerdzi – niczego więcej. A kiedy zostanie w końcu porzucony i popadnie w ruinę, spadnie na dół i wróci w całości do ziemi. Drzewo przeżyje, gałęzie odrosną, i nie wątpiłem, że kayu besi będzie żyło jeszcze wiele dziesiątków lat, a może stuleci.

* * *

Nie ulegało wątpliwości, że budowa tego rodzaju domu jest dla Korowajów wielkim wydarzeniem towarzyskim, aktem definiującym ich kulturę. Byli ogromnie dumni ze swej pracy, a umiejętność śmiałego poczynania sobie w tak ekstremalnym środowisku zdawała się stanowić zasadniczy element ich tożsamości. Wznoszenie domów wysoko w koronach drzew było ich specjalnością i robili to lepiej niż ktokolwiek inny na świecie. Miałem tylko nadzieję, że nie byliśmy świadkami ich łabędziego śpiewu. Misjonarze posuwali się wzdłuż rzeki w stronę ziem Korowajów i niektóre klany porzuciły już las na rzecz życia w wybudowanych przez rząd osiedlach koszmarnych drewnianych chat.

Korowajów łączą z otaczającym ich lasem skomplikowane i głęboko intymne więzi. Drzewa zapewniają im niemal wszystko, czego potrzebują: surowce, opał, schronienie i kulturę. Nawet ich codzienne pożywienie pochodzi wprost z nich. Sagowce dostarczają zarówno węglowodanów (w postaci placków pieczonych z ich bogatego w skrobię rdzenia), jak i białka za pośrednictwem wielkich, wijących się pędraków, które wylewają się z pnia niczym żelki.

Tak wiele pytań pozostało bez odpowiedzi. Zastanawiało mnie, czy ich stosunek do drzew jest również duchowy. Było niemal pewne, że drzewa muszą odgrywać olbrzymią rolę w ich folklorze i wierzeniach religijnych, ale jakie dokładnie były te role? Czy Korowajowie widzieli w nich bóstwa, czy tylko budzące grozę kryjówki złych duchów? A może jedno i drugie, gdyż strach i ubóstwienie często idą ze sobą w parze?

Chociaż zdarzyło mi się parę razy widzieć ludzi spoglądających na kayu besi z zachwytem w oczach, wydaje się, że w codziennym życiu Korowajów było niewiele miejsca na sentymenty. Nie certolili się z drzewami ani nie idealizowali ich, co kazało mi spojrzeć krytycznym okiem na moją własną postawę. Czy uczucie, jakim darzę drzewa, nie jest po prostu projekcją moich własnych potrzeb duchowych – sposobem na zapełnienie pustki pozostawionej przez nowoczesną nieufność do oficjalnych religii? Nie wiem, ale gdybym kiedykolwiek miał okazję znów spotkać Korowajów, z pewnością wypytałbym ich dokładniej o to, co czują do drzew i jak odnoszą się do nich w sensie duchowym. Mimo że wiem, iż przypominałoby to pytanie ryby o wodę albo ptaka o powietrze, w którym się unosi.

Rozdział 9

Fortaleza – Wenezuela

1987

Siedziałem z Simonem na dywanie w salonie jego mamy. Mieliśmy po dwanaście lat i właśnie wróciliśmy z New Forest, gdzie czołgając się, obserwowaliśmy jelenie.

– Coś ci pokażę – powiedział, wybierając jedną z kaset wideo z chwiejącego się stosu obok magnetowidu.

Wcisnął klawisz odtwarzania i ze śniegu na ekranie wyłonił się obraz bujnej tropikalnej dżungli. Taśma była kopią kopii i kolory zlewały się ze sobą, ale udało mi się rozróżnić sylwetkę człowieka wspinającego się na ogromne drzewo. Kamera zrobiła odjazd i teraz widać było, że wisi on na linie co najmniej trzydzieści metrów nad ziemią. Używając alpinistycznych przyrządów zaciskowych, powoli pełzł w górę po cienkiej linie i z jakiegoś osobliwego powodu miał na głowie kask motocyklowy. Wydawał się odsłonięty i bezbronny. Ledwo rozpoznawałem rozłożystą koronę drzewa majaczącą wysoko w górze we mgle. Potężne czarne gałęzie wyszły niedoświetlone na tle mlecznobiałego tropikalnego nieba. Każda z nich była wielka jak całe angielskie drzewo i pokryta gęstym lasem krzaczastych paproci i pnączy, a pień podtrzymujący ten wiszący ogród był większy od wszystkich, które widziałem do tej pory. Wspinacz wydawał się przy nim malutki jak dziecko.

Akurat kiedy się zastanawiałem, na co mu ten kask, z korony sfrunął w dół wielki pierzasty cień i z impetem uderzył wspinacza w bark. Siła zderzenia wprawiła go w ruch obrotowy – ręce i nogi daremnie młóciły powietrze, kiedy kręcił się wokół własnej osi, gorączkowo próbując dostrzec, skąd przyjdzie następny atak. Ale olbrzymi ptak zniknął. W mgnieniu oka na powrót wtopił się w cienie i gość mógł tylko zwiększyć tempo i brnąć dalej ku schronieniu gałęzi hen w górze. Minutę później potężny ptak zaatakował ponownie, nadlatując szybko od tyłu, by wyrżnąć go z całej siły w potylicę. Ogłuszający cios wyjaśniał potrzebę kasku.

Simon pasjonował się ptakami drapieżnymi, był chodzącą encyklopedią faktów na ich temat, więc zapytałem go, co to, u licha, za ptaszysko. Wyglądało mi na jakiegoś wielkiego orła.

– To harpia – odparł i cofnął taśmę, żebyśmy mogli obejrzeć ten fragment jeszcze raz. – Ten facet wspina się, żeby sfilmować jej gniazdo, a to są naprawdę skryte, agresywne ptaki – wyjaśnił i wcisnął przycisk pauzy dokładnie w chwili, gdy harpia pojawiła się po raz drugi.

Przysunąłem się bliżej telewizora, żeby lepiej przyjrzeć się drżącemu obrazowi na ekranie. Harpia przyjęła pozę do ataku, z potężnymi skrzydłami rozpostartymi niczym peleryna, gotowa rzucić się na wspinacza z pięściami pełnymi ostrych szponów. Nazwa pasowała do niej jak ulał; wyglądała jak jakieś demoniczne stworzenie z mitów i legend. Nagranie przypominało raczej film science fiction niż przyrodniczy. Przy ogromnej rozpiętości skrzydeł ptak był znacznie większy niż operator, którego atakował. Ale patrzyłem też z zachwytem na kolosalne drzewo, które górowało nad człowiekiem i ptakiem, zdominowując całą scenę. Narrator filmu informował, że jest to puchowiec, rosnący głęboko w dżunglach Ameryki Środkowej, i widziałem zbudowane na nim gniazdo harpii, potężną konstrukcję z gałęzi umieszczoną w rozwidleniu na końcu głównego pnia. W gnieździe prawdopodobnie było pisklę, co tłumaczyłoby agresję harpii wobec intruza. Puchowiec był idealnym miejscem na gniazdo dla tak imponującego ptaka: żywą fortecą. Kompletnie nie do zdobycia bez lin.

Simon znów włączył odtwarzanie i harpia zniknęła w mgnieniu oka, pozostawiając maleńkiego wspinacza ponownie huśtającego się bezradnie na linie.

Dalsza część filmu ujawniała tajniki życia w gnieździe harpii. Kamerzysta usadowił się w kryjówce zbudowanej w najwyższych gałęziach puchowca. To było cudowne. Owszem, dostał tęgie cięgi od ptaka, ale reszta jego filmu stanowiła świadectwo tego, co może zdziałać odrobina determinacji i mnóstwo cierpliwości. Dla dwunastolatka, który miał już bzika na punkcie drzew i dzikiej przyrody, ten film był objawieniem.

Dopiero kilka lat później wejdę na pierwsze duże drzewo w towarzystwie Paddy'ego i Matta w New Forest, ale wideo Simona właśnie zasiało ziarna obsesji, która odtąd powoli kształtowała moje życie. I z charakterystyczną naiwnością dwunastoletniego chłopca liczyłem na to, że pewnego dnia będę miał okazję spotkać harpię, wisząc na linie w koronie puchowca.

2010

Wszedłem do obozu, opadłem ciężko na krzesło, otworzyłem puszkę ciepłego piwa i przyjąłem podanego mi papierosa. Adrian już zaciągał się głęboko swoim, a ja poszedłem w jego ślady. To był ciężki poranek. Nikotyna i alkohol były wielce pożądane, mimo faktu, że była dopiero dziesiąta, a ja nie paliłem. Po karku spływała mi strużka krwi i dzwoniło mi w uszach. Byłem cały zlany potem, plecy miałem posiniaczone i trzęsły mi się ręce. Siedzieliśmy w milczeniu, każdy zatopiony we własnych myślach, próbując uporządkować sobie w głowie wypadki, które doprowadziły do tej chwili. Patrzyłem na smolistą plamę na końcu filtra mojego papierosa, w roztargnieniu pstrykając kółkiem na wieczku puszki. Opróżniłem ją jednym haustem, a Adrian bez słowa podał mi następną. Czułem, jak moje ciało się odpręża, i ogarnęło mnie głębokie zmęczenie. Kości wydawały się ciężkie jak z ołowiu. Zsunąłem się z krzesła i położyłem na plecach na gołej ziemi, wpatrując się w czyste, błękitne wenezuelskie niebo.

Co się właśnie stało? Kręciło mi się w głowie, tak więc zdusiłem na wpół wypalonego peta na ziemi obok siebie i zacząłem przebiegać pamięcią łańcuch wydarzeń prowadzących do tej chwili. Zamknąwszy oczy, przeniosłem się myślami do owego dnia przed trzema miesiącami, kiedy to po raz pierwszy trafiłem do tego lasu. Do dnia, kiedy po raz pierwszy stanąłem przed gigantycznym puchowcem i spojrzałem w górę na gniazdo harpii, które mieliśmy sfilmować dla BBC.

* * *

Pierwsze przejście z zalanej słońcem otwartej przestrzeni do chłodnej, mrocznej dżungli było rozkoszne. Jak danie nurka do chłodnego jeziora w upalny dzień. Odgłosy lasu otoczyły mnie i dopiero po pewnym czasie przywyknąłem do nowego, ciemniejszego otoczenia. W każdym lesie deszczowym panuje inna atmosfera, a ten wydał mi się szczególnie kipiący życiem, kiedy tylko postawiłem w nim nogę. W górze stada papug śmigały hałaśliwie po porannym niebie. Kolibry zawisały w bezruchu i manewrowały zwinnie wśród bujnej roślinności, a przed chwilą, przekraczając strumień, napotkałem długiego, czarnego węża. Zbliżał się do mnie przez wodę, z uniesioną głową i wysuwającym się błyskawicznie językiem. Stanąłem nieruchomo, pozwalając, by jego wijące się dwumetrowe cielsko prześlizgnęło się między moimi nogami, płynąc z prądem, a krótkie ostrzegawcze okrzyki ptaków zdradzały jego lokalizację jeszcze długo po tym, jak zniknął mi z oczu wśród ciemnych zmarszczek i wirów.

Kiedy wyszedłem z wody, czekała mnie wspinaczka na niskie, ale strome wzgórze. Plecak miałem ciężki od lin, a buty ślizgały mi się na ściółce. Nie spieszyłem się; oddychałem z wysiłkiem, gdy moje płuca pozbywały się resztek zastałego powietrza z klimatyzatorów, wciągniętego podczas długiej podróży z Anglii do Wenezueli. Na szczycie stoku przystanąłem na chwilę, żeby złapać oddech i rozejrzeć się dookoła.

Otaczający mnie las był bujny i tętniący życiem. Młode drzewka rosły pod gęstym baldachimem koron dojrzałych drzew. Plamy jasnego słonecznego światła pstrzyły dno lasu, a podświetlone od tyłu pajęczyny rozpięte w poprzek ścieżki mówiły mi, że jestem pierwszą osobą, która idzie tym szlakiem tego ranka.

Las pachniał niesamowicie. W ziemisty aromat butwiejących liści wplatała się delikatna cytrusowa woń niewidocznych kwiatów. Skupiska poszczególnych zapachów wisiały w chłodnym powietrzu, nie mieszając się ze sobą, tak więc gdy szedłem, rozrywając lepkie pajęcze nici, witał mnie kolejno szereg nęcących woni.

Producent Adrian powiedział mi, jak znaleźć drzewo harpii.

– Na pewno go nie przegapisz. To zdecydowanie największe drzewo w okolicy – dodał, naszkicowawszy na ziemi mapkę, kiedy piliśmy kawę w obozie.

Chcąc jak najszybciej zabrać się do roboty, zostawiłem go przy załatwianiu jakichś spraw i samotnie ruszyłem w las. Nie miałem złudzeń co do czekających nas wyzwań i wiedziałem, że nie zaznam spokoju, dopóki nie zobaczę dokładnie, z czym będę musiał się zmierzyć. Wspięcie się na w pełni wyrośnięty puchowiec w celu zainstalowania zdalnie sterowanej kamery w zamieszkanym gnieździe harpii było ekscytującym wyzwaniem, ale nie należało podchodzić do niego beztrosko.

Szedłem dalej ścieżką i na skrzyżowaniu skręciłem w prawo, na dróżkę biegnącą wzdłuż grzbietu. Kilka minut później dotarłem do kolejnej krzyżówki i ruszyłem w dół łagodnego stoku po lewej. Według Adriana puchowiec rósł gdzieś tutaj, po zawietrznej stronie wzgórza. Ale nie mogłem go dostrzec. Przystanąłem, żeby zorientować się, gdzie jestem. Jak na drzewo tych rozmiarów wydawał się dość nieuchwytny.

Spoglądając z góry w mrok, uświadomiłem sobie, że zwarta kępa drzew rosnąca u stóp wzgórza jest w rzeczywistości jednym potężnym pniem. Jego podstawa mierzyła co najmniej dziewięć metrów średnicy, a światło i cień igrały na gładkiej szarej korze. Powiodłem oczami wzdłuż jego masywnej kolumny, aż zniknęła za innymi gałęziami na pierwszym planie. Unosząc wzrok jeszcze wyżej, zobaczyłem, że pojawia się znowu ponad okapem otaczającego lasu. Dopiero tam puchowiec rozpościerał olbrzymie konary, rozkładając je niczym gigantyczny parasol, którym nakrywał pozostałe drzewa. Była to jedna z najbardziej rozłożystych, obfitych koron, jakie widziałem w życiu. Nie był to pierwszy puchowiec, jaki napotkałem, ale zdecydowanie największy – prawdziwy drzewny kolos. Podziwiałem go, wracając myślami do okazu widzianego dwadzieścia trzy lata temu na filmie w domu Simona. I oto nareszcie byłem tutaj – i miałem wspiąć się na podobne mu drzewo.

Podszedłem bliżej. Dolna część pnia rozszerzała się w drewnianą kaskadę przypór. Gigantyczne korzenie zdawały się rozlewać po ziemi jak stopiony wosk, zanim znikły w glebie. Dostrzegałem subtelne detale i fakturę kory, poziome bruzdy odtwarzające zarysy korzeni, niczym rozstępy skórne, oraz cętkowane placki zielonych glonów zdradzające miejsca, gdzie zalegała wilgoć. Kilka przypór było tak wysokich, że promienie słońca nie były w stanie dotrzeć w głąb wąskich szczelin między nimi. Postukałem jeden z korzeni butem. Dwa maleńkie nietoperze przeleciały tuż przed moją twarzą i przez kilka sekund trzepotały się wkoło, zanim sfrunęły z powrotem do swojej kryjówki. Zajrzawszy pod korzeń, zobaczyłem je wiszące głowami w dół na drobnych fałdach kory i świergoczące do siebie z podnieceniem. Zdjąłem plecak i cofnąłem się, żeby mieć dobry widok na resztę drzewa.

Jego pień piął się prosto w górę przez trzydzieści pięć metrów, a potem rozgałęział na cztery gigantyczne konary. Te wznosiły się dalej, dzieląc się na kolejne odnogi podtrzymujące ogromną koronę. U stóp drzewa wciąż stałem w porannym cieniu, ale wysoko nade mną listowie lśniło w jasnym blasku słońca. Każdy rozświetlony liść był wielkości i kształtu otwartej dłoni. Listowie było gęste, ale ograniczone głównie do czubków gałęzi. Wnętrze korony stanowiło otwartą, przestronną przestrzeń poprzecinaną grubymi szarymi gałęziami, z których wiele wyglądało na pokryte wielkimi, podobnymi do cierni kolcami. Przydawało to wspinaczce dodatkowego smaczku i wiedziałem, że będę musiał ostrożnie instalować liny, gdyż kolce te mogłyby z łatwością porozrywać ich miękkie nylonowe włókna. Dumałem właśnie nad tym nowym wyzwaniem, kiedy mój wzrok przyciągnęło coś w wyższej partii korony i spojrzałem w utkwione we mnie oczy dorosłej samicy harpii.

Była tam przez cały czas i bezgłośnie mnie obserwowała, kiedy krążyłem w mroku sześćdziesiąt metrów pod nią. Siedząc na swej ciernistej grzędzie, mierzyła co najmniej metr dwadzieścia wysokości, a jej szare oblicze miało zaskakująco sowi wygląd. Ciemnografitowa szyja i pierś kontrastowała pięknie ze śnieżnobiałym upierzeniem niższej części piersi i brzucha. Jej olbrzymie złożone skrzydła były łupkowoszare, a boki pokrywały czarno-białe prążki. Ale tak naprawdę zwróciłem uwagę na jej masywne nogi. Były jaskrawożółte i grube jak mój nadgarstek. Jej stopy były wielkie jak moje dłonie, a każda uzbrojona była w cztery czarne jak smoła, morderczo wyglądające szpony. Uniosłem lornetkę, by przyjrzeć się dokładniej. Zwłaszcza dwa tylne, każdy mniej więcej dwunastocentymetrowej długości, sprawiały wrażenie iście śmiercionośnych narzędzi. Domyślałem się, że używa tych tylnych szponów do zabijania ofiar w momencie zderzenia, wysuwając je do przodu jak noże, by przebić ciało leniwca lub małpy.

Mimo niezrównanej urody budziła też grozę. Roztaczała wokół siebie namacalną aurę skoncentrowanej siły. Uświadomiwszy sobie, że ją zauważyłem, pochyliła się naprzód, by odwzajemnić moje spojrzenie i przyjrzeć mi się jeszcze dokładniej. Wolno kołysała głową z boku na bok i nie miałem wątpliwości, że rejestruje każdy szczegół mojego wyglądu. Bycie przedmiotem tak skupionej obserwacji było irytujące, a poczucie to wzmogło się jeszcze, kiedy powoli uniosła czub ciemnych piór na ciemieniu. Czub falował lekko na wietrze jak pióropusz i odniosłem niesamowite wrażenie, że ona wie dobrze, po co tu przyszedłem, i jest najzupełniej gotowa uniemożliwić mi to.

Antropomorfizacja zwierząt nigdy nie jest rozsądnym pomysłem, ale w tych pierwszych kilku chwilach po prostu wiedziałem, że ona odgadła, iż miałem zamiar wspiąć się na jej drzewo. I to rzeczywiście było „jej" drzewo. Puchowiec dominował nad lasem, ale ona objęła go w posiadanie. To była jej forteca – jej *fortaleza*, po hiszpańsku – i było dla mnie jasne, że samica zrobi wszystko, co w jej mocy, aby obronić swoje gniazdo.

Samo gniazdo było ukryte gdzieś niżej. Nie widziałem go, ale ze sposobu, w jaki zerkała w jego stronę, było oczywiste, że zawiera coś ważnego dla niej. Znudziwszy się mną, rozpostarła w końcu ciemne skrzydła i poszybowała na drugą stronę puchowca, gdzie usadowiła się, spoglądając na las. Wyglądało na to, że moja pierwsza audiencja u harpii jest zakończona.

Wspinając się z powrotem po stoku w stronę grzbietu, szukałem kąta, pod którym mógłbym dostrzec gniazdo. W końcu wypatrzyłem je, umiejscowione między potężnymi konarami na szczycie głównego pnia drzewa, chronione przed żywiołami i wścibskimi oczami. Nie mogłem się nadziwić, jak taka masywna konstrukcja mogła pozostawać tak dobrze ukryta z ziemi. Miało trzy metry średnicy i półtora metra głębokości. Wystarczająco duże, bym mógł się w nim wygodnie przespać. Cóż, to byłaby niezapomniana noc, pomyślałem, wracając ścieżką, by zabrać resztę sprzętu wspinaczkowego z obozu.

* * *

Kiedy wyszedłem z lasu, w oczy boleśnie uderzył mnie jaskrawy blask słońca. Z ulgą znalazłem się znów w cieniu obozu. Usłyszałem gwar rozmowy. Adrian i kamerzysta Graham napełniali butelki wodą. Przyciągnęli kilka krzeseł i usiedliśmy w trójkę przy prowizorycznym stole kuchennym, żeby przedyskutować możliwości.

Omawialiśmy je już wiele razy. Sposób zainstalowania kamery w gnieździe był tematem naszych rozmów już od paru dni. Po pierwsze, nadrzędnym priorytetem było zapewnienie absolutnego bezpieczeństwa ptakom. Montowanie kamer w gniazdach jest sporą ingerencją, a zrobienie tego w gnieździe harpii było szczególnym wyzwaniem. Musieliśmy starannie zaplanować każdy krok, aby spowodować jak najmniej szkód. Rozbicie jaja albo zranienie pisklęcia byłyby kompletnie niewybaczalne. Podobnie jak zestresowanie rodziców do tego stopnia, że w obronie gniazda wyrządziliby sobie krzywdę. Próbując przepędzić nas, ptaki mogły z łatwością ułamać sobie pazur, uszkodzić pióra albo nawet złamać skrzydło. Ja w każdym razie nie chciałem mieć na sumieniu nieudanego harpiowego lęgu.

Słusznie się niepokoiliśmy, ale byliśmy też pewni, że da się to zrobić bez negatywnych konsekwencji. Musieliśmy tylko przemyśleć to krok po kroku. Liczyliśmy się z tym, że na pewnym etapie możemy stanąć twarzą w twarz z dorosłymi ptakami. Ale jeszcze przed wyjazdem z Anglii uzgodniliśmy, że nasza obrona w razie ataku harpii musi być możliwie bierna. Nawet próba odpędzenia napastnika lub odparcia ciosu mogłaby spowodować obrażenia u ptaków.

Pierwotny plan zakładał, że zakradniemy się niepostrzeżenie i umieścimy kamerę w gnieździe, zanim którekolwiek z rodziców się zorientuje. Ale zachowanie samicy tego ranka uświadomiło nam, że to nierealne: bacznie obserwowała wszystko, co dzieje się w pobliżu jej drzewa.

Ze sposobu, w jaki regularnie zerkała w dół na coś ukrytego w gnieździe, wynikało, że jest tam albo jajo, albo pisklę. Tak czy inaczej, nie moglibyśmy utrzymywać jej z dala od gniazda zbyt długo. Bez opieki mamy jajo lub pisklę, zależnie od pory dnia, szybko wyziębłoby lub się przegrzało. Jedno i drugie było nie do przyjęcia, a zegar zacząłby tykać od chwili, w której zerwałaby się z gniazda przy naszym nadejściu. Postanowiłem zainstalować liny tego popołudnia, dając ptakom czas na to, żeby się uspokoiły, zanim wejdę na górę zamontować kamerę.

* * *

Uklęknąłem na ściółce i pociągnąłem grubą gumę procy w dół najdalej, jak tylko się dało. Zamontowałem jej potężną, metalową głowicę w kształcie litery Y na końcu wysokiej drewnianej tyczki, aby uzyskać jak największą moc. Docelowa gałąź, czterdzieści trzy metry nad ziemią, spokojnie mieściła się w zasięgu procy i normalnie nie musiałbym naciągać taśmy aż tak mocno. Ale to nie był czysty strzał. Rzutka musiała przejść przez szereg niewielkich prześwitów w listowiu i potrzebowałem pełnej mocy, żeby przebić nią każdy liść, który znalazłby się na jej drodze. Puchowiec był w kwiecie wieku, o gęstej, zdrowej koronie bez wiszących uschniętych gałęzi. (Ten brak martwych gałęzi bardzo mnie ucieszył. Ostatnią rzeczą, jakiej bym sobie życzył, było zrzucenie czegoś ciężkiego na gniazdo).

Wciąż jeszcze nie widziałem mniejszego, mniej agresywnego samca harpii, ale imponująca samica siedziała znów na kolczastej grzędzie nade mną, z głową wciśniętą między skrzydła i uniesionym czubem. Balansowała na jednej nodze, drugą trzymając przed sobą i wolno zaciskając z wyraźną irytacją. Byłem zadowolony, że widzę ją tak wyraźnie, gdyż oznaczało to, że nie grozi mi, iż niechcący trafię ją z procy. Bardziej obawiałem się przypadkowego trafienia w gniazdo. Rzutka mogłaby z łatwością rozbić jajo albo zranić pisklę. Bardzo starannie wybrałem pozycję do strzału i z tego miejsca gniazdo było całkowicie osłonięte przez jeden z potężnych pni puchowca.

Wycelowałem nieco powyżej gałęzi, naciągnąłem gumę o ostatnie kilka centymetrów, zrobiłem wolny wydech i puściłem taśmę. Rzutka przeleciała czysto przez prześwity w koronie, ponad gałąź i dalej, aż w końcu owinęła się delikatnie wokół paru liści na samym czubku drzewa. To był dobry strzał. Zaczekałem, aż rzutka przestanie się huśtać, po czym delikatnie ściągnąłem ją w dół między liśćmi, aż opadła po drugiej stronie masywnej gałęzi.

Harpia przez cały czas śledziła gniewnym wzrokiem małą niebieską rzutkę. Poszybowała przez koronę, by przyjrzeć jej się z bliska. Zaspokoiwszy ciekawość, odwróciła się znów w moją stronę, po czym odleciała na inną gałąź, znikając mi z oczu.

Wciągnąłem na górę linę wspinaczkową. Zanim uporałem się z robotą, popołudnie przechodziło wolno w wieczór i chciałem dać ptakom trochę oddechu. Ukrywszy torby ze sprzętem w ściółce u stóp puchowca, skierowałem się do obozu.

Gdy dotarłem na grzbiet wzgórza, obejrzałem się za siebie na puchowiec, oświetlony wieczornymi promieniami słońca. Jego rozłożysta korona zdawała się jarzyć od środka. Było to naprawdę piękne drzewo, sterczące ponad lasem jak gigantyczny grzyb. Stąd, spoglądając pod mniej ostrym kątem, mogłem dostrzec, jak potężne są dolne konary i jak wiele jest między nimi wolnej przestrzeni. Ptaki znakomicie wybrały miejsce na swoje gniazdo; miały dobry widok na wszystko, co dzieje się zarówno w koronie drzewa, jak i wokół niego. Nie mogliśmy liczyć na żadną kryjówkę, odkąd znajdziemy się wśród jego gałęzi.

* * *

Następnego ranka nałożyłem na koszulę ciężką kevlarową kamizelkę ochronną i mocno dociągnąłem paski. Pocieszająca była świadomość, że potrafi ona zatrzymać ostrze noża, ale czy kiedykolwiek testowano ją przeciwko rozjuszonej harpii? Naciągnąłem ochraniacze na ręce, po czym pochyliłem się, żeby podnieść leżący u moich stóp solidny kask. Był granatowy, z porysowaną przyłbicą z pleksiglasu i grubą, watowaną osłoną karku. Zanim go założyłem, obróciłem go w dłoniach, by odczytać na przodzie ledwo widoczny napis „Police". Gruba piankowa wyściółka kasku stłumiła mi słuch i ograniczyła pole widzenia, tak że musiałem odwracać się twarzą do wszystkiego, co chciałem zobaczyć wyraźnie. Opuściłem przyłbicę, która natychmiast pokryła się parą, pogłębiając niemiłe uczucie klaustrofobii.

Przywieźliśmy ten kupiony w demobilu strój ochronny z Bristolu. Wspinanie się w nim na drzewo nie zapowiadało się wesoło. Ale było to prawdopodobnie lepsze, niż zostać wypatroszonym przez rozgniewaną harpię. Jednak wciąż była spora szansa, że do tego nie dojdzie. Każda harpia jest inna i ta para mogła zadowolić się monitorowaniem naszych poczynań z dystansu. Ale nie mogliśmy mieć co do tego pewności, dopóki nie zaczniemy wspinaczki, a wtedy oczywiście będzie już za późno. Lepiej się zabezpieczyć niż żałować, pomyślałem, przypominając sobie tamto nagranie Simona.

* * *

O szóstej rano staliśmy z Grahamem i Adrianem wśród potężnych korzeni u podnóża puchowca. Graham przygotowywał kamerę, podczas gdy Adrian i ja szykowaliśmy się do wspinaczki. Umieszczenie kamery w gnieździe to zadanie dla jednej osoby, ale co dwie pary oczu, to nie jedna, tak więc Adrian miał wspinać się ze mną. Graham miał filmować nasze postępy z platformy w koronie sąsiedniego drzewa. Siedząc tam, mógł skupić uwagę na ptakach i ostrzec nas w razie potrzeby przez radio. To było naprawdę ważne, gdyż mogliśmy mieć do czynienia nie tylko z samicą harpii. Nie widziałem jeszcze jej partnera, ale nie wątpiłem, że on widział mnie wiele razy, i musieliśmy założyć, że w tej chwili obserwują nas oba dorosłe ptaki.

Spojrzałem w górę na cienkie białe liny. Wisiały w otwartej przestrzeni sześć metrów od pnia drzewa. Potrząsnąłem nimi lekko, by odczepić je od zadziorów. Cienki woal mgły nadawał scenie głębię i podkreślał, jak wysoko musimy się wspiąć. Czterdzieści pięć metrów nad nami pierwszy blask słońca padał na liście puchowca, a wyżej mogłem dostrzec bladobłękitne niebo, które zapowiadało kolejny upalny dzień. Czas było ruszać.

Włożyłem kamerę do małej torby i zawiesiłem ją z tyłu uprzęży, po czym wpiąłem się do liny. W kasku było mi duszno. Już teraz czułem, że moje ciało się przegrzewa, a przecież jeszcze dobrze nie oderwałem się od ziemi. Przy połączonej wadze kasku i kamizelki ochronnej byłem zbyt ciężki u góry, co ściągało mnie w tył. To, do spółki z elastycznością liny, utrudniało wspinaczkę i praktycznie uniemożliwiało mi wejście w efektywny rytm ruchów. Ogarnął mnie pesymizm i nie miałem serca do tej pracy. Wszystko wydawało się nie tak. Nie widząc i nie słysząc jak należy, czułem się kompletnie odizolowany od drzewa, na które się wspinałem.

Ale nic nie mogłem na to poradzić. Tak, miało być trudno, ale upomniałem sam siebie, że nikt nie zmuszał mnie do zakładania tych rzeczy. To była moja własna decyzja, tak więc mogłem równie dobrze się z tym pogodzić. Postanowiliśmy nosić ochraniacze z ważnego powodu i gdybyśmy zostali zaatakowani przez harpie, opłaciłyby się wszelkie niewygody.

Patrzyłem, jak Adrian huśta się na swojej linie trzy metry ode mnie. Planowaliśmy utrzymywać równe tempo, wspinać się ramię w ramię i chronić nawzajem swoje plecy. Tymczasem obracaliśmy się wolno wokół własnych osi, zdani na łaskę naturalnego skrętu liny, i wskutek zawężonego pola widzenia mogłem zobaczyć Adriana tylko wtedy, kiedy był dokładnie przede mną. Kręciłem się, on pojawiał się odwrócony plecami do mnie, a potem znikał, gdy obracałem się dalej.

Wszystko to było dość surrealistyczne i w miarę wspinaczki robiłem się coraz bardziej niespokojny. Byliśmy obserwowani i widziałem po zachowaniu Adriana, że on też to czuje. Obaj przystawaliśmy od czasu do czasu, by rozejrzeć się dookoła w daremnej próbie dostrzeżenia ptaków.

Piętnaście metrów nad ziemią przebiliśmy się przez gęste listowie podszytu i wyszliśmy w otwartą przestrzeń korony. Choć nieraz podczas wspinaczki dopadało mnie poczucie bezbronności, wszystko to było niczym w porównaniu z tym, jak odsłonięty czułem się teraz. Przez następne dwadzieścia metrów mieliśmy dyndać bez żadnej osłony i nagle odczułem ulgę, że mam na sobie cały ten sprzęt. Robienie tego bez ochraniaczy byłoby samobójstwem. Serce waliło mi jak szalone i w pełni spodziewałem się, że lada moment niewidoczny atak zakręci mną jak bąkiem. Ponosiła mnie wyobraźnia, tak więc wziąłem ją w karby i skupiłem się po prostu na pokonywaniu kolejnych metrów liny.

Pień obok nas był wciąż potężny, nawet na tej wysokości. Zadarłem głowę w stronę gniazda: jeszcze dwanaście metrów do przejścia. Było niemal zupełnie zasłonięte przez olbrzymie pnącze, w którym ku swemu zaskoczeniu rozpoznałem teraz ogromną monsterę, jakby powiększoną do gigantycznych rozmiarów wersję tej, którą moi rodzice mieli w domu w latach siedemdziesiątych. A więc to stąd one pochodzą, pomyślałem – niesamowite było zobaczyć ją tutaj.

– Uważajcie, leci! – Głos Grahama w radiu przywrócił mnie nagle do rzeczywistości.

Odwróciłem głowę akurat na czas, żeby dostrzec przelatujący pięć metrów ode mnie cień opuszczający koronę puchowca. Okręciwszy się dookoła, patrzyłem, jak samica odlatuje, by usadowić się na wierzchołku sąsiedniego drzewa. Nastroszyła pióra, podniosła czub i przygarbiła się, śledząc każdy nasz ruch.

Zacząłem wspinać się ku koronie puchowca najszybciej, jak mogłem. Adrian był nieco niżej niż ja i wciąż bardzo odsłonięty. Obejrzałem się w stronę harpii obserwującej nas z odległości trzydziestu metrów. Nagle zerwała się z gałęzi i bezgłośnie opadła w dół. Z głową wciśniętą między potężne barki pikowała prosto na Adriana.

– Adrian, opuść przyłbicę, przygotuj się. Opuść przyłbicę! – wrzasnąłem.

Spuścił osłonę z pleksi, ale wciąż był odwrócony plecami do zbliżającego się ptaka. W ostatniej chwili jednak harpia z zaskakującą szybkością zmieniła kierunek lotu i wylądowała na gałęzi pięć metrów nad nami. Mierzyła nas groźnym wzrokiem. Widząc ją obok Adriana, uzmysłowiłem sobie jej niewiarygodne rozmiary, i obaj rozkołysaliśmy się na linach od prądu powietrza, gdy włączyła hamulce przy skręcie. Dała nam uczciwe ostrzeżenie: strzał pod nogi. Zastanawiałem się, jak zareaguje, kiedy dotrzemy w końcu do samego gniazda.

Nie spuszczając jej z oczu, parliśmy w górę najszybciej, jak się dało. Kilka minut później zrównałem się z potężną platformą z gałęzi i wgramoliłem się na jej brzeg. Mogłem teraz ocenić, jak wielkie w istocie było gniazdo. Miało trzy metry szerokości i dwa głębokości. Niektóre z gałęzi były uschnięte, inne wciąż miały zielone liście, ale wszystkie były duże i ciężkie. Była to imponująca konstrukcja, wystarczająco mocna, żeby utrzymać ciężar kilku ludzi. A u moich stóp, zagłębione w małym, nieckowatym dołku, spoczywały dwa delikatne jaja w kolorze kości słoniowej. Były prawie okrągłe i mniej więcej wielkości gęsich. Tak więc samica harpii wciąż je wysiadywała. Pisklęta nie wykluły się jeszcze. Spojrzałem na nią, siedzącą na gałęzi tuż nad nami, i nie odrywałem od niej wzroku, aż Adrian znalazł się obok mnie. Przeleciała z powrotem na drugie drzewo, gdzie pozostała, przyglądając nam się uważnie.

Ten niepewny rozejm utrzymywał się przez cały czas, jakiego potrzebowałem na zainstalowanie kamery. Umocowanie jej na gałęzi obok gniazda było żmudnym zadaniem. Kiedy uporałem się z nim, Adrian rozpoczął czterdziestotrzymetrowy zjazd na ziemię. Ja ruszyłem za nim kilka minut później, zjeżdżałem wolno i zatrzymywałem się raz po raz, by przymocować do drzewa długi kabel zasilający kamerę. W połowie drogi poczułem ruch w powietrzu, ale kiedy się obróciłem, żeby sprawdzić, co to, niczego nie zobaczyłem.

Było wielką ulgą znaleźć się wreszcie znów na ziemi, wśród potężnych, powykręcanych korzeni puchowca.

– Widziałeś ją? – zapytał Adrian, kiedy wylądowałem.

Zdjąłem kask i spojrzałem na niego.

– Co masz na myśli? Kiedy?

– Samicę harpii. Przeleciała tuż obok ciebie parę minut temu – wyjaśnił.

– Nie. Nie, nie widziałem.

Ruch powietrza, który poczułem, to musiała być ona. Ważący dziewięć kilogramów ptak ze skrzydłami o rozpiętości przeszło dwóch metrów, mknący z prędkością osiemdziesięciu kilometrów na godzinę, przeleciał może metr ode mnie, a ja dzięki wielkiemu kaskowi nawet go nie widziałem.

Czułem ulgę, że kamera jest już na miejscu, ale nie byłem w stanie zrelaksować się w pełni, dopóki nie zobaczymy obrazu. Graham dołączył do nas i wszyscy przykucnęliśmy wokół małego wyświetlacza ciekłokrystalicznego, ustawionego niepewnie na korzeniu drzewa. Włączyliśmy go. Ekran zbłękitniał na pełną napięcia chwilę, a potem ukazał uroczy szerokokątny widok całego gniazda. Po prawej stronie kadru znajdowały się dwa jaja umoszczone w swoim zagłębieniu. W tle rozciągała się rozległa panorama okolicznego lasu. Wyglądało to świetnie.

Ściągnęliśmy z Adrianem liny i odnieśliśmy sprzęt do obozu. Graham dołączył tam do nas godzinę później i doniósł, że samica wróciła do wysiadywania jaj parę minut po naszym odejściu. Była to wspaniała wiadomość. Póki co wszystko szło znakomicie: nasza misja się powiodła. Przy odrobinie szczęścia byliśmy teraz w stanie uzyskać intymne, unikatowe nagranie jednego z najbardziej imponujących, a przy tym skrytych ptaków drapieżnych świata, wychowujących swoje młode.

Ale wymagaliśmy wiele od tej małej kamerki. Pisklęta harpii potrzebują dużo czasu, żeby się opierzyć – sześć miesięcy, jeśli chodzi o ścisłość, a to bardzo długo dla kamery funkcjonującej w tak gorącym i wilgotnym środowisku. Myśl o ponownym wchodzeniu tam, żeby ją naprawić, nie wydawała się żadnemu z nas zbyt pociągająca. Kiedy pisklęta się wyklują, ich rodzice naprawdę będą mieli coś wartego obrony, a im więcej zainwestują w wychowywanie ich, tym bardziej będzie zacieśniać się więź i tym bardziej agresywnie będą ich bronić. Ale na razie wszystko wydawało się w porządku. Kamera działała, ptaki nieźle zniosły naszą ingerencję i nie pojawił się żaden problem. Przy odrobinie szczęścia następnym razem będę wspinać się na puchowiec, żeby zdemontować kamerę po tym, jak pisklęta opuszczą gniazdo. Skoro nie będę musiał nosić kasku i kamizelki ochronnej, zdołam bez przeszkód zwiedzić to wspaniałe drzewo.

Miło było sobie pomarzyć, ale nie wiedzieć czemu, gdy kilka miesięcy później usłyszałem dzwonek telefonu, a na jego wyświetlaczu zobaczyłem numer Adriana, z miejsca domyśliłem się, że coś złego stało się z kamerą.

* * *

Miałem wrażenie, że zaledwie wczoraj stałem po raz ostatni u podnóża tego potężnego drzewa. Ale minęły już trzy miesiące i wiele się wydarzyło. Kamera w gnieździe, chociaż wciąż działała, była kompletnie zaparowana i obraz nie nadawał się do użytku. Trzeba było ją oczyścić, co oznaczało ponowne wspięcie się tam, do gniazda, które teraz było domem dla całkiem sporego pisklęcia harpii. Mogłem dostrzec w głębi kadru jego zamazaną białą sylwetkę zataczającą się wkoło jak pijak. Miało parę miesięcy i rosło szybko na diecie złożonej z małp i leniwców. Jego rodzice polowali na okrągło, regularnie przynosząc jedzenie, by zaspokoić szybko rosnący apetyt swojego potomka.

Był to najpracowitszy okres w życiu gniazda harpii i rodzice zdążyli zainwestować w swoje pisklę mnóstwo czasu i wysiłku. Tym razem mieli znacznie więcej do stracenia i nie było mowy, żeby siedzieli bezczynnie i przyglądali się, jak wchodzę do gniazda z ich jedynym pisklęciem. Zareagują, to było pewne. Ale nie sposób było przewidzieć, jak gwałtowna będzie ich reakcja, dopóki faktycznie się tam nie znajdę.

Tak więc raz jeszcze uklęknąłem na ściółce, starannie wycelowałem procę i zwolniłem gumę. Rzutka poleciała czysto, przechodząc nad tą samą gałęzią co poprzednio. Upuściwszy procę, chwyciłem cienką żyłkę śmigającą coraz szybciej ku koronie. W tej samej chwili jednak poczułem ostre szarpnięcie, które wyrwało mi żyłkę z ręki, zdzierając przy tym skórę z palców. Unosząc głowę, zobaczyłem samicę harpii, która szamotała się z rzutką, próbując unieść ją w szponach. Wisiała do góry nogami, wczepiona w kołyszący się woreczek, kręcąc się wokół własnej osi i trzepocząc potężnymi skrzydłami. Istniało realne ryzyko, że się zaplącze, więc jeszcze raz złapałem żyłkę i przez krótką chwilę bawiliśmy się w przeciąganie liny, zanim dała za wygraną i odfrunęła poza drzewo. Rozejrzałem się dookoła, lecz nigdzie nie było jej widać. Pojawiła się jak błyskawica, po czym na powrót wtopiła się w las. Zniknęła bez śladu. Znowu panował spokój, a jedynym dźwiękiem był cichy stukot ołowianego śrutu sypiącego się na liście. Rozerwała szponami gruby materiał rzutki i pokaleczyła mi palce.

Wszystko to nie wróżyło dobrze, jeśli chodzi o jej reakcję na moje wejście na górę. Pozwoliła mi spokojnie dokończyć instalację lin, ale głowę miałem pełną wątpliwości i obaw. Wróciwszy do obozu, postanowiłem uzupełnić strój ochronny. Kask, kamizelka i ochraniacze na ręce dawały mi komfort psychiczny, ale dolna część pleców i nogi pozostawały wciąż odsłonięte. Potrzebowałem czegoś jeszcze dla ochrony nerek i ud, i przypomniałem sobie z rezygnacją, jak bardzo zrzędziłem poprzednim razem, kiedy miałem na sobie samą tylko kamizelkę i kask. Dręczyło mnie jednak straszliwe przeczucie, że dzisiejszy pokaz agresji był tylko przedsmakiem tego, co czekało mnie następnego dnia. A ten zbliżał się wielkimi krokami.

* * *

Obudziłem się w ciemnościach. Nocne powietrze wypełniało granie owadów i przez cienki tropik namiotu widziałem nikłą neonową poświatę przelatującego świetlika. Dobiegające z oddali upiorne głosy wyjców powiedziały mi, że świt jest niedaleki. Zerknąłem na zegarek: 4.30. Uświadomiwszy sobie, że już nie zasnę, ubrałem się i wypełzłem na nocny chłód. Sylwetki drzew czerniły się na tle rozgwieżdżonego nieba.

Włożyłem buty i skierowałem się do baraku kuchennego, żeby nalać sobie mocnej czarnej kawy z termosu na stole. Siedziałem tam przez pół godziny, próbując przygotować się psychicznie na to, co mnie czeka. Było jasne, że zostanę zaatakowany przez jedną, jeśli nie przez obie harpie. Żaden problem, miałem ochraniacze i któż mógłby winić ptaki za to, że bronią swojego gniazda? Była to cena, którą trzeba było zapłacić za naprawienie kamery. Znacznie bardziej jednak dręczyła mnie obawa, że podczas szamotaniny niechcąco zranię któregoś z dorosłych. Będę musiał zachowywać się możliwie biernie i starać się ich nie prowokować. Ale instynkt samoobrony jest trudny do stłumienia i moja cierpliwość będzie wystawiona na ciężką próbę. W ostateczności będę musiał wiedzieć, kiedy się wycofać, jeśli sytuacja wymknie się spod kontroli.

Godzinę później cała nasza trójka stała u stóp puchowca. Adrian wytrzasnął skądś parę kawałków niewyprawionej skóry i mocował mi je wokół pasa mocną taśmą klejącą. Zapewniało to dobrą ochronę dolnej części pleców, wypełniając lukę między kamizelką a uprzężą wspinaczkową. Kolejnymi paskami owinąłem sobie uda, podczas gdy Adrian odszedł, by pomóc Grahamowi zabezpieczyć się w podobny sposób. Aby zminimalizować ingerencję, tym razem zainstalowaliśmy tylko jeden zestaw lin. Tak więc ja miałem wspiąć się pierwszy, przepiąć się do tymczasowego punktu asekuracyjnego i uwolnić główne liny, żeby Graham mógł do mnie dołączyć. Uniemożliwiało mi to wprawdzie odwrót w razie ataku, ale jeden z nas mógł zajmować się kamerą, podczas gdy drugi stał na straży. Wchodzenie na górę pojedynczo miało być jednak wyzwaniem, gdyż nie byliśmy w stanie chronić nawzajem swoich pleców podczas wspinaczki.

Kask cuchnął pleśnią i zastałym potem. Założyłem go i zapiąłem pasek pod brodą. Wpiąłem linę w przyrządy zaciskowe, po czym wybrałem luz. Upewniwszy się, że radio jest solidnie umocowane i włączone, zacząłem się wspinać. Ptaki nie pokazywały się, ale z pewnością śledziły wszystko.

Przy zawężonym polu widzenia kasku czułem się jak w końskich okularach, a jego gruba wyściółka tłumiła wszelkie dźwięki. Słyszałem swoje ciężkie sapanie, ale wszystko inne docierało do mnie urywane i odległe jak pod wodą. Nie widząc i nie słysząc zbyt wiele, skupiłem się na rytmie wspinaczki. Gdy dotarłem do końca gęstego podszytu, opuściłem przyłbicę, przygotowując się na wyjście spod osłony. Porysowany pleksiglas z miejsca pokrył się parą i musiałem na oślep przeciskać się przez splątane gałęzie.

Wydostałem się na otwartą przestrzeń w górze i teraz było tylko kwestią czasu, kiedy zostanę dostrzeżony przez harpie. Wyścig ku odległemu o dwadzieścia metrów azylowi w koronie drzewa właśnie się rozpoczął i dopóki się tam nie znajdę, byłem łatwym łupem. Pot zalewał mi oczy, piekąc jak kwas, a mięśnie paliły żywym ogniem. Podciągałem się na linie tak szybko, jak tylko byłem w stanie.

Pierwszym ostrzeżeniem był złowieszczy cień prujący w dół na lewo ode mnie. Z głową wciśniętą głęboko między skrzydła harpia prezentowała opływowy profil, aż znalazła się trzy metry od mojej twarzy, kiedy to wyrzuciła naprzód swoje potężne szpony, gotowa do ataku. Ale uświadomiwszy sobie, że ją zauważyłem, w ostatniej chwili skręciła gwałtownie. Pęd powietrza wywołany jej ogromnymi skrzydłami rozkołysał mnie na linie i okręcił tak, że byłem teraz odwrócony plecami do niej. Znowu wspinając się na oślep, pędziłem w górę najszybciej, jak mogłem, a serce waliło mi głośno w uszach.

Parę sekund później z radia dobiegły trzaski.

– Uważaj, wraca!

Zanim zdążyłem się obrócić, była trzydzieści metrów ode mnie i mknęła w moją stronę, mocno uderzając wielkimi czarnymi skrzydłami. Przyspieszała w przerażającym tempie. Nie mogłem zrobić nic poza przyglądaniem się, jak rośnie w oczach, gdy zbliżała się nieubłaganie, biorąc kurs prosto na moją twarz. Dziesięć metrów ode mnie usztywniła skrzydła, przechodząc do lotu szybowcowego, i w ostatnim momencie skręciła w bok, by kopnąć mnie mocno obiema nogami w nerki, przemykając obok mnie jak pocisk. Prowizoryczny pancerz zdał egzamin. Jej szpony nie przebiły go, ale od potężnego uderzenia byłem obolały i znów zacząłem kręcić się na linie. Jedyne, co mi pozostało, to pruć dalej w górę pełną parą.

Posuwałem się po linie spiralnym torem, huśtając się na wszystkie strony i zataczając przyprawiające o zawrót głowy kręgi. Z gorąca, potu i braku widoczności zrobiło mi się niedobrze. Uniosłem przyłbicę, żeby zaczerpnąć tchu, i w tej samej chwili spostrzegłem ją, pędzącą w stronę mojej twarzy, nie więcej niż sześć metrów ode mnie. Kręcąc się bezwładnie na linie, usłyszałem świst powietrza i poczułem silne uderzenie – tym razem trafiła mnie prosto w środek pleców. Dostrzegłem w przelocie jej szerokie, zaokrąglone skrzydła i wielki wachlarzowaty ogon, gdy odlatywała z tymi olbrzymimi szponami zwisającymi pod nią jak noże.

Kilka minut później pojawiła się znów nade mną, lądując na gałęzi obok moich lin. Między nami nie było wolnej przestrzeni do lotu, tak więc skorzystałem z okazji, by podciągać się w górę tak szybko, jak tylko pozwalały moje zmęczone mięśnie. Zbliżałem się do końca liny i byłem już w koronie puchowca. Harpia czekała tam na mnie, pochylona w moją stronę, wpatrując się we mnie z góry swymi czarnymi oczami. Jej ogromny hakowaty dziób był otwarty, ukazując gadzi język poruszający się w rytm jej szybkich oddechów.

Jej potężne żółte stopy mocno ściskały gałąź, tak że owe mordercze tylne szpony opierały się na ostrych jak igła czubkach. Było oczywiste, że wyczekuje kolejnej sposobności do ataku. Nie spuszczając jej z oczu, przecisnąłem się przez wąskie rozwidlenie gałęzi, a potem balansując niepewnie, odwzajemniłem jej spojrzenie. Po mniej więcej minucie wyraźnie odprężyła się nieco i wyprostowała z uniesionym czubem.

Teraz przyszedł najtrudniejszy moment. Żeby móc zwolnić liny dla Grahama, musiałem założyć nowe stanowisko asekuracyjne. Do tego zaś musiałem na parę sekund oderwać od niej wzrok. Nie miałem innego wyjścia, jak tylko zaufać jej w nadziei, że nie wykorzysta tego przeciwko mnie.

Zanim się obejrzałem, kręciłem się w powietrzu na linie, a przed oczyma tańczyły mi gwiazdy. Dzwoniło mi w uszach i czułem przeszywający ból u podstawy czaszki. Najszybciej, jak mogłem, wgramoliłem się z powrotem na kolczastą gałąź i przyłożyłem dłoń do bolącego miejsca. Lewą stronę szyi między obojczykiem i żuchwą miałem zdrętwiałą, a kiedy oderwałem rękę, na palcach zobaczyłem krew. Musiała dostrzec przerwę między osłoną karku i kamizelką ochronną i obrała ją za cel. Czułem się, jakbym oberwał kijem baseballowym, i pokręciłem parę razy głową, żeby sprawdzić, czy nie mam połamanych kości. Ale krew nie wróżyła dobrze i próbowałem ją zatamować, przyciskając mocno palce, w wyniku czego tylko poczułem większe zawroty głowy i mdłości.

Krzyknąłem na dół do chłopaków:

– Nic mi nie jest, ale tego już za wiele. Mam dosyć. Wynoszę się stąd!

Hen z dołu dobiegł do mnie głos Grahama:

– Zostań tam, James. Jestem w drodze. Idę do ciebie!

Ledwo zdążyłem przepiąć się na sąsiednią gałąź, poczułem, że lina pode mną zaczyna naprężać się i huśtać. Szedł na górę.

Ale kilka sekund później harpia znowu leciała na mnie, pikując ostro ze szponami wyciągniętymi w stronę mojej twarzy. Tym razem nie wyglądało na to, by samo odwrócenie się twarzą do niej mogło powstrzymać atak, tak więc krzyknąłem i pomachałem rękami. Skręciła gwałtownie i odleciała na gałąź trzy metry ode mnie, gdzie pochyliła się naprzód, znów przyglądając mi się z na wpół złożonymi skrzydłami, gotowa do akcji, gdy tylko nadarzy się okazja. Było jasne, że odwrócenie się teraz tyłem do niej albo spojrzenie na moment w inną stronę sprowokowałoby kolejny atak. Nie zamierzałem popełnić tego błędu po raz drugi. Tak więc gdy ona wyciągała szyję, by widzieć mnie dokładnie, starałem się za wszelką cenę utrzymać kontakt wzrokowy, jednocześnie wykorzystując najbliższą gałąź jako osłonę. Byliśmy w impasie, zwarci spojrzeniami. To był jej teren, a ja byłem intruzem.

Ryzykując krótki rzut oka wzdłuż lin, dostrzegłem Grahama wyłaniającego się właśnie z podszytu. Harpia musiała również go zauważyć, ponieważ pochyliła się nieco bardziej, spoglądając w dół. Byłem pewien, że zaraz sfrunie i rzuci się na niego, lecz nagle nie wiedzieć skąd pojawił się samiec, łukiem przelatując pode mną w jego stronę. Krzyknąłem ostrzegawczo, ale Graham już go zobaczył i uniósł wysoko stopę, żeby odeprzeć cios. Samiec, uświadomiwszy sobie, że został przejrzany, w ostatniej sekundzie wszedł w przechył i odbił w bok, pozostawiając go rozkołysanego na linie. Niezrażony Graham wspinał się dalej i kilka minut później dołączył do mnie na gałęzi. Zdążyłem już opanować nieco nerwy, a krwawienie ustało. Tak więc kiedy Graham bacznie obserwował samicę siedzącą raptem trzydzieści centymetrów od niego, mogłem wreszcie porządnie przyjrzeć się gniazdu za naszymi plecami.

Tam gdzie trzy miesiące temu widziałem dwa małe jaja leżące w niewielkim zagłębieniu, teraz było jedno wielkie rozgniewane pisklę. Miało rozmiary sporego kurczaka, szare skrzydła, białą głowę i dwie ogromne żółte stopy. Siedziało oparte na kuprze, ze szponami uniesionymi w moją stronę. Otworzyło dziób w obronnym geście, a co parę sekund blada migotka przesuwała się w chłodny, gadzi sposób po jego dzikich, ciemnych oczach.

Dno gniazda pokrywała gruba warstwa liści, na której walały się rozczłonkowane szczątki niedojedzonych truchеł. Tłuste zielone muchy kłębiły się nad poszarpanymi zwłokami, a sine, gnijące mięso roiło się od larw. Pisklę odsunęło się od nas. Musieliśmy uważać, żeby nie wypłoszyć go z gniazda, tak więc wszedłem tylko na tyle, ile potrzebowałem, żeby dosięgnąć kamery. Przez następne pół godziny czyściliśmy z Grahamem jej obiektyw z rozbryzganych ptasich odchodów i wycieraliśmy nagromadzony przez trzy miesiące brud. Zanim skończyliśmy, pisklę wydawało się zaskakująco pogodzone z naszą obecnością, ale szybki rzut oka przez ramię na jego matkę wystarczył, żeby przypomnieć mi, bym nie popadał w samozadowolenie. Ona i Graham patrzyli sobie nawzajem w oczy i rozejm się utrzymywał – na razie. Wiedziałem jednak, że za chwilę jeden z nas będzie musiał zjechać na dół, zostawiając drugiego sam na sam z nią. Zaofiarowałem się, że zostanę, i obserwowałem, jak Graham siada w uprzęży i opada w pustkę, nim dwadzieścia metrów niżej pochłonęła go gęsta roślinność podszytu. Harpia nie ruszyła się z gałęzi, mierząc mnie wściekłym wzrokiem, i Graham wymknął się bez szwanku.

Teraz była kolej na mnie i wiedziałem, co za chwilę nastąpi. Zeskoczyłem z gałęzi, nie odrywając od niej oczu i jednocześnie ściskając dźwignię przyrządu zjazdowego tak mocno, jak tylko się odważyłem, ale to było nie do uniknięcia: ze skrzydłami złożonymi za sobą zanurkowała prosto na mnie i skręciła gwałtownie, by wymierzyć mi ostatni cios w bark, nim zniknęła wśród drzew. Teraz już naprawdę miałem szczerze dość i opadłem jak kamień po linie na bezpieczne dno lasu.

– Chłopie, masz zakrwawioną szyję – powiedział Adrian, kiedy wylądowałem i zrzuciłem kask. – Wygląda paskudnie... – Podszedł bliżej, by przyjrzeć się dokładnie. – Kołnierz koszuli masz całkiem poszarpany, w osłonie karku jest rozcięcie i wygląda na to, że wbiła ci szpon tuż obok żyły szyjnej. Tak, trochę bardziej w lewo i byłoby kiepsko.

Zadała mi głęboką ranę kłutą jednym ze swych pazurów. Kto wie, jakie bakterie żyją na szponach harpii? Będzie trzeba to porządnie oczyścić i wymyć, ale przynajmniej krwawienie ustało.

Zebraliśmy się dookoła małego wyświetlacza, patrząc na pisklę siedzące w gnieździe i wpatrujące się złym wzrokiem w kamerę. Kilka minut później w głębi kadru wylądowała jego matka.

Stała bez ruchu, przyglądając się potomkowi. Potem przyciągnęła do siebie ochłap małpiego truchła i krótkimi, ostrymi szarpnięciami zaczęła odrywać dziobem małe paski mięsa. Pochyliła się naprzód, by podać skrawek pisklęciu, które przysunęło się do niej, niezdarnie machając skrzydełkami. Z niezmierną czułością delikatnie włożyła maleńki kąsek w nadstawiony dziób młodego. Był to cudowny widok i nie moglibyśmy życzyć sobie lepszego dowodu przemawiającego za tym, że wszystko poszło dobrze i że nie zakłóciliśmy trwale spokoju ptaków.

Uniosłem wzrok i spojrzałem na potężne srebrne gałęzie lśniące w blasku słońca hen w górze. Tam, w fortecy harpii, był inny świat. Jakimże przywilejem było móc go odwiedzić.

– Wracajmy do obozu. Trzeba oczyścić tę ranę – powiedział Graham.

Nie musiał mi tego powtarzać dwa razy. Była dopiero 9.30 rano, ale naprawdę potrzebowałem piwa.

Rozdział 10

Idylla – Maroko

2013

Luźne odłamki wapienia chrzęściły pod moimi stopami jak potłuczone talerze, kiedy wspinałem się wolno na stok. Szedłem po suchych jak pieprz zwałach odsłoniętej skały. Wśród potrzaskanych głazów leżała cienka warstwa gleby, a sucha, rachityczna trawa rosła kępkami tam, gdzie tylko mogła. Zakrawało na cud, że w ogóle cokolwiek mogło tutaj rosnąć, a tym bardziej rozwijać się, i pełen podziwu patrzyłem na otaczające mnie ogromne drzewa, które wyrastały wprost z kości ziemi.

Były to cedry atlaskie, a czyste górskie powietrze zaprawione było cierpkim aromatem ich żywicy, cudownym, pobudzającym wyobraźnię zapachem, który zdawał się spływać z innej epoki niczym woń kadzidła. Unosząc głowę, widziałem ich najwyższe gałęzie skąpane w pełnym blasku słońca, a tu, na dole, w cieniach, miałem wokół siebie ich szerokie pnie, stojące wśród spartańskiego podszytu ostrokrzewów i klonów.

Była połowa października w marokańskich górach Atlas. Czerwone jagody na gałęziach ciernistych krzewów potwierdzały, że jest to jesień, i choć dzień był ciepły, górski wiatr miał w sobie przenikliwość, która zapowiadała nadchodzącą surową zimę. Przypiekany na śmierć przez palące północnoafrykańskie letnie słońce, po czym ścinany mrozem i otulany grubą warstwą śniegu w ciągu zimy, ten las był miejscem skrajności. Wszystko, co tu rosło, musiało być twarde i wytrzymałe, aby przetrwać. Sękate cedry wokół mnie z pewnością takie były. W odróżnieniu od młodszych drzew rosnących w osłoniętych miejscach w głębi doliny ci potężni weterani mieli prawdziwą osobowość. Zagajnik, w którym stałem, rósł skupiony ciasno na stromym zboczu, jak pułk żołnierzy trwający na pozycji w ostatniej fazie bitwy. Każde z drzew różniło się zupełnie od swego sąsiada, a ich całe sylwetki zdawały się wyrażać bunt przeciwko niszczącemu działaniu czasu i pogody. Gałęzie odłamane przez zimowe śniegi, pnie osmalone przez letnie pożary: każde drzewo było żyjącą kroniką swoich czasów, z epickimi historiami odsłoniętymi przed każdym, kto potrafiłby je odczytać.

Wybrawszy sobie miejsce między dwoma korzeniami, usiadłem oparty plecami o pień i spojrzałem w dół stoku, po którym właśnie wszedłem. Wydawał się stąd bardziej stromy i byłem teraz na poziomie górnych partii koron niektórych z wielkich cedrów. Ich układające się piętrowo poziome konary były podświetlone od tyłu przez poranne słońce, a delikatne zimozielone igły miały srebrzysty odcień. Blask słońca odbijał się od dna lasu, oświetlając spód gałęzi, a potężne łuskowate pnie jarzyły się kasztanowym brązem. Igliwie wzdychało w łagodnym wietrzyku pod czystym błękitnym niebem. Ten las miał w sobie aurę ponadczasowego spokoju.

* * *

Dwa dni wcześniej przyjechałem z tatą do gwarnego berberyjskiego miasta Azru w paśmie Atlasu Średniego. Było to nasze ulubione miejsce od czasu, kiedy odwiedziliśmy je po raz pierwszy szesnaście lat temu. Mieszkałem wtedy i filmowałem na pustyniach południowego Maroka, i choć uwielbiałem surowe piękno północnej Sahary, tęskniłem za otoczeniem drzew. Tak więc kiedy tata przyjechał z wizytą, urządziliśmy sobie wycieczkę i odkryliśmy ten klejnot w sercu gór. Azru jest bramą do jednych z najcudowniejszych lasów, jakie widziałem w życiu, i wracałem tam, kiedy tylko mogłem, choć niestety wcale nie tak często, jak bym chciał.

Cedry atlaskie to moim zdaniem jedne z najpiękniejszych drzew świata. Ale jak w przypadku wszystkich żywych istot, aby docenić je w pełni, trzeba oglądać je w ich naturalnym otoczeniu. Każdy prezentuje oszałamiająco wyważoną formę wspólną wszystkim dzikim istotom rosnącym w harmonii z naturą. Może ma to coś wspólnego z cudownym zapachem ich żywicy albo medytacyjnym odosobnieniem ich górskiego domu, ale dla mnie samo przebywanie wśród tych prastarych drzew pomaga ukoić duszę.

Co więcej, wspinaczka na cedry jest również ogromną przyjemnością. Nie imponują wysokością, ale ze swoim mocnym drewnem, poziomymi konarami i (u starszych drzew) płaskim wierzchołkiem, który pozwala wyciągnąć się i podziwiać widoki, są niemal bezkonkurencyjne. Tata był na suku i oddawał się swemu ulubionemu zajęciu, czyli targowaniu się z handlarzami przy kupnie dywanów i skamieniałości, co pozwoliło mi spędzić ten dzień na moim ulubionym zajęciu: włóczędze po zalesionych stokach nad miastem w poszukiwaniu idealnego drzewa do wspinaczki. Zamierzałem wrócić następnego dnia, żeby wejść na nie i spędzić noc w jego gałęziach. Wspinałem się już na mnóstwo cedrów, ale nie spałem na żadnym, a czułem potrzebę zbliżenia się możliwie jak najbardziej do tych majestatycznych drzew.

Jakiś ruch w dole przyciągnął mój wzrok do miejsca, gdzie gromada makaków berberyjskich wędrowała wśród drzew, odwracając kamienie i zaglądając pod kłody w poszukiwaniu smakowitych kąsków. Ich widok przypomniał mi, że mimo górzystego charakteru tych szpilkowych lasów jestem jednak w Afryce i aż do całkiem niedawna te odludne doliny były również domem dla mnóstwa innych ssaków specyficznych dla tego kontynentu.

Jedyny afrykański gatunek niedźwiedzia przetrwał tu do połowy dziewiętnastego stulecia, a ostatnie dzikie lwy berberyjskie Maroka żyły w tych górach do lat czterdziestych ubiegłego wieku. Kiedyś oba te gatunki tworzyły wielkie, zdrowe populacje. W istocie większość lwów, które zakończyły życie na piasku rzymskiego Koloseum, pochodziła właśnie stąd.

Próbowałem wyobrazić sobie, jakie to musiało być wrażenie, zobaczyć lwa berberyjskiego w tym krajobrazie. Słynne ze swych potężnych rozmiarów i obfitej czarnej grzywy, musiały stanowić niesamowity widok, gdy w ciche księżycowe noce brnęły przez śnieg, sunąc bezgłośnie między granatowymi cieniami olbrzymich cedrów. Chociaż lwów już nie ma, las wciąż stoi, i gdy patrzyłem na sędziwe drzewa rosnące na stoku wokół mnie, cudownie było pomyśleć, że taki wędrujący kot mógł ostrzyć sobie pazury o twarde drewno któregokolwiek z nich. Może nawet tego, o które się właśnie opierałem.

Kolejną intrygującą myślą jest to, że być może, tylko być może, wciąż istnieje tu reliktowa populacja lampartów berberyjskich. Choć wielu uważa je za gatunek wymarły, niektórzy miejscowi pasterze są przekonani, że wciąż przemierzają one lasy, i doskonale pamiętam cętkowaną skórę, którą widziałem piętnaście lat temu, wystawioną na sprzedaż na suku w Azru. Gęste bujne futro nieprzypominające niczego, co kiedykolwiek widziałem w Afryce Subsaharyjskiej. Jestem nieuleczalnym romantykiem, jeśli chodzi o takie sprawy, i chcę wierzyć, że one wciąż gdzieś tu są. Jeśli jakikolwiek wielki kot może przeżyć w tajemnicy przed zewnętrznym światem, to jest nim lampart.

Krakanie kruka sprowadziło mnie z powrotem do tego stulecia. Pociągnąwszy łyk wody, wstałem, by ruszyć dalej wzdłuż grzbietu w poszukiwaniu drzewa do wspinaczki.

Zaczynałem dostrzegać pewien wzorzec. Te starsze drzewa rosły w skupiskach – wyraźnie odgraniczonych grupach w samym sercu lasu. I w odróżnieniu od wielu innych drzew, które zwykle rosną najlepiej na żyznych aluwialnych równinach wzdłuż rzek, one zdawały się osiągać pełnię możliwości w surowych górnych partiach zbocza, gdzie gleba była najcieńsza. Było to dla mnie zagadką, która jedynie zwiększyła ich urok. To były niepokorne, niemal buntownicze drzewa, które zdawały się maszerować w innym rytmie.

Wyszedłem na szczyt, gdzie powitał mnie piękny widok płaskiej przestrzeni po drugiej stronie góry. Dojrzałe cedry tworzyły luźną kolumnadę jak arkady ogromnego, wysoko sklepionego meczetu, a słońce przebijało się między nimi, zalewając tę przestrzeń snopami światła. W każdym ze snopów, który dosięgał dna lasu, tańczyła para motyli. Z brązowymi skrzydłami w duże kremowe cętki wyglądały na gatunek zwany osadnikiem egerią. Miękkie obłoki pyłu kłębiły się w turbulencjach wywołanych ich maleńkimi skrzydłami. Stałem urzeczony, przyglądając się, jak wirują wokół siebie, kreśląc spirale w powietrzu, gdy wznosiły się w słupach światła ku okapowi koron. Trafiłem na rajską polanę.

Mój wzrok przyciągnęła barwna plamka wśród kamieni u moich stóp. Pochyliwszy się, uświadomiłem sobie, że jest to dziki krokus. Pierwszy raz w życiu widziałem ten kwiat. Jego sześć liliowych płatków tworzyło pionową koronę, która zdawała się jarzyć w cętkowanym blasku słońca. Wyraźnie widać było pomarańczowe nitki trzech znamion słupka. Te znamiona są zbierane i suszone na słońcu, aby otrzymać szafran. Pomyślałem o kosztownej szkarłatnej przyprawie, którą widziałem spiętrzoną wysoko w misach z cedrowego drewna na suku w Azru. Krokusy i cedry zdawały się nieprawdopodobnymi towarzyszami, ale najwyraźniej łączyło je jakieś subtelne partnerstwo. Jak na tak zdawałoby się surowe środowisko, te lasy są zaskakująco kruche i pomyślałem o poważnych problemach ekologicznych, z jakimi się zmagają.

W 2013 roku Międzynarodowa Unia Ochrony Przyrody ukończyła okresową rewizję statusu drzew szpilkowych świata. Cedr atlaski został z dnia na dzień przeniesiony z kategorii gatunku „najmniejszej troski" do „zagrożonego". W połowie dwudziestego wieku doszło do siedemdziesięciopięcioprocentowego spadku liczebności, a od lat osiemdziesiątych cedry doświadczały długotrwałych epizodów silnych susz. Te lasy niegdyś rozciągały się na całe góry Maghrebu, ale odkąd algierska populacja praktycznie przestała istnieć, Maroko mieści około osiemdziesięciu procent tego, co zostało. Głównym problemem – jak można się spodziewać w tym okresowo suchym środowisku – wydaje się globalne ocieplenie. Lasy wokół Azru leżą na północnych stokach Atlasu i w przeszłości korzystały z dobrodziejstw wilgoci znad Atlantyku, ale znacznie suchsze warunki nadciągające z południa odciskają na nich swoje piętno. Południowe stoki są teraz upstrzone żałosnymi białymi szkieletami cedrów uśmierconych przez suszę, wyznaczając skraj lasu, który wycofuje się na północ. Ponieważ cedr atlaski naturalnie występuje jedynie na wysokościach od tysiąca trzystu do dwóch tysięcy czterystu metrów, las znalazł się między młotem a kowadłem. Nie ma dokąd odejść. A dodatkowe presje w postaci nielegalnego wyrębu, nadmiernego wypasu oraz erozji gleb jeszcze bardziej pogarszają sytuację.

Zasadniczo należę do ludzi, dla których szklanka jest zawsze do połowy pełna, ale nawet mnie trudno jest zachować optymizm co do przyszłości cedrów atlaskich na ich naturalnym obszarze. Pojedyncze drzewa daje się z powodzeniem hodować w Wielkiej Brytanii, ale las to oczywiście coś znacznie więcej niż suma jego drzew. Możemy być w stanie zachować geny dla ochrony ex situ w przyszłości, ale to zupełnie nie to samo, co cedry - albo, skoro już o tym mowa, lwy berberyjskie - prosperujące w naturalnym środowisku.

Delikatnie dotknąłem krokus grzbietem palca. Jego płatki były tak miękkie, że ledwo je poczułem. Jak coś tak kruchego mogło tutaj przeżyć? Mój wzrok powędrował znów ku motylom, tak efemerycznym w swoich zalotach, a potem ku potężnym cedrom wokół mnie. To było magiczne miejsce.

* * *

- I co? Znalazłeś swoje drzewo? - zapytał tata, kiedy wieczorem wróciłem do Azru.

Obserwował zachód słońca ze swego ulubionego stolika na schodach Hôtel des Cèdres, wychodzących na plac targowy. Popijał ze szklanki *nous nous* i jak zwykle zdumiała mnie jego zdolność do picia szatańsko mocnej kawy o dowolnej porze dnia. Przysunąwszy sobie krzesło, powiedziałem mu, że znalazłem idealny cedr i nie mogę się doczekać wspinaczki. Obok taty stała torba ze świeżo zakupionymi bibelotami i odniosłem wrażenie, że miał równie udany dzień jak ja. Kilka lat temu wycofał się z londyńskiego handlu antykami, ale dawne nawyki trzymają się mocno i jego zadowolona mina mówiła wszystko. Żal mi było tylko przekupniów na suku.

Wezwanie do modlitwy wzbiło się w czyste wieczorne niebo, a wąskimi uliczkami popłynęła woń tażinów gotujących się na rozżarzonych węglach. Nad lesistymi wzgórzami pokazała się niepełna tarcza księżyca i uświadomiłem sobie z uśmiechem, że następnym razem zobaczę ją wyłaniającą się zza horyzontu, leżąc wygodnie w hamaku zawieszonym trzydzieści metrów nad ziemią w koronie cedru.

* * *

Było niemal południe następnego dnia. Ale choć wyżej nagie zbocza góry prażyły się w potwornym skwarze, tu w lesie panowały cień i chłód. Powietrze wypełniała znajoma już woń cedrowej żywicy, gdy razem z tatą ostrożnie posuwaliśmy się wśród głazów. Szliśmy stokiem porośniętej lasem doliny w stronę drzewa, które wybrałem do wspinaczki. Zapisałem jego lokalizację w swoim GPS-ie, co wydawało mi się jakoś nie całkiem uczciwe i oczywiście odbierało mi część przyjemności z bycia w lesie, kiedy ślepo podążałem szlakiem cyfrowych kropek na wyświetlaczu. Zależało mi jednak, żeby dostać się tam możliwie jak najszybciej, gdyż chciałem usadowić się w hamaku co najmniej godzinę przed zachodem słońca. Tatę także naszła chętka na biwak, tak więc zabrałem drugi hamak, żeby mógł rozwiesić go sobie nad ziemią gdzieś w pobliżu.

Wybrane drzewo rosło po drugiej stronie motylej polany, tuż przed miejscem, gdzie niewielki płaskowyż opadał ku następnej dolinie. Nie był to najwyższy cedr, jaki widziałem, ale zdecydowanie najlepiej położony. Od chwili, kiedy go spostrzegłem, wiedziałem, że to jest to. Dokonawszy w końcu wyboru, nie mogłem się doczekać, kiedy na niego wejdę.

Kiedy dotarliśmy do jego podnóża, tata odszedł, żeby znaleźć miejsce na biwak, a ja poświęciłem parę minut na zapoznanie się z drzewem przed wspinaczką.

Był to okaz o pięknych proporcjach. Pień mierzył metr osiemdziesiąt średnicy – niezbyt wiele – i wznosił się prosto ku koronie zgrabną kolumną wolnego od sęków drewna. Pierwsza gałąź wyrastała dopiero na wysokości dwudziestu metrów i była zaledwie poskręcanym martwym kikutem. Ale główna korona ponad nią przedstawiała się wspaniale: potężne poziome konary rozpościerały się na wszystkie strony, oferując nieskończone możliwości rozwieszenia hamaka. Położenie drzewa na skraju płaskowyżu, wysoko nad następną doliną, obiecywało fantastyczne widoki. A na dokładkę było zwrócone na zachód, co dobrze wróżyło zachodowi słońca.

Nie tracąc więcej czasu, przygotowałem procę i wystrzeliłem żyłkę ponad najniższym solidnym konarem, który mogłem dostrzec. Wciągnąłem na górę linę, planując jej użyć, żeby pokonać gładki odcinek pnia i dostać się w dolną część korony. Stamtąd zamierzałem pokonać resztę drogi, wspinając się z gałęzi na gałąź. Przed upadkiem chroniłaby mnie lonża, ale zależało mi na wchodzeniu po samym drzewie, nie po linie. Nie chciałem znaleźć się na wierzchołku za sprawą liny łączącej go z ziemią jednym długim rzutem.

Odległy stukot kamieni powiedział mi, że tata znalazł miejsce na biwak i oczyszczał placyk pod ognisko. Tak więc włożywszy nogi w uprząż, wciągnąłem ją na biodra i odczepiłem wszelkie niepotrzebne karabinki i przybory. Przywiązałem koniec liny do plecaka zawierającego sprzęt kempingowy, jedzenie i wodę, wpiąłem się i wyciągnąłem luz. Wspinaczka przy suchej śródziemnomorskiej pogodzie była przyjemną odmianą po mozoleniu się w palącym upale i wilgotności tropikalnej dżungli. Miło było nie pływać we własnym pocie pół minuty po opuszczeniu ziemi i nie być nękanym przez kąsające owady.

Ale moja radość była przedwczesna – choć na owady na szczęście nie mogłem się skarżyć, wkrótce byłem spocony jak mysz. W połowie wysokości pnia wyszedłem na słońce i natychmiast poczułem, jak skóra piecze mnie od żaru. Kilka minut później wszedłem w cień korony i zatrzymałem się, żeby odsapnąć. Pot parował w suchym powietrzu, chłodząc mnie, i w ciągu paru chwil nawet ciemne plamy wilgoci na przodzie mojej koszulki zniknęły bez śladu. Spojrzałem w górę pnia, by zobaczyć, jak wiele jeszcze zostało mi do przejścia.

Lina przechodziła przez prześwit między drzewem a potężną uschniętą gałęzią tuż nade mną. Z ziemi prześwit wyglądał na znacznie większy i teraz zaczęły ogarniać mnie wątpliwości, czy się w nim zmieszczę. Będzie ciasno, to pewne. Byłoby dość łatwo ominąć to wąskie gardło przez przepięcie się na inną lonżę, ale postanowiłem mimo wszystko spróbować. Jak było do przewidzenia, zmieniło się to w prawdziwą szarpaninę, przy której omal nie zaklinowałem się na amen. Zbyt wiele tażinów, jak sądzę, i kiedy w końcu przecisnąłem się na drugą stronę, ręce miałem pokryte paskudnymi zadrapaniami oraz mieszaniną żywicy i brudu. Gdzieniegdzie poprzyklejały się do niej płatki suchej kory i odlepiając je, wyrwałem sobie parę włosków. Ale zapach żywicy był nieziemski i nie mogłem powstrzymać się przed nabraniem odrobiny na palec dla spróbowania. Chciałbym powiedzieć, że odkryłem w ten sposób cudowny nowy eliksir, jakąś tajemną naturalną miksturę gwarantującą poczucie wiecznej szczęśliwości. Niestety okazała się ona nadzwyczaj gorzka i niesmaczna, choć ledwo uchwytna nuta pikantnej słodyczy skłoniła mnie do skosztowania dla pewności raz jeszcze. Nic z tego, wciąż paskudztwo – tak więc upiwszy spory łyk wody, kontynuowałem wspinaczkę, aż dotarłem do końca liny, gdzie usiadłem w uprzęży, by porządnie rozejrzeć się po swym nowym otoczeniu.

Roześmiałem się głośno ze spontanicznej radości, jaką sprawił mi widok, który mnie powitał. Baldachim koron otaczał mnie wiszącymi w powietrzu tarasami. Poziome warstwy gęstego igliwia unosiły się na różnych wysokościach w koronach sąsiednich drzew.

Wszystko było podświetlone od tyłu, jarząc się błękitnawą zielenią w popołudniowym słońcu. Samo słońce przesłaniała gałąź, ale igły wokół niego świeciły jak srebrna aureola, a długie nici babiego lata migotały w powietrzu, gdy dziesiątki świeżo wyklutych pajączków spływały w dół przez okap lasu.

Umiejscowienie mojego drzewa na szczycie stoku oznaczało, że byłem teraz na poziomie wierzchołków innych, rosnących na zboczach w dole. Wydawały się tak blisko, że mógłbym przeskoczyć na nie przez czyste, górskie powietrze. Las wznosił się znów po przeciwnej stronie doliny i urywał na otwartym płaskowyżu za nią, a wysoko na horyzoncie, ponad całą tą sceną, unosiły się kuszące sylwetki gór. W zasięgu wzroku nie było nic, tylko góry i cedry atlaskie, najcudowniejsze drzewa na świecie. Wszystko to razem tworzyło idylliczny obraz.

Sam czubek drzewa znajdował się kolejne dziesięć metrów wyżej, ale miejsce, w którym wisiałem, było znakomite dla mojego lekkiego hamaka. Wciągnąłem na górę plecak i powiesiłem go na gałęzi obok siebie. Hamak był fabrycznie nowy, zwinięty w ciasną kulkę. Rozwinął się, zwisając bezwładnie, i chwyciwszy jeden koniec w zęby, rozhuśtałem się na linie wzdłuż wielkiej gałęzi, by go zamocować. Następnie przeleciałem jak wahadło do kolejnego konaru trzy metry dalej, żeby naprężyć hamak, zanim wróciłem na środek i opadłem na swoje nowe łóżko. Śpiworem zamierzałem zająć się później, ale na razie wspaniale było leżeć na plecach i obserwować, jak słoneczne światło tańczy na spodniej stronie zielonego baldachimu wprost nad moją głową.

Słońce było wciąż jeszcze na szerokość dłoni ponad horyzontem i miałem mnóstwo czasu na wylegiwanie się, tak więc zamknąłem oczy i wsłuchałem się w las. Robiło się chłodno i powietrze przemieszczało się, gdy słońce opadało ku linii widnokręgu. Łagodny wietrzyk szemrał cicho w igłach cedru wokół mnie, a gdzieś w dolinie, gdzie gęstniały już cienie, puszczyk odezwał się jeden raz i umilkł.

Wciąż słyszałem od czasu do czasu, jak tata stuka kamieniami – Bóg raczy wiedzieć, co on tam robił; sądząc z odgłosów, budował jakiś mur dla ochrony przed wilkami. Poza tym jednak panowała zupełna cisza. Właściwie „cisza" nie jest do końca odpowiednim słowem: sugeruje brak dźwięków. Lepszym określeniem byłby „spokój". Trudno jest to opisać. Ale godzina, jaką spędziłem w rozkołysanym hamaku trzydzieści pięć metrów nad ziemią na tym cedrze, obserwując słońce zniżające się wolno nad pasmem Atlasu, była jak dotąd jedną z najbardziej pogodnych w moim życiu.

Po kilku minutach otworzyłem oczy i zobaczyłem maleńkiego pajączka dyndającego na nitce trzydzieści centymetrów nad moją twarzą. Wyglądało na to, że opada dokładnie na mój nos, więc tuż przed kontaktem dmuchnąłem na niego lekko. W odpowiedzi opuścił się jeszcze szybciej, ale chwyciłem go za nić na moment przed lądowaniem. Zakotwiczywszy jego nitkę na gałęzi obok siebie, wyjrzałem przez skraj hamaka, by śledzić, jak kontynuuje swą heroiczną podróż głową w dół przez koronę drzewa. Dno lasu było trzydzieści pięć metrów niżej i nie mogłem uwierzyć, że pająk tych rozmiarów może wyprodukować dość przędzy do tak imponującego zjazdu. Z braku czegoś pilniejszego do roboty obliczyłem w głowie, że gdyby drzewo zostało powiększone o tyle, o ile ja byłem większy od pająka, potrzebowałbym liny przeszło dwudziestokilometrowej długości, żeby dotrzeć z tego hamaka na ziemię. Całe drzewo miałoby niemal trzydzieści kilometrów wysokości, co umieszczałoby jego najwyższe gałęzie gdzieś w stratosferze. Zdumiewające. Uśmiechnąłem się, próbując wyobrazić sobie, jak wyglądałby trzydziestokilometrowy cedr. Gdy przyglądałem się pajączkowi, lekki powiew wiatru zdmuchnął go w stronę drzewa. Wylądował na pniu trzy metry pode mną, odczepił się od nici i przemknął po korze. A więc jednak nie dane mi było się dowiedzieć, ile przędzy mieści się w pająku.

Musiałem spać przypięty do liny asekuracyjnej, co oznaczało zarazem, że nie mogłem zdjąć uprzęży. Tak więc żeby zapewnić sobie jak największą wygodę, odczepiłem wszystkie zapasowe karabinki i powiesiłem je tak, żeby nie zawadzały. Rozwinąłem śpiwór, zdjąłem buty, naciągnąłem wełnianą czapkę i położyłem się na boku, aby oglądać zachód słońca. Pożar przetoczył się przez niebo, a krwistoczerwone słońce zniknęło powoli za górami. *Salat al-maghrib*, wieczorne wezwanie do modlitwy, przypłynęło na wietrze z odległego meczetu ukrytego w załomach gór, a potem zapadła cisza.

Kilka godzin później obudziłem się przemarznięty. Zasnąłem na śpiworze, tak więc wśliznąłem się do środka i słuchałem odgłosów nocy. Rosnący księżyc wschodził, ukryty za drzewami, ale był jeszcze zbyt nisko, żeby rzucać światło, tak więc las wokół mnie był atramentowoczarny. Gwiazdy migotały w koronach drzew, a puszczyki pohukiwały. Ich jękliwe głosy przypominały mi tamtą pierwszą noc spędzoną na Goliacie w New Forest, tak wiele lat temu. Znowu zapadłem w sen, zastanawiając się, co sowy mówią do siebie nawzajem.

Kiedy zbudziłem się następnym razem, księżyc wisiał wysoko na niebie, a okoliczny las skąpany był w jego miękkiej poświacie. Cedrowe igliwie miało woskowy połysk, ale potężne konary wijące się wokół mnie pozostawały w cieniu. Wyglądając w stronę doliny, wyraźnie dostrzegałem wierzchołki co wyższych cedrów, pnące się ku światłu księżyca. Obróciłem się w hamaku i spojrzałem w dół. Pień pode mną upstrzony był pięknymi srebrzystymi cieniami. Jego łuszcząca się kora miała prehistoryczny, ponadczasowy wygląd i zastanawiałem się, jak stare jest to drzewo. Sprawiało wrażenie, jak gdyby od zawsze pełniło straż nad położoną w dole doliną.

Miało z pewnością kilkaset lat, być może pięćset albo więcej. Pięć wieków przeżytych w tych górach to bardzo długo i moja krótka wizyta ledwo zostałaby odnotowana na skali życia tego cedru. Ale na tym właśnie polega między innymi urok drzew, prawda? Wydają się niemal wiecznymi punktami odniesienia w krajobrazie, przypominając nam, żebyśmy jak najlepiej wykorzystywali każdy mijający dzień w naszym aż nazbyt krótkim życiu. Puszczyk odezwał się znowu z sąsiedniego drzewa i ponownie odpłynąłem w sen.

Kiedy znów się ocknąłem, była już siódma rano. Otworzyłem oczy w zupełnie innym świecie. Wszystko z wolna odzyskiwało barwy i księżycowa noc zdawała się ulotnym snem. Blade wschodnie niebo zwiastowało bliski wschód słońca, a wietrzyk już teraz niósł cudowną woń żywicy, ale na razie las wokół mnie spowijał jeszcze mrok. Było chłodno, ale nie mroźnie, i próbowałem wykrzesać z siebie energię, żeby wyjść z hamaka i ruszyć w górę. Zaplanowałem sobie, że powitam wschodzące słońce z samego czubka drzewa, od którego dzieliło mnie może z dziesięć metrów. Zamierzałem wspiąć się tam po drabinie grubych, mocnych gałęzi. Wygramoliłem się ze śpiwora i przewiesiłem nogi przez skraj hamaka, żeby włożyć buty.

Wybrawszy luz z przesuwnego węzła, podciągnąłem się na linie, stanąłem w hamaku i zrobiłem krok, by polecieć jak wahadło w stronę pnia. Oparty o niego stopami poprawiłem na sobie uprząż, po czym chwyciłem gałąź ponad sobą i zawisłem na rękach, żeby rozciągnąć plecy. Chłód wszedł mi w kości i poczułem parę chrupnięć, gdy ciężar mojego ciała wyprostował mi kręgosłup, przygotowując go do wspinaczki. Podciągnąwszy się na konar, dałem sobie mnóstwo luzu na linie i poprułem z gałęzi na gałąź, nie zatrzymując się, aż znalazłem się pod najwyższą warstwą igliwia.

Gałęzie były tu mniejsze, bardziej powykręcane i potargane przez wiatry. Wszędzie rosły porosty i kiedy dotknąłem drzewa, w dół osypał się pył. Kilka gałęzi straciło korę, odsłaniając zawiłe koronkowe rowki, w których niegdyś żyły larwy chrząszczy. Gałązki tego najwyższego piętra splatały się razem, tworząc gęstą poziomą matę – płaski blat igliwia. Ponad nim dostrzegłem błękitne niebo. Przeniósłszy punkt asekuracyjny na gałąź tuż pod sobą, ponownie dałem sobie mnóstwo luzu, gotowy zrobić następne kilka kroków. Przeciskając ręce przez kłujące igły, wynurzyłem się w przestrzeń nad nimi.

Tors miałem teraz zupełnie ponad okapem drzew, w samą porę, by ujrzeć pierwsze promienie słońca przebijające się przez koronę sąsiedniego cedru. Natychmiast zrobiło się cieplej. Czułem, jak słoneczny żar przenika mnie do szpiku kości, i przez kilka sekund siedziałem z zamkniętymi oczami, kąpiąc się w jego blasku. Dotarło do mnie cichutkie bzyczenie, a gdy otworzyłem oczy, zobaczyłem wokół siebie dziesiątki pszczół, spokojnie krzątających się w koronie drzewa. Na gałęziach sterczały na sztorc setki smukłych, żółtych, palcowatych szyszek. Były to męskie kwiatostany, które dojrzały w ciągu letnich miesięcy i teraz, z nastaniem jesieni, gotowe były do uwolnienia pyłku. Pszczoły korzystały z tego ile wlezie. Igły cedru także sterczały wyprostowane, rosnąc małymi kępkami na końcach krótkich, zdrewniałych pędów. Gruba woskowa kutikula nadawała im niebieskawozielony kolor. Zerwawszy kilka, roztarłem je między dłońmi, by uwolnić niebiański aromat, który zdążyłem już pokochać.

Przenosząc wzrok dalej, zobaczyłem, że moje drzewo jest jednym z wielu dojrzałych cedrów podobnej wysokości i wieku, stojących rzędem na skraju półkolistej skarpy. Odwróciwszy się twarzą ku zachodowi, spojrzałem ponad doliną w stronę odległych szczytów Atlasu Wysokiego na horyzoncie. Cień skarpy kładł się płasko na tym pejzażu jak wskazówka olbrzymiego zegara słonecznego i choć wierzchołek mojego drzewa pławił się w pełnym blasku słońca, te pode mną okrywał wciąż mrok. W miarę jak słońce wznosiło się coraz wyżej, śledziłem krawędź tego cienia cofającą się w stronę mojego wzgórza, aż wszystko znalazło się w pełnym słońcu. Drzewa rosnące pod osłoną wzgórza były jednymi z najwyższych, jakie widziałem w tych lasach. Książki mówią, że cedry atlaskie rzadko, jeśli w ogóle, przekraczają czterdzieści metrów wysokości. Ale mogę zaręczyć, że ten, na którym stałem, miał co najmniej czterdzieści pięć metrów, i z chęcią zjem karabinek, jeśli te w dolinie pode mną nie sięgały pięćdziesięciu.

Widok był cudowny. Ale na południu, w głębi doliny, czaiło się zło. Wiele dojrzałych cedrów było tam martwych. Drzewa wielkie jak to, na którym byłem, przypuszczalnie mające przed sobą jeszcze wiele lat życia, zostały uśmiercone w kwiecie wieku. Ich zbielałe od słońca pnie sterczały wciąż ponad okolicznym lasem jak widma. Oczywiście drzewa umierają przez cały czas i te mogły obumrzeć z przyczyn naturalnych. Ale zdecydowanie nie zabiła ich starość i widok całego ich uschniętego i pozbawionego życia skupiska zdawał się złowieszczy. Podejrzewam, że przyczyną była długotrwała susza. Pod nimi wyrósł już gęsty młodnik wiecznie zielonych dębów i wydawało się nadzwyczaj nieprawdopodobne, by jakakolwiek siewka cedru była w stanie rywalizować z nimi w przyszłości o światło. Nie żebym jak dotąd widział gdziekolwiek w tym lesie choć jeden młody cedr. Zadbały o to prawdopodobnie puszczane luzem liczne stada domowych owiec i kóz.

Pomimo widoku tych martwych drzew czułem się podniesiony na duchu, gdy po raz ostatni przed zejściem w dół ogarnąłem wzrokiem resztę krajobrazu. Olbrzymia większość cedrów wokół mnie była w dobrym zdrowiu. Nawet te, które straciły większe konary lub wierzchołki za sprawą silnych wiatrów, wciąż rosły bujnie i wyraźnie miały przed sobą jeszcze wiele dziesiątków lat.

Zanim odwiązałem hamak i zjechałem z powrotem na dno lasu, tata zdążył już się spakować i czekał na mnie. Dym wciąż unosił się wstęgą z rozżarzonych węgli jego ogniska i byłem trochę zły, że musiałem wylać na nie ostatnią resztkę naszego zapasu wody, żeby zapobiec pożarowi lasu. Ale, jak zauważył z uśmiechem i wzruszeniem ramion, w Azru czekało na nas mnóstwo miętowej herbaty.

Postanowiliśmy wrócić prostszą drogą według wskazań kompasu, zamiast krętego szlaku sugerowanego przez mój GPS, i po pół godzinie natknęliśmy się na niski płotek biegnący wśród drzew. Nie służył do zagradzania drogi ludziom, tak więc przestąpiliśmy go i szliśmy dalej przed siebie. Tu i tam rosły kępy jeżyn, a złożony z oliwników i klonów włoskich podszyt wydawał się gęstszy niż gdzie indziej. Trawa rosła tu wyższa, a krokusów było znacznie więcej. Najwyraźniej weszliśmy na obszar chroniony, a płotek został postawiony, żeby uniemożliwić dostęp zwierzętom domowym.

I wtedy właśnie natrafiliśmy na miniaturowy las maleńkich, zielonych siewek cedru u stóp wyjątkowo sędziwego, wielopiennego drzewa. Dwie setki ich wyrastały z suchej jak pieprz ściółki wokół nas, najwyraźniej rozsiane przez górującego nad nimi olbrzyma. Był to krzepiący widok: nasz ostatni dzień w tych lasach i w końcu znaleźliśmy dowód naturalnego odradzania się cedrów. Tu, rozsypana wokół nas, była nadzieja na przyszłość. Dwieście siewek nie stanowi lasu, ale jest to już jakiś początek. Szesnaście lat temu, kiedy mieszkałem w tej okolicy, nie było tu żadnych zabezpieczeń. Ale to ogrodzenie chroniące przed owcami i kozami wskazywało, że podejmowano środki na rzecz zmiany sytuacji i dano tym lasom szansę. Przyroda potrzebuje jedynie tego, żeby wyjść jej naprzeciw; z resztą poradzi sobie sama.

Zdjąłem plecak i położyłem się na brzuchu wśród suchych gałązek i zeszłorocznych liści, by dokładniej przyjrzeć się siewkom. Nie więcej niż pięciocentymetrowej wysokości, każda była delikatną kępką miękkich zielonych igieł na szczycie smukłej kasztanowobrązowej łodyżki. Wyglądały niewiarygodnie wątło i mogłem wyobrazić sobie, że głodna owca uporałaby się z nimi piorunem. Tak zieloniutkie, smakowite kąski zostałyby wyskubane raz-dwa. Opierając podbródek na dłoniach w suchej ziemi, uniosłem wzrok znad siewek w stronę ogromnego drzewa nad nimi. To była prawdziwa matka lasu, licząca sobie wiele setek lat, i po raz kolejny pomyślałem o tym, jak nieprawdopodobne na pozór są początki tak potężnych organizmów. Po prostu nie chce się wierzyć, że krucha drobinka życia nie większa od wykałaczki może wyrosnąć na jedno z większych drzew świata, a cedr atlaski naprawdę jest wielkim drzewem. Z pewnością jest jednym z najpiękniejszych. Mam nadzieję, że będą rosły dziko w tych górach, gdzie jest ich miejsce, jeszcze przez wiele tysięcy lat. I kto wie? Może pewnego dnia po cedrowych lasach Atlasu znów będą się przechadzać lwy i niedźwiedzie.

Epilog

Siedzę w hamaku, dwadzieścia cztery metry nad ziemią, w połowie wysokości Goliata. Po prawej stronie mam opadającą łukiem w dół dziesięciometrową gałąź, po lewej potężny pień Goliata o grubej, czerwonej korze tworzącej zawijasy, które biegną w górę ku czubkowi drzewa, dwadzieścia siedem metrów wyżej.

Wczesnowiosenne słońce sączy się przez delikatne igliwie, a powietrze drga śpiewem ptaków. Kiedy to piszę, wokół mnie fruwają między gałęziami zniczki, wypatrując smakowitych kąsków, a obok po pniu skacze pełzacz. Siedzieć i przyglądać się, jak życie przyrody toczy się wokół ciebie, kompletnie nie zważając na twoją obecność, to jedna z największych przyjemności bycia w koronie drzewa. Poranki takie jak ten to prawdziwa specjalność New Forest.

Po raz pierwszy wspiąłem się na to drzewo dwadzieścia sześć lat temu – choć wtedy nie doszedłem do samego wierzchołka. Za trzy dni skończę czterdzieści dwa lata, chociaż tego nie czuję. Cóż, w każdym razie nie psychicznie. Różne drobne kontuzje sprawiły, że nie mogę już śmigać po drzewach tak jak dawniej, ale wciąż jestem dzieciakiem, który uwielbia wdrapywać się na gałęzie i próżnować, podziwiając widoki. Myślę, że musiałem zmienić się bardzo od czasu, kiedy po raz pierwszy siedziałem na tym konarze dziewięć tysięcy pięćset dni temu, ale tak właśnie jest ze starzeniem się, prawda? Zawsze spostrzegasz to jako ostatni, Bogu dzięki. Poza tym nie mam najmniejszego zamiaru jeszcze przez wiele lat odwieszać uprzęży na kołek. Nie, skoro na świecie jest tyle wspaniałych drzew do wspinania się i poznawania. Korony drzew oraz filmowanie życia, które się w nich toczy, nie straciły dla mnie nic ze swego powabu – wręcz przeciwnie. Za miesiąc wyruszam filmować rajskie ptaki na Nowej Gwinei, a potem spędzę cztery tygodnie z orangutanami na Borneo. Nie mogę się już doczekać, choć opuszczanie rodziny na tak długi czas nie przychodzi mi łatwo.

Goliat jest teraz o kilkadziesiąt centymetrów wyższy niż wtedy, kiedy go poznałem, a ledwo widoczne, zaleczone otarcia od lin na gałęziach wokół mnie świadczą o tym, że dwa i pół dziesięciolecia to długi czas także w życiu drzewa. W 1991 roku nie było jeszcze ochraniaczy kambium, zabezpieczających korę przed uszkodzeniem przez linę, tak więc nasze liny zostawiły ślady, trąc o nasadę gałęzi, kiedy wisieliśmy na nich podczas zjazdu. Dziś sprawy wyglądają inaczej. Arboryści przywiązują dużo większą wagę do tego, żeby nie uszkodzić drzewa, na które wchodzą. Generalnie odnoszę wrażenie, że ludzie są teraz znacznie bardziej świadomi tego, jak ich działania mogą wpłynąć na przyrodę i ich otoczenie. Kiedy tu dorastałem, myśl o zobaczeniu w lesie wydry albo o usłyszeniu jastrzębia kwilącego w głębi lasu była czystą fantazją. Myszołowy były rzadkością i trzeba było wybrać się bardzo daleko, żeby dostrzec w przelocie sokoła wędrownego albo kruka. Jednak zaledwie dziś rano, kiedy szedłem wśród drzew z linami na plecach, powitało mnie ostre „kek-kek-kek" jastrzębia, a potem, kiedy zacząłem się wspinać, widziałem pierzastą, czarną sylwetkę kruka przelatującego tuż nad Goliatem.

Mimo wszystkich kontrowersji i pesymizmu, z jakim pisze się o sprawach ochrony środowiska, jestem przekonany, że żyjemy w czasach niosących wielką nadzieję dla brytyjskiej przyrody. Nie mówię, że powinniśmy popadać w samozachwyt, ale oburzenie, z jakim w 2010 roku opinia publiczna przyjęła rządową próbę sprzedaży objętego ochroną lasu prywatnemu nabywcy, było pokrzepiającym przykładem tego, jak bardzo ludziom nie jest to obojętne. Wydaje się, że dopóki drzewa stoją, wciąż jest nadzieja.

Jak sugerowałem wcześniej, drzewa są często punktem odniesienia, według którego odmierzamy upływ lat i wydarzenia naszego własnego życia. Rzutujemy na nie nasze wspomnienia i teraz, patrząc poprzez gałęzie na ziemię, wciąż widzę mojego dziadka, mojego ojca i siebie stojących tam z zadartymi głowami, i niemal słyszę podekscytowane szczekanie mojego psa Bustera, windowanego do mnie przez moich kumpli, z głową wystającą z torby na sprzęt. (Powitał mnie entuzjastycznymi całusami i merdaniem ogona, po czym próbował wygramolić się na gałąź, a ja w tym momencie uświadomiłem sobie, że jest znacznie lepiej przystosowany do życia na twardym gruncie, i szybko opuściłem go z powrotem na dół).

Rok, w którym w końcu dotarłem po raz pierwszy na szczyt tego drzewa – 1994 – był też rokiem, w którym poznałem swoją przyszłą żonę. Yogita i ja chodziliśmy na te same zajęcia na uniwersytecie w Derby i wciąż pamiętam tę pierwszą – zupełnie pierwszą – chwilę, kiedy ją zobaczyłem. Dwadzieścia trzy lata, trójkę dzieci i mnóstwo radości oraz nieco smutków później jesteśmy sobie bliżsi niż kiedykolwiek, ale ona nie weszła jeszcze ze mną na Goliata. Prawdę mówiąc, kiedy tylko nie pracuję w jakiejś dżungli na drugim końcu świata, ostatnio najczęściej wspinam się sam. Prowadzę także własną firmę, ucząc innych zasad wspinaczki drzewnej. Uwielbiam to. Ale niekończąca się papierkowa robota, która nieodłącznie towarzyszy prowadzeniu małego biznesu, szybko odebrałaby mi całą przyjemność z tej pracy, gdybym nie mógł regularnie uciekać do lasu. Na szczęście Yogita wydaje się wiedzieć, co jest najlepsze, i ochoczo wygania mnie w korony drzew, wiedząc doskonale, że kiedy wrócę, będę bardziej zrelaksowany i łatwiejszy w pożyciu. Oceny ryzyka, maile, rachunki i cała reszta nudzą Jamesa.

Tak więc wczoraj o zmierzchu przyjechałem do tego lasu. Wyjście z furgonetki i postawienie stóp na leśnej glebie było jak powrót do przeszłości. Byłem na własnym terenie i wspomnienia otaczały mnie, gdy wśród gęstniejącego mroku szedłem w stronę Goliata, mijając po drodze wielki świerk sitkajski, na który planowałem wejść, odkąd skończyłem siedemnaście lat, oraz daglezję, którą tak doskonale pamiętam ze wspinaczki odbytej jako dwudziestolatek. Wyszedłem na otwartą przestrzeń i odczułem ulgę, widząc, że Goliat wciąż stoi na miejscu – czarna sylwetka rysująca się na tle granatowego zachodniego nieba. Milczący, wyniosły i stoicki jak zawsze. Co za drzewo!

Gdy podszedłem bliżej, zauważyłem, że ktoś wyrył na pniu, na wysokości piersi, swoje inicjały. Litery zostały ordynarnie wycięte w wielowarstwowej czerwonej korze długim nożem. W pierwszej chwili poczułem gniew, potem rozczarowanie, a w końcu tylko zwykły żal do osoby, która to zrobiła. Kora była o wiele za gruba na to, by nóż mógł zranić drzewo, a litery wkrótce zatrze czas, w miarę jak grube kambium zabliźni cięcia. Ale zacząłem się zastanawiać, dlaczego w ogóle ktoś to zrobił. Wydało mi się to dość rozpaczliwym przejawem braku pewności siebie. Ale może w tym właśnie rzecz: ludziom z natury rzeczy brakuje poczucia bezpieczeństwa.

Wycinanie napisów na drzewach, choć bezmyślne, można najczęściej uznać za niezdarną próbę przeszczepienia części siebie na przyszłość innego organizmu, który niemal na pewno będzie żył znacznie dłużej niż my.

W innej części tego lasu rośnie stary buk, na którym widnieje wzruszająca inskrypcja „T.B. James", a pod nią amerykańska gwiazda wojskowa i data „1944". Drzewo zrobiło, co mogło, żeby zaleczyć ranę, ale srebrzystoszara skóra buka jest znacznie cieńsza niż gąbczasta kora mamutowca i po przeszło siedemdziesięciu latach litery są wciąż czytelne. Zostały wycięte w drzewie nożem, albo może czubkiem bagnetu, przez amerykańskiego żołnierza stacjonującego w tej okolicy przed lądowaniem w Normandii. To akurat mogę zrozumieć. I czy wyszedł z tej akcji żywy, czy też nie, pamięć o nim jest nierozerwalnie spleciona z drzewem, które w moich oczach symbolizuje odtąd czyjąś nadzieję na przyszłość i nieśmiertelność samopoświęcenia.

* * *

Wystrzeliłem żyłkę w gałęzie Goliata, kiedy gasło ostatnie światło dnia, a dziś o świcie wróciłem, żeby wspiąć się na niego, i dotarłem aż na wierzchołek w samą porę, by ujrzeć, jak słońce wynurza się z cieśniny Solent i muska czubki najwyższych drzew wokół mnie. Obejmując ciasno ramieniem szyję Goliata, czułem, jak jego promienie rozpraszają chłód spędzonej w samochodzie nocy, i przyglądałem się, jak jego blask – cudowny, złocisty, skrzący się blask – zalewa las, jednocześnie słuchając przez słuchawki Preludium z Suity na wiolonczelę nr 1 Bacha. Kiedy po raz pierwszy słuchałem tego utworu na drzewie, poruszył mnie do łez; tym razem zamknąłem oczy i kołysałem się lekko wraz ze wznoszeniem się i opadaniem melodii, a przy końcowej strzelistej kadencji otworzyłem je ponownie, żeby spojrzeć na las. Miałem wrażenie, że lecę w powietrzu, pikując z Goliata, by przemknąć tuż nad wierzchołkami dębów hen w dole. Że szybuję niczym ptak.

Ten widok z czubka Goliata jest wciąż moim ulubionym spośród wszystkich drzew, na jakie kiedykolwiek wszedłem. Kilka lat temu odwiedziłem Kalifornię, by wspinać się na sekwoje wieczniezielone w ich ojczyźnie. Niektóre z tych drzew były wyjątkowo wysokie, osiągając rozmiary nieporównywalne z żadnymi innymi, na jakie miałem okazję się wspinać. Przeszło dwa razy wyższe od Goliata, niemal trzydzieści metrów wyższe nawet od Ryczącej Meg: po prostu wspaniałe. Ale nawet widok z wierzchołka stumetrowej sekwoi nie może równać się z tym, który podziwiałem dziś rano ze szczytu drzewa przywołującego tak wiele cudownych wspomnień.

Spoglądając na New Forest, przypomniałem sobie wspinaczkę na inne drzewo, które okazało się być ulubieńcem kogoś innego, kogoś znacznie dostojniejszego. Ono również zapewniało niezwykły widok ze swych najwyższych gałęzi.

Na terenach pałacu Buckingham stoją dwa piękne platany klonolistne, rosnące obok siebie w pobliżu prywatnych apartamentów królowej. Zostały zasadzone przez królową Wiktorię i księcia Alberta i noszą ich imiona, chociaż nie mam pojęcia, które jest które. Wiem jednak, że oba są totalnie oszałamiające – to po prostu przepiękne drzewa, o silnych, luźnych koronach tak charakterystycznych dla dojrzałych platanów w szczytowej formie. Kiedy wspinałem się na jeden z nich, żeby zainstalować kamery na potrzeby filmu dokumentalnego, przypadkowo zerknąłem na pałac. Królowej podobno miało nie być tego ranka w domu, tak więc byłem niemało zaskoczony, widząc znajomą siwowłosą damę przyglądającą mi się bacznie zza firanki balkonowego okna. Właśnie dotarłem na sam czubek drzewa i wystawiłem głowę nad liściastą koronę, a ona stała niespełna trzydzieści metrów ode mnie, patrząc na mnie z niedowierzaniem. Oparłszy się pokusie, żeby się uśmiechnąć i pomachać do niej, nagle poczułem się bardzo niezręcznie. Surowa mina Jej Wysokości była bardzo wymowna i z miejsca stało się oczywiste, że nikt nie wspomniał jej ani słowem o moich zamiarach.

Po dziesięciu najbardziej surrealistycznych minutach w moim życiu drzwi pałacu się otworzyły i po schodach zbiegła mała sfora corgich w towarzystwie szykownie ubranego mężczyzny w kamizelce ze złotymi guzikami i prążkowanych spodniach. Uświadomiwszy sobie, że lepiej będzie natychmiast wszystko wyjaśnić, zjechałem na dół, gdzie powitało mnie ujadanie psów tłoczących się u podnóża drzewa.

– Szefowa chciałaby wiedzieć, co pan robi na jej ulubionym drzewie – powiedział mężczyzna, poskramiając psy.

Najwyraźniej nikt nie poinformował dworu, że mogą zobaczyć jakiegoś faceta łażącego po gałęziach za ich oknami. Przeprosiłem i zapewniłem go, że nie zamierzam w żaden sposób skrzywdzić drzewa, ale zdarzenie to ukazuje, jak bardzo pewne drzewa są cenione przez ludzi ze wszystkich warstw społecznych. Nawet królowa Elżbieta II ma swego ulubieńca i fakt ten z jakiegoś powodu dodaje mi otuchy. Wydaje mi się symbolem głębi emocji, jakie drzewa potrafią rozbudzić w każdym z nas – bez względu na nasze pochodzenie.

Któregoś dnia próbowałem policzyć, ile wypraw w lasy deszczowe odbyłem od roku 1998. Straciłem rachubę przy siedemdziesięciu sześciu, trwających od dwóch tygodni do trzech miesięcy. Daje to w sumie mniej więcej osiem lat. Ale nawet po całym tym czasie spędzonym w dżungli Goliat reprezentuje dla mnie wszystko, co cudowne we wspinaniu się na drzewa. Prawdę mówiąc, wspinaczka na niego jest łatwa. Ale dla mnie w tym właśnie cała rzecz: im starszy się robię, tym mniej mam ochotę umierać ze strachu. Wygoda i swojskość zajęły miejsce napędzanego adrenaliną poszukiwania wrażeń i teraz kładę znacznie większy nacisk na pielęgnowanie osobistych więzi z drzewami, na które się wspinam.

Najbardziej utalentowany arborysta, jakiego znam, mój przyjaciel imieniem Waldo, ma własne ulubione drzewo w pobliżu swego rodzinnego domu w hrabstwie Dorset. Choć jest to piękny okaz, nie stanowi szczególnego wyzwania dla wspinacza – nie jest ani zbyt wysoki, ani trudny. Rzecz jednak w tym, że Waldo czuje się w jego koronie jak w domu. Może, chodząc po jego gałęziach, swobodnie błądzić myślami, a potem wrócić na ziemię na swój sposób odmłodzony. I tak jest z większością arborystów – niemal każdy z nas ma gdzieś w ukryciu swoje ulubione drzewo, do którego wracamy, kiedy czujemy potrzebę zastanowienia się nad sobą i spędzenia kilku cennych godzin w spokoju.

Tak więc pod tym względem Goliat jest dla mnie wciąż miejscem schronienia. Zauważyłem też, że kiedy dziewięć lat temu po raz pierwszy zostałem ojcem, nabrałem niemal z dnia na dzień awersji do podejmowania skrajnego ryzyka. Mamy bardzo niewielką kontrolę nad wieloma wydarzeniami w naszym życiu, ale kiedy tylko wydawało mi się, że mam wybór – zwłaszcza podczas pracy w piętrze koron lasu deszczowego – świadomie unikałem niebezpiecznych działań. Życie dostarcza nam dość niespodziewanych wyzwań nawet bez celowego igrania z losem. A jeśli chodzi o wspinaczkę drzewną, teraz staram się wybierać bitwy bardzo uważnie, dbając o to, by nie wplątać się nieświadomie w ryzykowne sytuacje, jeśli mogę coś na to poradzić. Choć je uwielbiam, drzewa są nadzwyczaj dynamicznymi żywymi konstrukcjami i nigdy nie ma żadnych gwarancji, że nie złamie się gałąź albo że w górze nie czają się żadne ukryte niebezpieczeństwa.

* * *

Niedaleko naszego domu w południowo-zachodniej Anglii jest sędziwy, poskręcany cis, który ma może nawet tysiąc lat. Rośnie w cichym zakątku od dawna zapomnianego lasu, górując nad piękną doliną. Kiedy robi się ciężko, zostawiam liny w domu i wspinam się na jego górne gałęzie, by siedzieć tam i rozmyślać, obserwując świat hen w dole. Niekiedy to wystarcza i po pewnym czasie schodzę z powrotem na ziemię, spokojniejszy i w jakiś sposób pokrzepiony pobytem w jego koronie. Kiedy indziej zaczynam mówić. Niekoniecznie do drzewa, bardziej do świata w ogóle. Wypowiadam głośno swoje zmartwienia, obawy i troski, pozwalając, by wiatr zabrał to, co może, przepływając przez korony okolicznych drzew. Nie twierdzę, że to zawsze działa. Niektóre smutki sięgają zbyt głęboko, by dały się ukoić do końca. Ale z pewnością pomaga, oferując spokojny azyl – pewną przestrzeń z dala od zgiełku współczesnego życia, w której mogę zadumać się nad tym, co przepadło, albo skupić się na tym, co mnie czeka. Jako żywe istoty drzewa obdarzone są własną energią, a cisy w szczególności mają moc, którą trudno jest opisać słowami. Spędzenie czasu w tych gałęziach, w otoczeniu tej energii, często pomaga mi uporać się z wyzwaniami, jakie stawia życie. Kiedy sytuacja staje się ponura i nie do zniesienia – jak niekiedy zdarza się każdemu – ułatwia mi to pogodzenie się z wypadkami i sprawia, że jestem nieco bardziej zdolny zapewnić mojej rodzinie wsparcie i pomoc, jakich potrzebuje, żeby pójść do przodu.

Udaję się do tego cisu, żeby szukać odpowiedzi, kiedy sprawy wyglądają kiepsko, ale także żeby podziękować za wszystko, co cudowne i pozytywne. W życiu jest tak wiele powodów do radości i uważam, że wyrażenie wdzięczności za dobre chwile jest równie ważne jak opłakiwanie smutków, jeśli nie ważniejsze. Życie jest po to, żeby się nim cieszyć, i przekonałem się, że kilka minut poświęconych na skupienie się na jego dodatnich stronach ogromnie pomaga zachować równowagę wewnętrzną.

Mam niezwykle otwarty umysł, jeśli chodzi o sprawy duchowe. Im więcej podróżuję, tym bardziej zdaję sobie sprawę, jak mało wiem i jak wiele można się nauczyć z wierzeń innych ludzi. Wychowywałem się jako chrześcijanin, w podatnym na wpływy wieku mieszkałem przez dwa lata w pobożnej społeczności muzułmańskiej i wżeniłem się w kochającą rodzinę sikhijską. Przez ostatnie dwadzieścia lat podróże dawały mi okazję do bliskiego kontaktu z dziesiątkami różnych religii i filozofii, a wszystkie zawierają głębokie elementy prawdy, które bardzo szanuję. Ale zacząłem także uświadamiać sobie, że duchowość znaleźć można wszędzie, a mnie samemu najłatwiej znaleźć ją w koronach drzew.

Wybiegając w przyszłość, nasi chłopcy wkrótce będą na tyle duzi, by mogli sami zacząć odkrywać cuda koron drzew. Już teraz huśtają się na gałęziach dębu w naszym ogrodzie, tak więc już niedługo zabiorę ich gdzieś ze sobą na prawdziwą wspinaczkę. Marzę o tym, by pewnego dnia wrócić tu, do New Forest, i wejść na Goliata razem z całą trójką. Być może za następne dwadzieścia pięć lat. Choć przypuszczam, że wtedy pójdzie mi to nieco wolniej.

Podziękowania

Ta książka nie powstałaby bez kreatywności i ciężkiej pracy dwóch kluczowych osób: Sarah Blunt, producentki radiowej z BBC w Bristolu, i Jamiego Josepha, redaktora prowadzącego z Penguin Random House.

W minionych latach miałem przyjemność pracować z Sarah przy licznych przyrodniczych programach radiowych. Jej talent oraz umiejętność przekształcania moich arborystycznych przemyśleń i wywodów w audycję, której ludzie chcieliby słuchać, nieustannie mnie zdumiewają. Jamie pewnego dnia przypadkiem włączył radio i ni stąd, ni zowąd skontaktował się ze mną, sugerując, że gdzieś w tym może być materiał na książkę o wspinaniu się na drzewa.

To właśnie Jamie walnie przyczynił się do rozpoczęcia prac nad tą książką i twardo dążył do tego, by stała się rzeczywistością. Bez jego telefonu (lub tweeta!) ta książka nigdy by nie powstała, a zawarte w niej historie nigdy nie opuściłyby stron moich dzienników. Zarówno Jamie, jak i Sarah postawili na mnie i jestem głęboko wdzięczny za możliwość pracy z nimi obojgiem.

* * *

Wiele rozdziałów tej książki opisuje przygody, jakie przeżyłem podczas filmowania w piętrze koron tropikalnych lasów dla National Geographic, BBC i rozmaitych niezależnych wytwórni filmowych. W tego rodzaju produkcje zaangażowanych jest wielu ludzi i każdy ma do odegrania ważną rolę w doprowadzeniu ich do pomyślnego końca. Ogromnie się cieszę, że miałem sposobność pracy z wami wszystkimi. Na moją wdzięczność zasłużyły w szczególności następujące osoby (wiele z nich pojawia się w tej książce), dzięki którym każda wyprawa do dżungli była tak cudownym i pamiętnym doświadczeniem: John Waters, Genevieve Taylor, Michael „Nick" Nichols, Dave Morgan, Brian Leith, Ralph Bower, Huw Cordey, Mike Salisbury, Sean Christian, Justine Evans, Rupert Barrington, Rebecca Cecil-Wright, Mirko Fernandez, Kevin Flay, David Roubik, Guy Grieve, Melanie Price, Tom Greenwood, Brett Mifsud, James Smith, Nick Dunbar, Bob Pelage, Rachel Kinley, Jim Hoesterey, Tom Hugh-Jones oraz mój przyjaciel z dzieciństwa Simon Holloway. Specjalne podziękowania dla Adriana Seymoura i Grahama Hatherleya za ubezpieczanie mnie podczas naszej przygody z harpią i – oczywiście – dla sir Davida Attenborough, którego entuzjazm i miłość do świata przyrody są od lat ważnym źródłem inspiracji dla milionów z nas.

Dziękuję fantastycznemu zespołowi PRH, w tym zastępcy redaktora Lucy Oates, specjalistce od spraw marketingu Kealey Rigden, oraz niezależnemu redaktorowi Willowi Atkinsowi, którego wnikliwe uwagi i sugestie wydatnie przyczyniły się do płynności narracji. Dziękuję również Alistairowi Carrowi, Helen Macdonald i Justinowi Marozziemu – trójce wielce doświadczonych i utalentowanych pisarzy – za udzielenie zupełnemu nowicjuszowi, jakim byłem, zachęty oraz bezcennych rad dotyczących funkcjonowania świata wydawniczego. Alistair – twoje hojne osobiste rady i wsparcie były szczególne inspirujące i cenne. Dziękuję.

Dziękuję także Andy'emu Page'owi i Jayne Albery z New Forest Forestry Commission, którzy udzielili mi pozwolenia na chodzenie po wierzchołkach tamtejszych drzew na potrzeby zdjęć reklamowych. Wiele z tych drzew jest pomnikami przyrody i doceniam zaufanie, jakie okazali, udostępniając mi ich korony.

Jestem też winien wdzięczność wszystkim tym wolnomyślnym arborystom i przyjaciołom, z którymi miałem przyjemność spędzać czas w koronach drzew. Było ich wielu, ze wszystkich zakątków świata, ale szczególne podziękowania i szacunek należą się Benowi Jonesowi i Waldo Etheringtonowi, którzy są niewyczerpanymi źródłami pozytywnej energii i miłym towarzystwem podczas wspinaczki na drzewa. Obaj obdarzeni jesteście naturalną szlachetnością ducha, rozjaśniającą życie wszystkich, którzy mają szczęście nazywać was przyjaciółmi.

* * *

Najgoręcej dziękuję Paddy'emu Grahamowi i Philowi Hurrellowi za to, że pierwsi oderwali mnie od ziemi. Paddy – twój zaraźliwy entuzjazm dla wspinaczki drzewnej, kiedy dorastaliśmy w New Forest, był źródłem nieustannej radości i inspiracji. Dzięki, że dałeś mi moją pierwszą linę i uprząż i że zapoznałeś mnie z niewiarygodnym światem koron drzew, dostępnym jedynie dla nielicznych. Phil – będę ci dozgonnie wdzięczny za wprowadzenie mnie do branży filmów przyrodniczych oraz za hojne rady, wsparcie i przyjaźń, którą okazywałeś mi na każdym kroku. Jesteś legendą.

Chciałbym też podziękować kamerzyście i przyjacielowi Gavinowi Thurstonowi za to, że pozwolił mi asystować sobie przez tak wiele lat. Część mojej entuzjastycznej pomocy we wczesnych latach można by chyba uznać raczej za „niedźwiedzią przysługę", ale po drodze nauczyłem się niesamowicie dużo, a każdy szkolący się operator kamery potrzebuje mistrza.

* * *

Niezmienne uznanie, miłość i wdzięczność należą się moim rodzicom, Alison i Chrisowi, za nieustanne wspieranie mnie, gdy podążałem za swymi marzeniami. Naprawdę nie wiem, od czego zacząć – jest milion powodów do wdzięczności – ale serdecznie dziękuję wam obojgu za to, że buliliście za odbitki tych niezliczonych robionych przeze mnie w dzieciństwie zdjęć drzew, wiewiórek i jeleni (w czasach, gdy nie było jeszcze aparatów cyfrowych), i za to, że pozwalaliście mi swobodnie włóczyć się całymi dniami po lasach. Ta książka zawdzięcza swoje początki wam. Dziękuję Liz za bycie – cóż, naprawdę moją siostrą. Siostry mają ciężkie życie.

* * *

I wreszcie za nic nie zdołałbym napisać tej książki bez wsparcia, cierpliwości i miłości mojej żony Yogity oraz naszych chłopców, Rohana, Taruna i Eshana. Eshan – najmłodszy – pojawił się w trakcie jej pisania, tak więc powiedzieć, że ten ostatni rok był odrobinę napięty, byłoby kolosalnym minięciem się z prawdą. Yogita – jestem pełen podziwu dla ciebie. Nie tylko urodziłaś naszego wspaniałego trzeciego syna, ale także w jakiś sposób udało ci się dać mi czas i luz, jakich potrzebowałem na napisanie tej książki. Nie powstałaby ona bez tak bezwarunkowej miłości i wsparcia z twojej strony. Następne trzysta kursów do szkoły należy do mnie! I chłopaki, teraz, kiedy książka jest już skończona, możemy znów spędzać weekendy na odwiedzaniu drzew, muzeów i zamków – och, szczęściarze!

* * *

Do wszystkich tych, którzy chcieliby się dowiedzieć, co można zrobić, aby pomóc zachować istniejące lasy deszczowe: mógłbym zrobić coś znacznie gorszego niż zasugerować, żebyście złożyli krótką wizytę na poniższych stronach internetowych. Dziękuję!

Greenpeace
www.greenpeace.org.uk

World Land Trust
www.worldlandtrust.org

Global Canopy Programme
www.globalcanopy.org

Borneo Orangutan Survival Foundation
www.orangutan.or.id

Spis treści